I0046786

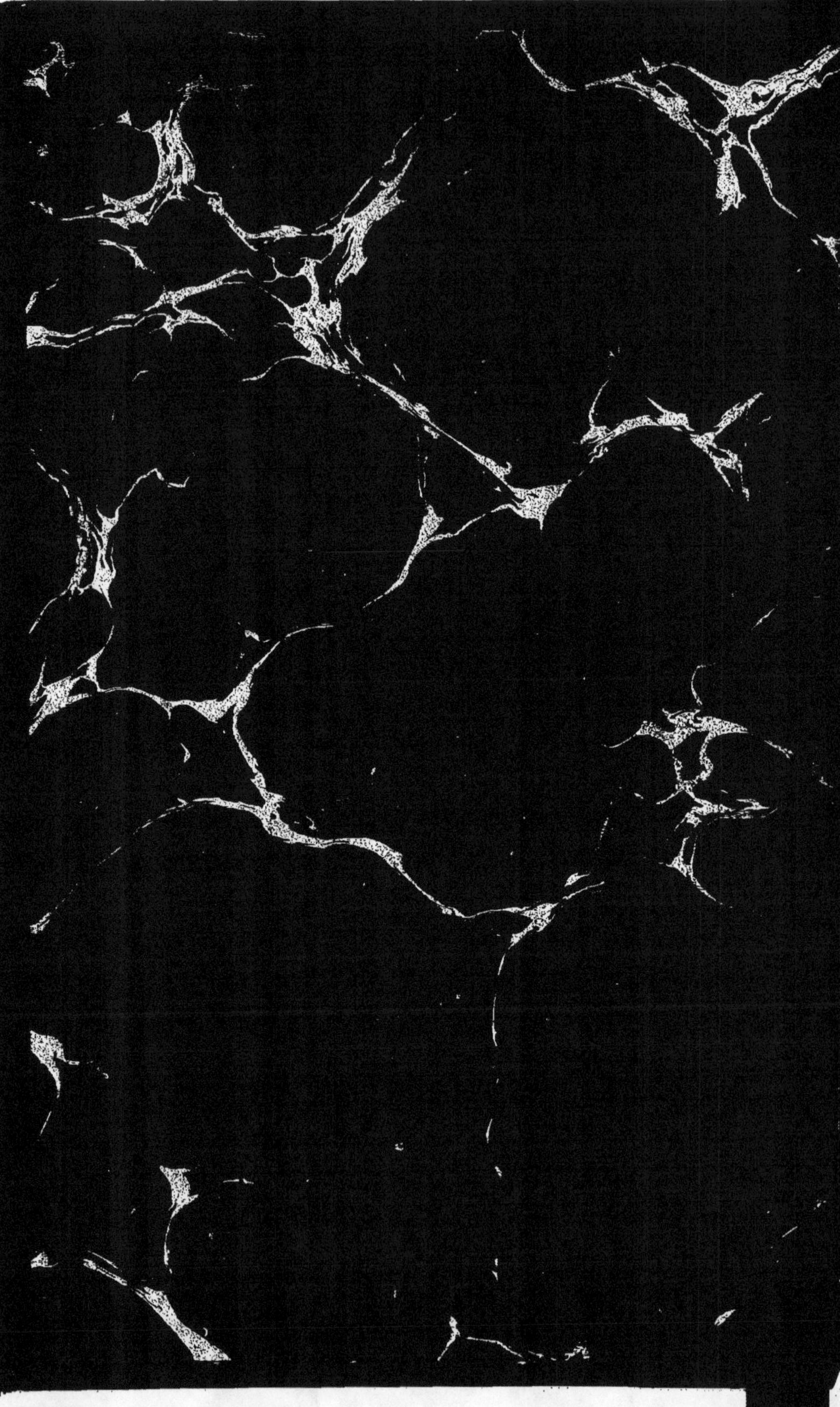

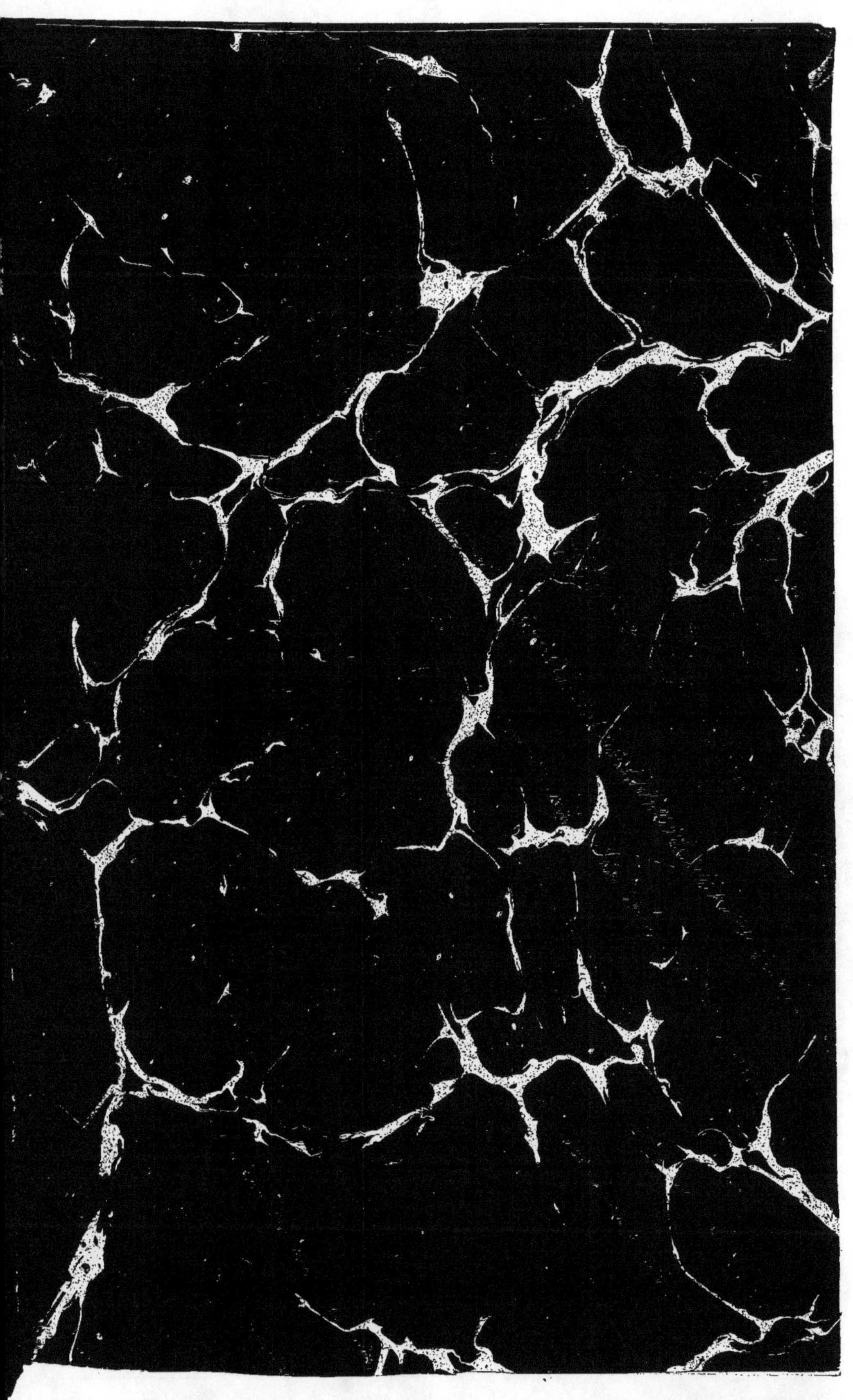

DES PREUVES

DE LA

FILIATION LÉGITIME

A. PARENT, IMPRIMEUR DE LA FACULTÉ DE MÉDECINE
31, rue Monsieur-le-Prince, 31.

DES PREUVES

DE LA

FILIATION LÉGITIME

PAR

Albert GUYARD

DOCTEUR EN DROIT,

AVOCAT A LA COUR IMPÉRIALE DE PARIS.

PARIS

ERNEST THORIN, LIBRAIRE-ÉDITEUR

7, RUE DE MÉDICIS, 7

1870

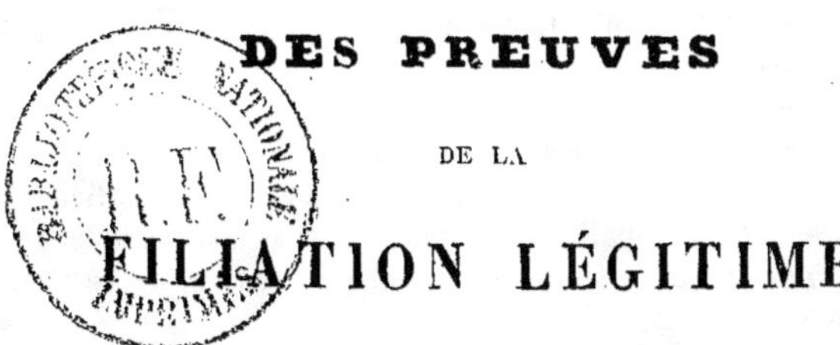

DES PREUVES

DE LA

FILIATION LÉGITIME

CHAPITRE Ier

PRÉLIMINAIRES. — PREUVES DE LA LÉGITIMITÉ.

Sommaire :

1. — Qu'est-ce que l'état ? — Intérêt qui s'attache aux questions d'état.

2. — L'intérêt s'accroît encore et se transforme en une question d'intérêt public quand l'état prend sa source dans un mariage. — La preuve de la filiation légitime est plus favorablement accueillie que celle de la filiation naturelle.

3. — Nous nous occupons exclusivement de la filiation légitime.

4. — Quelles sont les conditions de la légitimité ?

5. — On ne peut imposer la preuve complète de la légitimité à celui qui demande à faire la preuve de sa filiation légitime. Il devra seulement établir le mariage de ses père et mère prétendus.

6. — Suivant la méthode adoptée par la loi dans le chap. 2, tit. VII, liv. I, nous ne nous occuperons que des preuves de la maternité. — Pour quel motif ? — Exception en ce qui concerne la possession d'état.

7. — Division de ce travail.

8. — *A*. De la preuve du mariage. — Distinction faite par la loi entre ceux qui demandent à la fournir.

9. — Quels sont les modes de preuve mis à la disposition de tout intéressé ?

10. — 1° De l'acte de célébration inscrit sur les registres de l'état civil.

11. — Suite.

12. — 2° Inexistence des registres de l'état civil.

13. — 3° Preuve du mariage acquise par le résultat d'une procédure criminelle. Différence à cet égard entre la preuve du mariage et celle de la filiation. — Raison de cette différence.

14. — Suite.

15. — Conditions auxquelles est subordonné ce mode de preuve.

16. — Le mot procédure *criminelle* employé par l'art. 198 doit s'entendre *sensu lato* ; cette disposition est applicable dès que le fait dont il s'agit tombe sous le coup de la loi pénale.

17. — L'art. 199 ne peut être interprété littéralement. — Propositions généralement adoptées.

18. — La partie civile conserve-t-elle dans cette hypothèse l'option que le droit commun lui accorde entre la juridiction civile et la juridiction répressive ?

19. — L'art. 200 est applicable bien que le coupable soit autre que l'officier public, et bien que la fraude ait été découverte avant son décès.

20. — On peut assimiler la démence de l'auteur de la falsification à son décès.

21. — L'art. 198 ne peut être invoqué par ou contre les intéressés que lorsqu'ils se sont portés parties civiles.

22. Quatrième mode de preuve dont l'usage est réservé aux enfants.

23. — Conditions qui doivent concourir pour former la présomption légale de l'art. 197. — Motifs sur lesquels repose cette présomption.

24. — On ne peut, dans le cas prévu par l'art. 197 C. N., assimiler au décès la démence ou l'absence déclarée du survivant des père et mère.

25. — Suite.

26. — L'absence peut, cependant, être assimilée au décès lorsqu'elle a persisté plus de trente années, à compter de l'envoi en possession provisoire.

27. — L'enfant ne peut invoquer l'art. 197 lorsqu'il a pour adversaire le survivant de ses père et mère.

28. — L'enfant doit établir que ses père et mère ont effectivement vécu comme mari et femme.

29. — Il peut faire cette preuve par toutes sortes de moyens.

30. — L'acte de naissance des enfants qui les qualifie de légitimes, ne peut suffire à prouver la possession d'état d'époux.

31. — L'existence de la possession d'état est une question de fait laissée à l'appréciation du tribunal.

32. Les deux possessions d'état doivent avoir commencé à la naissance même de l'enfant.

33. — Il n'est pas nécessaire que l'enfant représente son acte de naissance lorsqu'il invoque l'art. 197. — Si cet acte est représenté, on ne peut exiger qu'il corrobore la légitimité, il suffit qu'il ne la contredise pas.

34. — On peut combattre par tous moyens chacun des éléments qui forment la possession d'état. — Une fois cette présomption formée, la preuve contraire ne peut exister que dans trois hypothèses spéciales.

35. — La production d'un acte de célébration religieuse ne renverse pas la présomption de l'art. 197.

36. Il en serait autrement si un acte irrégulier de célébration civile était représenté.

37. — Cette présomption cède devant la preuve d'un empêchement au mariage résultant soit de l'inceste, soit de la bigamie.

38. — Les enfants peuvent alors, invoquant les art. 201 et 202, faire déclarer le mariage putatif.

39. — En pareil cas, ce n'est pas à eux à établir la bonne foi de leurs parents. Il suffit que leurs adversaires ne prouvent pas la mauvaise foi.

40. — Dans certaines circonstances, l'aveu des prétendus époux peut détruire la présomption légale.

41. — L'art. 197 peut être invoqué par les descendants des enfants comme par les enfants eux-mêmes.

42. — L'art. 322 est inapplicable lorsque c'est, non pas la filiation, mais la légitimité qui est en question.

43. — *B*. Preuve de la conception pendant le mariage.

44. — Suite.

45. — L'enfant né pendant, mais conçu avant le mariage, est simplement légitimé.

1. — De toutes les lois civiles d'un pays, il n'en est pas auxquelles s'attachent à la fois une plus haute importance et un intérêt plus intime qu'à celles qui régissent l'état des personnes. L'état, c'est ce qui constitue notre personnalité juridique, c'est l'*homme même*, au point de vue de la place qu'il occupe dans la société, au point de vue des droits et des devoirs inhérents à cette place. Son influence ne se borne pas aux seuls intérêts pécuniaires, d'autres plus élevés en découlent encore : tandis que dans l'ordre moral il crée pour nous des relations avec certains individus, dans l'ordre politique, déterminant notre patrie, il fait naître les obligations réciproques qui nous enchaînent à elle. Combien n'importe-t-il pas, dès lors, de savoir par quels faits nous sommes investis de cet état ; comment nous pouvons le défendre contre d'injustes attaques, le recouvrer si de malheureuses circonstances nous l'ont fait perdre, en chasser un usurpateur, et comment aussi on pourrait nous contraindre à le reconnaître et

nous y contenir si jamais nous tentions de le répudier.

2. — L'intérêt de ces questions s'élève surtout quand l'état qu'il s'agit de fixer prend sa source dans un mariage, quand l'individu dont la filiation est en jeu, loin de ne tenir à la société que par un père et une mère naturelle, entre dans le monde par la filiation légitime, et, du jour de sa naissance, prend sa place dans une famille dont l'existence, en même temps qu'elle multiplie ses droits et ses devoirs, l'attache par des liens plus nombreux et plus étroits à la société tout entière. Plus que jamais alors l'intérêt public exige que son état soit fixé avec certitude, et protégé tout ensemble contre des entreprises étrangères et contre sa propre abdication. Inutile en effet de le redire après que tous, philosophes, législateurs et jurisconsultes l'ont proclamé à l'envi : la famille, qui ne saurait exister sans le mariage, est la base unique de toute société régulière.

Les rédacteurs du Code Napoléon l'ont également compris : aussi, non contents d'accorder à la filiation légitime des effets plus étendus qu'à la filiation naturelle, ils ont encore introduit entre elles une différence nouvelle relative au mode de preuve; regardant comme logique d'accueillir avec plus de bienveillance celui qui demande à prouver une filiation légitime que celui qui cherche à établir un fait irrégulier et réprouvé par la morale, tel qu'une filiation naturelle.

3. — Pour nous, qui dans ce travail nous proposons uniquement d'étudier les différents moyens à l'aide desquels on arrive à la preuve de la filiation légitime, il est indispensable d'établir avant tout, dans quels cas et à quelles conditions une filiation peut être regardée comme légitime ; puisque ceux-là seulement pourront recourir aux modes de preuve tracés par la loi dans le chap. 2, titre VII, liv. Ier du Code Napoléon, qui demanderont à établir une filiation conforme aux règles de la légitimité.

4. — Il faut pour être légitime qu'on soit né d'un homme et d'une femme unis par un mariage valable ou tout au moins putatif, et que, de plus, l'époque soit de la conception, soit de la naissance, se trouve placée pendant la durée du mariage.

5. — On comprend, à ce simple énoncé, qu'il ne saurait être question d'imposer la preuve

complète de la légitimité à celui qui cherche à établir sa filiation légitime. Ce serait tourner dans un cercle vicieux, la preuve de la légitimité étant elle-même subordonnée à celle de la filiation paternelle et maternelle. Pour qu'un individu qui veut prouver sa filiation soit admis à faire usage des moyens énumérés dans les articles 319 à 330, il lui suffira de déclarer que la filiation qu'il réclame est une filiation légitime, et d'établir comme unique condition préalable, le mariage de l'homme et de la femme dont il se prétend issu.

Il est néanmoins hors de doute que sa prétention devrait être, dès l'abord, déclarée non recevable, si, assignant dans sa demande une époque fixe à l'accouchement de sa prétendue mère, cette époque se trouvait telle que ni l'accouchement, ni la conception, ne puissent coïncider avec l'existence du mariage.

6. — Il importe de remarquer avant de pénétrer plus loin dans cette étude, que le chapitre du Code Napoléon qui lui sert de base, traite principalement de la filiation maternelle, et ne s'occupe guère de la paternité que d'une façon incidente. C'est qu'en matière de filiation légitime la maternité seule est importante à con-

stater, la paternité en dépendant fatalement, puisque la loi ne reconnaît d'autre père à l'enfant né d'une femme mariée que le mari de cette femme.

La preuve par la possession d'état s'applique toutefois au père aussi bien qu'à la mère, et la raison s'en perçoit aisément : la maternité elle-même ne reposant alors que sur une simple présomption, il eût été exhorbitant d'en faire dépendre la paternité du mari, greffant ainsi sur la première présomption une présomption nouvelle. Rien, en raison, ne s'oppose d'ailleurs à ce que la possession d'état soit invoquée pour ce qui regarde le père : elle est à son égard aussi probante qu'à l'égard de la mère elle-même. Bien plus, cette possession d'état pour faire présumer une filiation légitime doit exister à la fois vis-à-vis des deux époux : se bornant à l'un deux, la présomption qu'elle ferait naître serait destructive plutôt qu'indicative de la légitimité.

C'est d'après la même marche que, nous aussi, nous traiterons des preuves de la filiation. Sauf, en effet, le cas de recours à la possession d'état nous nous occuperons presque exclusivement de la maternité, croyant suffisant d'avoir exposé, une fois pour toutes, les règles d'après lesquelles la paternité en découle.

7. — Reprenons maintenant les différentes conditions constitutives de la légitimité. Nous ne les examinerons pas dans leur ordre logique et pratique, étudiant d'abord les trois faits dont on peut tirer une preuve positive et directe : le *mariage*, l'*accouchement*, l'*identité;* puis revenant, avec l'aide de ces données déjà acquises, nous attaquer aux deux derniers, *l'époque de la conception* et *la maternité*, pour lesquels on est contraint de recourir aux présomptions posées par la loi. Différente sera la marche que nous allons suivre. Notre plan consiste à exposer sommairement dans ce chapitre, à titre de notions préliminaires les règles relatives, — A. *à la preuve du mariage*; — B. *à la preuve de la conception* pendant l'existence du mariage ; — C. *à la présomption légale qui attribue au mari la paternité de l'enfant dont sa femme est accouchée.*

Quant à l'accouchement et à l'identité, quant à la maternité en un mot, dont la preuve constitue l'objet principal et direct de notre étude, nous en réservons l'examen pour les chapitres suivants.

8. — A. *De la preuve du mariage.* La loi distin-

gue à cet égard entre les personnes qui cherchent à établir l'existence du mariage. Outre les divers moyens qu'elle met à la disposition de tout intéressé quel qu'il soit, y compris le père et la mère, elle en institue un autre, spécial à notre matière, et dont elle réserve exclusivement l'usage à ceux qui n'invoquent le mariage de deux individus que pour en faire dépendre vis-à-vis d'eux l'existence de leur filiation légitime.

9. — Examinons d'abord les trois modes de preuve communs aux différents intéressés ; puis nous traiterons avec plus de détails du quatrième, ajouté par le législateur dans l'intérêt des seuls enfants.

Ces moyens sont :

1° L'acte de célébration du mariage inscrit sur les registres de l'état civil ;

2° La preuve testimoniale et les registres des père et mère décédés, au cas de non-existence ou de perte des registres de l'état civil ;

3° Enfin, lorsque la destruction d'un acte régulier de célébration est le résultat d'un fait coupable et que la preuve de cette célébration se trouve acquise par suite de la procédure criminelle, les intéressés peuvent invoquer le jugement, inscrit sur les registres de l'état civil.

10. — « Nul ne peut réclamer le titre d'époux « et les effets civils du mariage, s'il ne repré- « sente un acte de célébration inscrit sur les « registres de l'état civil » (art. 194).

Ainsi, ce qui constitue la seule preuve régulière de la célébration du mariage, ce sont les registres de l'état civil. Les deux autres preuves ne peuvent être invoquées qu'à titre d'exception.

Rien de plus précis que les termes employés par l'art. 194 : l'acte de mariage, aussi bien que l'acte de naissance (n° 54), ne peut faire preuve qu'à la condition d'être inscrit sur les registres de l'état civil. Dressé sur feuille volante, il offre néanmoins pour la preuve du mariage une utilité qui ne se rencontre pas quant à la preuve de la filiation. Sa rédaction constitue, en effet, un acte délictueux puni par l'art. 192 du Code pénal : de telle sorte que si, poursuivant pour cet acte l'officier de l'état civil, la célébration se trouve établie par la procédure, les intéressés pourront invoquer le jugement qui la suivra, ainsi, qu'il est dit en l'art. 198 (V. n° 13, et suivants).

11. — Il résulte de l'art. 194 que si l'acte de célébration est indispensable pour arriver à la preuve de la célébration du mariage, c'est seulement l'orsqu'on ne cherche à établir ce mariage qu'afin d'en réclamer ensuite les effets civils à quelque titre que ce soit. La célébration est-elle, au contraire, une condition imposée à la formation ou à l'extinction d'une obligation, on en prouvera l'accomplissement par tous les modes de preuve du droit commun.

12. — 2° Après avoir établi que les registres de l'état civil n'ont jamais été tenus, ont été perdus, lacérés, ou détruits, on peut, conformément à l'art. 46, faire la preuve du mariage tant par les registres émanés des père et mère décédés, que par témoins. On conçoit que dans cette hypothèse les citoyens ne doivent pas être victimes du cas fortuit qui a détruit les registres, ni de la négligence des argents de l'autorité. (Voyez à propos de l'inexistence des registres de l'état civil un curieux arrêt rendu par la cour de Bastia, arrêt qui valide un mariage célébré seulement devant le ministre du culte. (D. P. 46, 2, 112).

13. — 3° L'art. 198 nous indique en ces termes le troisième mode de preuve :

« Lorsque la preuve d'une célébration légale « du mariage se trouve acquise par le résultat « d'une procédure criminelle, l'inscription du ju- « gement sur les registres de l'état civil, assure « au mariage à compter du jour de sa célébration « tous les effets civils, tant à l'égard des époux « qu'à l'égard des enfants issus de ce mariage. »

Les deux premiers moyens que nous venons d'exposer étaient applicables à la preuve de la filiation aussi bien qu'à celle du mariage. Il n'en est pas de même de celui que nous abordons maintenant. Telle est même la défiance qu'inspire au législateur, en ce qui touche la filiation, le résultat des procédures criminelles, que dérogeant en ce cas unique aux règles générales, il subordonne l'exercice de l'action criminelle au jugement définitif sur la question d'état. Il ne veut pas que les révélations qu'on croirait voir sortir de la procédure criminelle, puissent influencer en aucune sorte la décision des juges civils. Nous verrons, en effet, comment l'importance des questions d'état a conduit à soumettre aux plus rigoureuses conditions l'exercice de la preuve testimoniale en ce qui les concerne. Devant les tribunaux correctionnels et criminels, cette preuve étant dégagée de tout ce qui en garantit la sincérité dans les réclamations d'état, on conçoit que les précautions de la loi seraient déjouées, si les juges de la filiation pouvaient s'inspirer, même à leur insu, des résultats fournis par elle pendant les débats relatifs à l'action publique.

14. — Le motif de cette différence entre la preuve de la filiation et celle du mariage se justifie donc aisément. La célébration du mariage est loin, d'ailleurs, d'être aussi difficile à constater qu'un accouchement, puisqu'elle est accompagnée de formalités solennelles, et qu'une certaine publicité lui est indispensable. La preuve en peut être, par conséquent, abandonnée sans danger à une enquête dans le cours d'un procès criminel.

Nous verrons sous le n° 73, que la possession d'état qui ne prouve pas le mariage prouve, au contraire, la filiation. Cette seconde différence contribue à justifier la première. L'enfant que la malveillance a privé de son acte de naissance peut recourir à la possession d'état pour prouver sa filiation, tandis que l'époux victime d'une semblable entreprise n'aurait aucun moyen de preuve sans celui que lui accordent les art. 198 à 200 du Code Napoléon.

15. — Pour que la preuve du mariage puisse être acquise par la voie tracée en l'art. 198, il faut qu'une poursuite criminelle puisse être entreprise, c'est-à-dire :

1° Que le fait qui a privé les époux de leur acte de mariage tombe sous l'application d'une loi pénale.

2° Que l'auteur de ce fait soit punissable ; en d'autres termes, qu'il ait agi avec intention coupable, qu'il soit vivant, sain d'esprit, et qu'il n'ait pas prescrit l'action publique.

16. — Ce fait, disons-nous, doit-être punissable ; mais peu importe que la peine qui le frappe soit criminelle proprement dite ou simplement correctionnelle. Si la loi emploie l'expression de *procédure criminelle*, c'est d'une façon purement générique. Ce qui le prouve, c'est que, dans le projet du code, notre disposition s'appliquait uniquement à la rédaction sur une feuille volante de l'acte de mariage, et que l'art. 192 du Code pénal n'inflige dans ce cas à l'officier de l'état civil qu'une simple peine correctionnelle. Or, le changement de rédaction a eu pour but, non pas de modifier le sens de l'article, mais d'en généraliser l'application (Locré, t. IV, p. 410). La classification en crimes,

délits et contraventions, n'a, d'ailleurs, été consacrée que sept ans plus tard. (Marcadé sur l'art. 198, et Demolombe, t. III, n° 409.)

17. — L'article 199 est ainsi conçu : « Si les époux ou l'un d'eux sont décédés sans avoir découvert la fraude, l'action criminelle peut être intentée par tous ceux qui ont intérêt de faire déclarer le mariage valable, et par le procureur du roi. »

La jurisprudence et la doctrine reconnaissent la rédaction vicieuse de cet article, qui, s'il était interprété littéralement, conduirait à des contre-sens juridiques. Voici quels sont en résumé les propositions généralement adoptées.

1° Du vivant des deux époux.

Chacun d'eux a l'action, non pas criminelle, mais civile en réparation du dommage causé, et l'intentera devant les juridictions criminelles ou correctionnelles selon les règles propres à chacune d'elles. (Marcadé, sur l'art. 199, n° 2.)

Les autres intéressés ont-ils concurremment avec les époux, l'exercice de cette action? Marcadé la leur refuse (sur l'art. 199, n° 3). MM. Valette, au contraire (sur Proudhon, t. II, p. 106), et Demolombe (t. III, n° 412) la leur concèdent.

Le ministère public conserve l'exercice de l'action publique. Il faudrait un texte formel pour introduire une si grave dérogation que rien, d'ailleurs, ne pourrait justifier. (Valette, *loc.*, *cit.*; Demolombe, t. III, n° 411)

2° Après la mort de l'un des époux ou de tous les deux.

Tous les intéressés peuvent alors intenter l'action civile, et pour cela il n'est nullement nécessaire que les époux soient morts sans avoir découvert la fraude. (Cette proposition, que je sache, n'a jamais soulevé aucun doute.)

Conformément aux règles habituelles, le ministère public peut intenter l'action publique, mais non pas l'action civile, bien que l'article dont nous nous occupons semble le mettre sur la même ligne que les intéressés.

18. — D'après le droit commun, celui qui veut obtenir réparation civile du dommage à lui causé par un délit, peut s'adresser, à son choix, soit aux tribunaux civils, soit aux tribunaux de répression. Choisit-il ces derniers, il procédera par voie de plainte, lorsqu'il s'agira d'un crime, par voie de citation directe, lorsqu'il s'agira d'un simple délit. Proudhon, Vazeille et

Marcadé soutiennent que l'espèce dont nous nous occupons ne contient à cet égard aucune dérogation au droit commun. Selon eux, la partie civile conserve l'option entre les deux juridictions, tant que l'auteur de la fraude n'est pas décédé. MM. Valette sur Proudhon p. 102 et 104, et Demolombe, t. III, n° 415, lui permettent uniquement d'agir devant la juridiction répressive.

19. — L'article 200 prévoit le cas où le coupable est décédé avant que l'action ait été intentée. « Si l'officier public est décédé lors de « la découverte de la fraude, l'action sera dirigée « au civil contre ses héritiers, par le procureur « du roi, en présence des parties intéressées et « sur leur dénonciation. » Si la loi suppose ici que le coupable est un officier public et que la fraude n'a pas encore été découverte, c'est qu'elle statue le *plerumque fit*, aussi bien que dans l'article précédent. « De l'aveu de tous, dit M. Demolombe, excepté de M. Vazeille qui semble méconnaître le sens de cet article, c'est une très-notable dérogation aux règles communes. » Le législateur a craint que le prétendu coupable mort, un accord frauduleux ne s'établît entre les demandeurs et ses héritiers

qui n'auraient plus à redouter qu'une réparation pécuniaire. Ceux-ci pourraient moyennant une somme plus forte que le montant de la condamnation, s'engager à se mal défendre et à surprendre la religion des juges, qui, trompés par d'habiles manœuvres, ajouteraient foi aux apparences d'une fraude que l'officier de l'état civil n'a jamais commise, et consacreraient ainsi une célébration supposée. C'est sur la vigilance du procureur impérial que l'on compte pour rendre cette collusion plus difficile, sinon pour lui enlever toute chance de réussir.

20. — M. Demolombe, t. III, n° 418, assimile à la mort de l'auteur de la falsification, sa démence, le cas où il a agi sans intention criminelle, et celui où il a prescrit l'action publique. On peut, dans les deux dernières hypothèses, se permettre de trouver bien hardie une telle assimilation, si conforme qu'elle soit d'ailleurs à l'équité et à l'esprit de la loi.

21. — D'après M. Valette (sur Proudhon t. II, p. 106-11), « L'article 198 pourrait certainement être invoqué par les parties intéressées lors même qu'elles ne se seraient pas portées parties civiles. D'abord cet article ne distingue

en aucune façon ; et ensuite il est évident que le ministère public qui a été partie dans la procédure criminelle et a fait constater le délit, représentait à cet égard la société tout entière. Il nous paraît même certain qu'aux termes de la loi du 20 avril 1810, le ministère public pourrait d'office requérir l'inscription du jugement sur les registres de l'état civil. »

M. Demolombe, t. III, n° 419, repousse cette doctrine. Si, dit-il, chacun des intéressés pouvait invoquer le jugement par le motif que le ministère public sur les conclusions duquel il a été rendu, représentait dans le débat la société tout entière, il n'est pas douteux que ce jugement ne puisse également être opposé à chacun d'eux. Or, comme il n'existe aucun moyen de combattre la preuve ainsi formée, il s'ensuivrait que les époux seraient liés l'un à l'autre, par l'effet d'un jugement auquel ils sont restés absolument étrangers : résultat insoutenable qui ruine à lui seul la théorie qui l'a fait naître. Si d'ailleurs le ministère public représente la société dans un procès criminel, c'est seulement contre l'accusé; mais il ne peut représenter aucun de ses membres pour engager leurs intérêts les plus graves sans qu'on les ait même entendus. Il faut, en matière de faux, faire cette distinction entre les effets répressifs du jugement et les intérêts civils mis en jeu par lui. (Cass., 29 mai 1846, Sirey, 46, 1, 717.)

22. — Nous voici, enfin, arrivés au quatrième et dernier mode de preuve, à celui dont le législateur ne permet l'usage qu'aux seuls enfants, ou, pour nous exprimer d'une façon plus exacte, à ceux-là seuls qui invoquent le mariage pour en faire résulter leur filiation légitime à l'égard des prétendus époux. C'est de tous celui dont nous allons traiter avec le plus de détails, puisqu'il est aussi de tous celui qui se rattache le plus intimement à notre sujet, aux preuves de la filiation légitime.

L'article 197 le consacre en ces termes, tel, à peu près, qu'il existait déjà dans notre ancienne législation civile. « Si néanmoins, dans le cas « des articles 194 et 195, il existe des enfants issus « de deux individus qui ont vécu publiquement « comme mari et femme, et qui soient tous deux « décédés, la légitimité des enfants ne peut être « contestée sous le seul prétexte du défaut de « représentation de l'acte de célébration, toutes « les fois que cette légitimité est prouvée par une «possession d'état qui n'est point contredite par «l'acte de naissance. »

23. — Ainsi quatre conditions doivent concourir pour que l'enfant puisse établir sa légitimité, en l'absence d'un acte de l'état civil prouvant la célébration du mariage de ceux dont il se prétend issu.

Il faut :

1° Que les père et mère soient tous deux décédés ;

2° Qu'ils aient vécu publiquement comme mari et femme ;

3° Que les enfants, eux aussi, aient eu possession d'état d'enfants légitimes ;

4° Que cette possession ne soit pas contredite par leur acte de naissance.

La présomption de la loi est en somme basée sur une double possession d'état, dont les deux éléments se fortifient réciproquement. Tout porte à croire que les individus qui avaient toujours eu aux yeux du monde les apparences de mari et femme, du mariage desquels on n'avait jamais douté, qui se comportaient à l'égard de leurs enfants comme des parents légitimes, et envers lesquels ceux-ci usaient d'évidente réciprocité étaient mariés en effet. Quant aux enfants, qui seuls peuvent invoquer cette présomption, ils ne sauraient être suspects de s'être créé une possession d'état pour les besoins de la cause puisque cette possession n'a de valeur que si son origine se confond avec l'époque même de leur naissance. (V. sur ce point un arrêt de Cassation du 13 janvier 1857, D. P., 57, 1, 106; et la note qui l'accompagne.)

— N'est-ce pas justice, d'ailleurs, de leur accorder comme ressource suprême le bénéfice de l'article 197? L'acte de célébration existe sans doute, mais ils ne savent où le trouver; soit qu'à l'époque où leurs père et mère ont cessé de vivre ils fussent trop jeunes pour connaître la commune dans laquelle a été célébré leur mariage, soit que, le pouvant, ils aient négligé de s'en enquérir. Cette négligence ne saurait constituer une faute assez grave pour qu'on en doive faire peser sur eux l'inexorable conséquence. Dans une telle incertitude à qui s'adresseront-ils? Seuls leurs plus proches parents pourraient peut-être les éclairer, leur fournir tout au moins d'utiles indices; mais leur intérêt se trouve précisément en antagonisme avec leur conscience, lors même que ce ne sont pas eux qui, prenant l'initiative, ont soulevé le débat.

24. — 1° *Les père et mère doivent être tous deux décédés pour que leurs enfants puissent invoquer le bénéfice de l'article 197 du Code Napoléon.*

On a proposé, cependant, d'assimiler au décès certaines hypothèses dans lesquelles les enfants sont dans l'impossibilité d'obtenir de leurs parents aucun indice sur le lieu de la célébration du mariage, et de leur permettre alors d'invoquer l'article 197 malgré l'existence de ces parents.

D'abord la démence ou l'absence déclarée des père et mère ou du survivant d'entre eux peuvent-elles être assimilées au décès ?

Premier système. Aucun doute, dit-on, en faveur de l'affirmative, ne saurait exister sur le motif essentiel qui a dicté l'article 197. On n'a pas voulu que l'enfant, lorsqu'il se trouve dans l'impossibilité d'apprendre de ses père et mère le lieu où a été célébré leur mariage, demeurât victime de cette circonstance fortuite. La nature du fait qui a produit l'impossibilité importe ici fort peu. Que ce soit la démence des parents, leur mort ou leur absence déclarée qui empêche l'enfant de se renseigner auprès d'eux, il n'est pas plus coupable dans un cas que dans l'autre d'ignorer le lieu où a été célébré le mariage, et n'est pas moins digne d'intérêt si cette ignorance met sa légitimité en péril. De telle sorte que l'article 197 ne saurait, sans la plus inadmissible inconséquence, l'abriter dans un de ces cas et le découvrir dans les autres. Si le législateur ne parle que du décès, c'est que, statuant ici comme il le fait presque toujours sur le *plerumque fit*, il abandonne au jurisconsulte, qui connaît ses habitudes et la concision à laquelle il est obligé, le soin d'appliquer la même décision aux hypothèses identiques mais exceptionnelles de la démence et de l'absence déclarée. (Paris, 23 février 1822, adhésion implicite à ce système; Dalloz, Jurisprudence générale. v° *Paternité*, n° 312 et 315; Duranton, t. II, n° 255; Marcadé sur l'article 197, n° 2; Valette sur Proudhon, t. II, p. 73; Bonnier, traité des preuves, n° 128; Demol., t. 3, n° 396).

25. — *Second système*. Sans doute le législateur pose les principes et laisse au jurisconsulte le soin d'en déduire les conséquences; mais loin que ce soit un principe nouveau, c'est au contraire une restriction aux principes déjà posés que vient introduire ici l'article 197. Nous sommes donc en présence d'une exception

dont l'application nous laisse d'autant moins de latitude, qu'elle intervient, elle-même, dans une matière essentiellement de droit étroit. On ne peut pas plus supposer de la part du législateur un oubli que l'intention d'abréger son œuvre et d'en confier la perfection à ceux qui sont chargés de l'appliquer. La loi avait eu trop souvent, dans les articles qui précèdent, occasion d'assimiler au décès l'impossibilité où se trouve une personne de faire acte de volonté, pour que cette parité de situation, au point de vue de la preuve du mariage, entre l'enfant dont les parents sont décédés et celui dont les parents sont simplement absents ou en état de démence ait pu échapper à l'esprit de ses rédacteurs. L'omission n'a donc pu être que calculée. Nous ne saurions davantage admettre que le législa- ait pu ne citer le décès qu'à titre d'exemple. Quand on veut introduire des exceptions à une règle générale, le moins qu'on puisse faire, surtout dans une matière aussi grave, est de les énumérer toutes. D'ailleurs le soin que prend la loi dans les articles 149, 150 et 160, précisément dans le titre même qui ous occupe, de spécifier toujours après l'hypothèse du décès celle où les parents sont dans l'impossibilité de manifester leur volonté, suffirait seule à nous prouver que si l'article 197 ne parle ni de la démence, ni de l'absence, c'est parce que les rédacteurs ont entendu en restreindre l'application au seul cas où les parents sont décédés. Ces hypothèses, en effet, ne présentent pas, quant à leurs conséquences, une parfaite similitude. Il n'y aurait rien d'extraordinaire à ce que l'individu absent depuis cinq ou six années seulement vînt à reparaître ou que l'insensé recouvrât la raison. Que, dans un intérêt quelconque, il cherche alors à prouver son mariage, il est certain qu'il se verra repoussé par l'article 194 s'il ne peut fournir un acte de célébration; de telle sorte que, selon l'expression de MM. Dalloz, *la légitimité par un contraste scandaleux sortira du concubinage*. Une autre conséquence non moins inadmissible s'imposerait encore à nous si, postérieurement à ces faits, une seconde personne contestait à son tour la légitimité de l'enfant, il devrait, à son égard, être déclaré illégitime aussi légalement qu'il a été déclaré légitime à l'égard du premier demandeur. De semblables résultats ne sont-ils pas de nature à faire hésiter en présence de cette assimilation arbitraire? Vainement M. Demolombe proposet-il d'introduire dans le jugement, au profit des adversaires de l'enfant, des réserves pour le cas où son auteur reparaîtrait ou recouvrerait ses facultés. Cette concession, en même temps qu'elle fait ressortir la différence profonde qui sépare les deux hypothèses, augmente encore les inconvénients du système que nous combattons. Quelle situation antijuridique ne créerait-elle pas? Pouvons-nous, sans un texte précis, nous résoudre à laisser ainsi indéfiniment en suspens l'état d'un individu? Si nous insistons sur cette controverse plus qu'il ne conviendrait peut-être, c'est qu'une question de principe est ici engagée, et que nous sommes étonné de trouver tant d'éminents jurisconsultes parmi nos adversaires. Lors même qu'il y aurait similitude parfaite entre le décès, la démence et l'absence, bien plus, lors même qu'on parviendrait à nous convaincre que la disposition de l'article 197 est d'une utilité plus grande encore dans le cas de démence et d'absence que dans le cas de décès, qu'elle devient alors indispensable, nous nous refuserions encore à l'appliquer à ces hypothèses dans le silence de la loi. Quand la loi procède par voie d'exception sa volonté est assez nettement déterminée pour ne laisser aucune place à l'interprétation. Quel danger n'y aurait-il pas pour le jurisconsulte à substituer à cette volonté souveraine, ne fût-ce qu'une seule fois, sa propre raison et ses préférences? Engagé sur cette pente à quel instant s'arrêter? C'est cette méthode vicieuse qui a entraîné d'excellents esprits à appliquer l'article 197, même dans le cas où le débat se posant entre les enfants et le survivant des père et mère, ceux-ci se trouvaient dans l'impossibilité morale d'obtenir de lui aucun renseignement. (Toulouse, 24 juin 1820, D. P., 21, 2, 65; Paris, 21 juin 1853, D. P., 55, 2, 311 ; Aubry et Rau, t. IV, § 452 *bis*, note 17.)

26. — Il est une seule concession à laquelle je me pourrais résoudre. J'autoriserais l'enfant à invoquer l'article 197 lorsque le survivant des père et mère a continué à ne pas donner de ses nouvelles, bien que trente années se soient écoulées depuis l'envoi en possession provisoire. Il ne s'agit plus, dès lors, d'une assimilation plus ou moins exacte. Ici nous n'interprétons plus, nous nous conformons à une présomption de la loi qui, dans l'article 129 du Code Napoléon, considère comme mort l'individu absent pendant ce laps de temps. De provisoire qu'il était, l'envoi

en possession de ses biens devient alors définitif, ce qui prouve qu'aux yeux de la loi tout espoir de voir revenir l'absent est à jamais perdu. Cette présomption, posée implicitement par elle au titre de l'absence, réagit nécessairement sur toutes les dispositions qu'elle édicte, car on ne peut supposer qu'elle regarde comme vivant, dans cette hypothèse spéciale, un homme qu'elle vient de considérer comme mort, et dont elle a définitivement ouvert la succession. Accorde-t-elle certains droits aux enfants dont les parents sont prédécédés, elle les accorde, par là même, à ceux dont les parents sont absents depuis trente années à compter de l'envoi en possession provisoire, puisqu'aux yeux de ses rédacteurs leur décès est présumé jusqu'à preuve contraire.

27. — Quelques auteurs, parmi lesquels se trouvent MM. Duranton, t. II, n° 254, et Allemand, t. Ier, n° 439, vont plus loin encore; ils autorisent l'enfant à invoquer l'art. 197, lors même que sa mère étant seule décédée, il intente une action en réclamation d'état contre son prétendu père présent et sain d'esprit. On ne peut, disent-ils, le contraindre à représenter un acte de mariage. Comment s'y prendrait-il

pour découvrir la commune où ce mariage a été célébré? La mère n'est plus là pour la lui indiquer; quant à son père, c'est pour lui comme s'il n'existait plus, car, étant son adversaire au procès, ayant un intérêt contraire au sien, il se gardera bien de lui fournir aucun renseignement à cet égard. Après tout ce que nous avons écrit sous le n° 25, inutile d'ajouter que nous repoussons sans hésiter ce système. Nous pourrions même nous appuyer sur la haute autorité de M. Demolombe qui, cependant, assimile au décès, en ce qui touche l'art. 197, la démence et l'absence; mais nous ne sommes nullement touché des motifs qu'il invoque pour justifier la différence de ses solutions dans les deux hypothèses. Si, en effet, on se fonde sur l'équité, on doit reconnaître que l'enfant, lorsqu'il a précisément son père pour adversaire au procès, est dans l'impossibilité absolue d'obtenir de lui aucun secours pour parvenir à la justification de son droit, aussi bien que dans le cas où ce père est, soit absent, soit en proie à la démence. Pour nous qui nous sommes, au contraire, refusé à assimiler l'absence au décès, nous ne saurions, sans inconséquence, permettre à l'enfant d'opposer à son père l'article 197, car ce sont les mêmes motifs qui s'opposent à cet usage dans les deux hypothèses. (Voy. un arrêt du 19 janvier 1864, D. P, 65, 2, 16; dans lequel la cour d'Agen semble refuser dans ce cas aux enfants le bénéfice de l'art. 197.)

28. — 2° *Il faut que les père et mère aient vécu publiquement comme mari et femme.* Cette sorte de possession d'état doit porter sur des faits de différente nature, publics et répétés pendant un certain laps de temps. Aussi, ne suffit-il pas à l'enfant, pour invoquer l'art. 197, d'établir que son père et sa mère passaient pour mariés. Ce n'est pas l'opinion publique dont on ne peut contrôler l'origine, ce sont des faits certains qu'il faut porter devant la justice. Telle est la doctrine affirmée par la cour de Pau dans un arrêt du 9 mai 1829 (D. A, v° *Paternité*, n° 252, note 1.)

29. — Le projet de Code civil ne permettait de constater ces faits de possession d'état que par des actes authentiques ou privés, *émanés de ceux qui contestent l'état de l'enfant.* (Locré, t. 4, p. 410). Le législateur, avec raison selon nous, n'a pas cru devoir consacrer cette exigence. La règle générale, à laquelle il n'y avait ici aucune raison de déroger, est que les faits de possession d'état peuvent se prouver par tous les

moyens, écrits quels qu'ils soient, témoins même. Non-seulement ces différents faits, se contrôlant les uns les autres, sont de ceux que le témoignage établit le plus aisément et avec le moins de danger, mais exiger que la preuve en soit faite par des actes émanés de l'adversaire, serait, le plus souvent, rendre inutile le bénéfice de la possession d'état. Les faits qui la constituent sont nombreux, ils doivent s'être répétés à plusieurs reprises pendant un long espace de temps; il serait donc impossible qu'on pût, à chaque époque, fournir à l'appui de chacun de ces faits un écrit émané de l'adversaire au procès. Des éléments de possession d'état nombreux, publics, connus de tout un pays, faciles par conséquent à établir, peuvent avoir existé sans que des parents éloignés en aient eu connaissance, sans qu'ils aient eu l'occasion de les attester par écrit, sans que surtout aucun acte émané d'eux se rencontre entre les mains des enfants avec lesquels ils n'ont jamais eu de relations.

30. — On peut ainsi établir par toute sorte de moyens que les deux individus dont on se prétend issu vivaient publiquement comme mari et femme. Parmi les faits de diverse nature

qu'on tentera de grouper pour arriver à cette preuve, la circonstance qu'on a été inscrit sur les registres de l'état civil comme enfant légitime de cet homme et de cette femme présentera, sans nul doute, une importance considérable. Le juge puisera dans cette énonciation de légitimité un élément de conviction des plus précieux en faveur du mariage des père et mère, sans que cependant une telle énonciation puisse suffire seule à la former.

De l'avis de tous les interprètes une erreur peut seule expliquer comment la doctrine contraire a été introduite par M. Portalis dans l'exposé des motifs (Locré, t. 4, p. 516). Merlin suppose qu'une lacune ou altération quelconque doit exister dans cette partie de son discours. Toutes les raisons que développe M. Portalis justifient parfaitement la force probante attachée par la loi aux actes de naissance et de mariage, chacun en ce qui regarde l'objet particulier pour lequel il a été institué et rédigé, mais elles ne sauraient faire comprendre à quel titre l'acte de naissance qui n'a été dressé que pour constater la filiation, viendrait, dans ce cas particulier, faire preuve d'un mariage. La filiation est l'unique fait que le déclarant puisse porter à la connaissance de l'officier de l'état civil; il n'a qualité que pour cela, tout comme l'officier, de son côté, n'a qualité que pour enregistrer ce fait, le seul qu'il soit à même de vérifier. Si cependant l'art. 197 ordonne au juge de s'arrêter devant une énonciation contraire à la légitimité contenue dans l'acte de naissance, c'est qu'il voit là une présomption qui, jointe à celle résultant déjà de ce que l'acte de célébration n'est pas représenté, rend suspectes les prétentions du réclamant. Les présomptions affirmatives qu'il pourrait invoquer sont, aux yeux du législateur, détruites, dans tous les cas, par la réunion de ces deux présomptions négatives. (Aix, 28 mai 1810; Sirey, 1811, 2, 227; Paris, 9 mars 1811; Sirey, 1811, 2, 95; Demolombe, t. 3, n° 400.)

31. — 3° Pour que la présomption soit admissible, la possession dont jouissaient cet homme et cette femme aujourd'hui décédés n'est pas suffisante; *le réclamant doit, de plus, justifier qu'il avait lui-même, à leur égard, possession d'état d'enfant légitime.* Cette condition est absolument exigée par l'art. 197 : « *Toutes les fois que cette légitimité est prouvée par une possession d'état* qui n'est pas contredite par l'acte de naissance. » L'existence

de cette possession est laissée à l'appréciation souveraine du tribunal; les juges devront, cependant, prendre pour base de leur décision l'art. 321, dans lequel la loi énumère, à titre d'exemple, les principaux éléments de la possession d'état. Je ne crois donc pas qu'on puisse élever à la hauteur d'une difficulté juridique la question de savoir si l'acte dans lequel l'enfant est désigné par le père comme enfant naturel, est destructif de la possession d'état, sans cela acquise à son profit, et si cette mention peut le priver du bénéfice accordé par l'art. 197. Les juges auront à statuer spécialement sur chaque hypothèse de ce genre, tenant compte du plus ou moins d'énergie que revêt d'ailleurs la possession, ainsi que des circonstances dans lesquelles cette énonciation s'est produite. Je ne considère donc pas comme contraires en droit les arrêts rendus le 28 janvier 1835 par la cour de Bordeaux, et le 11 mai 1816 par la cour de Paris. (Dalloz, Jurisp. gén., t. 35, n°s 328 et 329.)

Je ferai néanmoins remarquer que si la possession d'état est à la fois nécessaire pour établir et le mariage d'où résulte la légitimité (art. 197) et la filiation elle-même (art. 320), les tribunaux devront se montrer beaucoup plus sévères quant à son admission. L'importance de cette preuve, la seule sur laquelle repose alors l'état de l'enfant, la défiance que doit inspirer la double absence, et de l'acte de mariage, et de l'acte de naissance, commande ici la plus extrême réserve. Bien plus favorable est l'hypothèse où le mariage une fois prouvé par les registres de l'état civil, on n'invoque la possession que pour établir la filiation, et l'hypothèse dans laquelle, en présence d'un acte de naissance régulier, elle n'est que l'un des éléments apportant leur concours à la preuve du mariage.

32. — A quelle époque doit avoir commencé la possession d'état? Cette question à été soumise à la Cour de cassation qui ne s'est pas prononcée sur elle (13 janvier 1857, D. P. 57, 1, 106). M. Dalloz dans la note sommaire qui accompagne cet arrêt regarde comme indifférent le point de départ de la possession. Nous pensons, au contraire, que pour avoir rationellement la portée que la loi lui attribue, la possession doit avoir commencé à la naissance même de l'enfant. Cette solution, dans notre pensée, doit être donnée, soit qu'il s'agisse de la possession qui lie entre eux l'homme et la femme, soit qu'on envisage celle qui rattache à eux l'enfant dont

la possession est en jeu. (Voy. sur cette question, à propos de l'art. 320, notre n° 79.)

33. — 4° De ce que nous venons de dire il résulte que, dans notre pensée, le réclamant pour prouver le mariage de ses père et mère à l'aide de l'article 197, n'est pas tenu de représenter un acte de naissance qui le déclare leur enfant légitime. Il suffit que ces adversaires n'invoquent pas un acte contraire à cette prétention et qui soit reconnu lui être applicable. C'est ainsi que nous interprétons les derniers mots de notre article « ...... une possession d'état *qui n'est point contredite* par l'acte de naissance. » Toullier seul (t. 2, n° 877, note 2) n'admet l'enfant à invoquer la présomption qu'à la condition de justifier d'un acte de naissance corroborant sa possession d'état. Si la loi eût voulu consacrer une telle exigence elle eût dit : « Toutes les fois que cette légitimité est prouvée par une possession d'état *conforme* à l'acte de naissance » au lieu de se servir des expressions *non contredite*. Le doute peut d'autant moins subsister à cet égard que le projet du Code, en cela fidèle aux traditions de notre ancien droit (Denizart, v° *Quest. d'état*, § 2, n° 3), exigeait « qu'un acte de naissance ap-

« puyé de la possession d'état prouvât la légiti-
« mité » (Locré, t. 8, p. 432 et 470). Si cette rédaction a été remplacée par celle que nous voyons aujourd'hui, c'est que le législateur, sur l'observation du Consul Cambacères, a voulu dispenser l'enfant de produire un titre conforme. Ce système est, d'ailleurs, le seul conséquent. Le législateur, lorsqu'il a édicté l'art. 179, s'est placé à ce point de vue, que l'enfant ne pouvait être responsable des faits accomplis avant sa naissance ou à une époque concomitante. Il a les mêmes raisons d'ignorer le lieu où a été dressé son acte de naissance que celui où l'a été acte de mariage de ses parents. On ne pouvait donc le dispenser de représenter l'un et le contraindre à produire l'autre (Agen, 18 mai 1842; Sirey, 42, 2, 541; Toulouse, 4 juillet 1843; Sirey 44, 2, 398; Merlin, Rép., t. XVI, sect. 1, § 2, *quest.* 6, v° *Légitimité*, Demolombe, t. 3, n° 401; Aubry et Rau, t. 4, § 422, note 20).

Les termes de l'article nous conduisent même à décider que si l'acte de naissance est représenté, il n'est pas nécessaire qu'il corrobore la possession d'état, il suffit qu'il ne la contredise pas (Val. 1, Proudh., t. 2,

p. 72, note *a*, Demolombe, t. 3, n° 401).

Un fait curieux à faire ressortir, c'est que, tandis que dans tous les autres cas on ne peut se servir de l'une des preuves organisées par les art. 319 *et suiv.* qu'à la condition d'avoir préalablement établi le mariage de ses père et mère prétendus, de telle sorte que si la filiation est reconnue elle soit forcément légitime, dans notre hypothèse, au contraire, on invoquera la possession d'état *d'enfant légitime* avant que la preuve du mariage soit encore faite, précisément pour arriver à cette preuve. Si l'on veut envisager la question à un autre point de vue, il suffira, dans cette hypothèse, de faire la preuve du mariage de ses père et mère prétendus, pour que la filiation elle-même en soit la conséquence, sans qu'on ait, à cet égard, à fournir aucune preuve nouvelle.

34. — Lorsque l'enfant cherche à établir séparément chacun des quatre faits auxquels le législateur a subordonné le bénéfice de l'art. 197, on peut, cela va sans dire, détruire par des preuves et présomptions contraires, les preuves et présomptions sur lesquelles s'appuient chacun de ces faits. Mais, après que le décès des parents, leur possession d'état d'é-

poux, la possession des enfants à leur égard, la non-opposition de l'acte de naissance sont une fois définitivement prouvés, on ne peut, au contraire, renverser la présomption légale qui se dégage de cette réunion de circonstances. Les seules preuves qui puissent, à notre avis, prévaloir contre elles seraient l'impossibilité du mariage entre les prétendus époux, soit pour cause d'inceste, soit pour cause de bigamie, à l'époque à laquelle remonte la conception de l'enfant, et la preuve d'une célébration irrégulière. (V. n°s 36 et 37.) Toullier, d'après lequel la présomption résultant de ces circonstances réunies pourrait être combattue par tout fait tendant à établir la non-existence du mariage, fonde sa doctrine sur le texte même de l'art. 197, aux termes duquel la légitimité ne peut être contestée *sous le seul prétexte* de la non-représentation de l'acte de célébration du mariage. Or, dit-il, quand à ce fait on en ajoute d'autres il devient permis de la contester. Nous n'attachons aucune importance à un argument de texte dont la conclusion est contraire à tous les principes. Les circonstances exigées par la loi une fois réunies, la présomption *légale* de filiation légitime est désormais fixée, et les simples présomptions de l'homme qui n'ont pu réussir à la saper par la base dans chacune des assises qui la supportent, sont maintenant impuissantes à l'attaquer de front. Quant aux preuves positives qui seules seraient capables de l'atteindre, nous n'en pouvons, ainsi que nous l'avons déjà dit, supposer que trois, un empêchement absolu au mariage résultant, soit de la parenté, soit d'une précédente union, et l'existence d'un acte de célébration absolument nul.

La chambre des requêtes dans un arrêt du 8 mai 1810 (Dalloz, Jurispr. gén., v° *Paternité*, p. 200, note 2) applique cette solution à une espèce dans laquelle les père et mère n'avaient jamais quitté la commune où ils avaient publiquement vécu comme mari et femme, et où aucun acte de célébration n'était trouvé parmi les registres de l'état civil d'ailleurs régulièrement tenus.

Il se peut, dit Merlin, que l'acte ait été rédigé sur feuille volante, ce qui permet de faire déclarer le mariage valable, au moyen d'une procédure criminelle suivie contre l'officier de l'état civil. Nous ne pouvons croire que ce motif ait pesé, en quoi que ce soit, sur l'arrêt ci-dessus rapporté. Rien de mieux, que ce moyen de preuve si l'enfant a conservé la feuille volante en sa possession ; si, au contraire, elle est perdue, il ne sera pas recevable à mettre en avant cette supposition devant le tribunal, car elle serait précisement destructive de la présomption sur laquelle est basé l'art. 197. Le législateur admet, en effet, l'existence d'un acte valable de célébration, et tient compte à l'enfant de circonstances qui l'empêchent de connaître la commune dans laquelle il a été rédigé (Douai, 8 mars 1845; Sirey, 45, 2, 311 ; Duranton, t. 1, n° 252; Demolombe, t. 3, n° 403).

35. — Des principes ci-dessus exposés il résulte que nous ne saurions nous incliner devant un arrêt du 5 mars 1812 (D. A., v° *Paternité*, n° 322) par lequel la Cour de Rennes refuse à une jeune fille le bénéfice de l'art. 197, sous prétexte que le mariage aurait été célébré seulement devant le ministre du culte. L'enquête avait bien prouvé que l'union en question avait reçu la bénédiction de l'Église; quant à prouver que la célébration civile n'était pas venue la consacrer aux yeux de la loi, c'est précisément ce que l'art. 197 ne lui permettait pas de faire, les déclarations des témoins ne pouvant pas préva-

loir contre la présomption légale. Le mariage civil avait pu être célébré longtemps avant ou longtemps après le mariage religieux, dans telle commune ou dans telle autre; l'enfant était excusable d'ignorer ces faits antérieurs à sa naissance, et la cour n'avait pas davantage à s'en préocuper. La possession d'état non contredite par l'acte de naissance existait dans l'espèce, c'est tout ce que les magistrats eussent dû examiner.

Dans un arrêt du 18 décembre 1837, confirmé le 11 août 1841 par la Cour de Cassation, la Cour de Paris s'est prononcée dans le sens que nous indiquons. Il s'agissait alors d'un mariage célébré devant un ministre protestant. La même solution se retrouve encore dans un arrêt rendu par la Cour de Toulouse, le 4 juillet 1843 (Sirey, 44, 2, 398).

36. — Devrions-nous maintenir cette solution alors même que nous nous trouverions en présence, non plus d'un acte de célébration religieuse, mais d'un acte ayant le prétention de constater la célébration civile, d'un acte qui ne peut avoir d'autre portée, d'autre intérêt, et qui, cependant, est radicalement nul?

La question ici n'est plus la même. L'acte de

célébration religieuse avait un but naturel, celui de constater la célébration religieuse, et ne préjudiciait nullement à la célébration civile. De ce que deux individus s'étaient mariés suivant le rite d'un culte, on n'en pouvait, en aucun façon, conclure qu'il ne s'étaient pas également unis selon les formes légales. On trouvait plutôt dans ce fait la présomption contraire, puisque le ministre du culte ne peut procéder à la célébration religieuse que sur la justification de la célébration civile, et que l'infraction à son devoir ne doit pas se présumer. Bien plus, lorsqu'il serait avéré que la célébration civile n'était pas intervenue alors, n'a-t-elle pas pu intervenir depuis. Les époux qui ne sont pas censés ignorer la loi, et qu'on a vus se traiter comme époux légitimes, ont dû, à une époque postérieure, dans une commune qui reste ignorée, en acquérir la qualité et les droits, par un mariage régulier. Les principes qui ont dicté l'art. 197 nous conduisaient à interpréter ainsi les faits que nous avions supposés.

Tout au contraire, dans l'hypothèse que nous examinons maintenant, nous nous trouvons face à face avec un acte qui se présente comme acte de l'état civil et qui n'a pu être dressé que dans le but de constater une célébration légale. Malheureusement cet acte est dénué de toute valeur, on ne doit attacher aucun effet à la soi-disante célébration qu'il relate. On peut supposer par exemple qu'il porte la signature du secrétaire de la mairie au lieu de celle de l'officier de l'état civil, que la célébration est intervenue devant un conseiller municipal sans aucun pouvoir *ad hoc*, ou devant un ancien maire que les fiancés croyaient encore en fonctions. Nous cessons ici d'être dans les termes de l'art. 197, et nous sommes plus loin encore de sa pensée. L'art. déclare que la légitimité ne pourra être contestée « sous *le seul prétexte du défaut* de représentation de l'acte de célébration». Ici, au contraire, l'acte est représenté, mais il est tel que le mariage sur lequel avaient compté les parties est nécessairement inexistant. Quant à sa pensée, elle ne saurait s'appliquer davantage aux circonstances au milieu desquelles nous nous trouvons. Mise en présence d'une possession d'état, la loi qui statue sur le *plerumque fit*, et qui suppose difficilement les fautes, présume que cette possession s'appuie sur un acte régulièrement dressé.

Si elle dispense les enfants de le représenter, c'est uniquement parce qu'elle regarde la commune dans laquelle il a été rédigé comme impossible à découvrir. Mais du jour où un acte de célébration régulier ou vicieux est mis sous les yeux des magistrats, la présomption d'ignorance disparaît. Aussitôt la disposition destinée à protéger les enfants contre cette ignorance n'a plus aucun fondement. On sait où a été dressé l'acte de célébration, c'est désormais sur cet acte seul que repose le mariage, qui ne vaut, dès lors, que ce que vaut l'acte lui-même, qui est inexistant ou valable suivant que ce titre est nul ou régulier.

Vainement prétendrait-on que les vices de cet acte, ou pour mieux dire les vices de ce mariage, ont été réparés dans la suite. Ce serait là une circonstance contraire à ce *plerumque fit* qui sert de base aux présomptions de la loi, ce serait une circonstance exceptionnelle pour ne pas dire invraisemblable. D'autant plus que si une telle réparation était réellement intervenue, on aurait eu grande chance d'en trouver quelques traces au lieu où s'est effectuée la célébration irrégulière. Rien d'ailleurs n'indique que le législateur ait songé à une hypothèse ainsi compliquée lorsqu'il a édicté l'art. 197, dont la disposition essentiellement de droit étroit, comme le sont toutes les présomptions légales, ne saurait être étendue au delà de ses termes précis, au delà de l'espèce claire et simple qui y est supposée.

Enfin, lorsqu'on n'avait pu découvrir aucun acte de mariage , je n'excepte pas de cette hypothèse le cas où un acte de célébration religieuse était représenté, on se trouvait enfermé dans cette alternative, ou admettre malgré ce défaut de titre que le mariage ait été réellement célébré, ou présumer entre cet homme et cette femme aujourd'hui décédés , l'existence de relations illicites, ce à quoi le législatenr a répugné toujours. Lors, au contraire, qu'on a dans la main un titre si informe qu'on veuille le supposer, la situation réciproque de cet homme et de cette femme se trouve par là même expliquée, sans qu'on ait besoin de supposer une situation irrégulière. Le principe, le fondement de la possession d'état sont dès lors découverts; l'un des prétendus époux ou tous deux ont, sur la foi de cet acte, vécu comme mari et femme. Sans doute leurs enfants étant, dans ce cas, issus d'un mariage putatif, pourront être déclarés légitimes, mais pour cela la question de bonne foi aura dû être spécialement posée et favorablement résolue par le tribunal. Ce sera sur les art. 201 et 202 que se basera cette légitimité, sans qu'on ait besoin d'invoquer l'art. 197 inapplicable en pareil cas.

Les partisans de l'opinion contraire revendiquent communément en sa faveur un arrêt rendu par la Cour de Cassation le 11 août 1841 (Sirey, 1841, 1,617). Peut-être y a-t-il confusion sur ce point. Dans l'espèce soumise à la Cour de Cassation, l'acte invoqué était, ainsi que nous l'avons déjà dit n° 35 *in fine*, un acte de célébration religieuse, ce qui était tout différent, et dictait la décision adoptée par la Cour. La seule autorité dont nos contradicteurs puissent avec raison se prévaloir, c'est le rapport présenté sur cette espèce par M. le conseiller Madier de Montjau. L'honorable magistrat ne se borne pas à discuter les faits tels qu'ils se présentent dans la cause ; son argumentation plus générale s'étend même au cas où un acte de célébration civile entaché d'un vice qui en paralyse les effets est opposé à la réclamation de l'enfant. Dans cette hypothèse encore, il se prononce pour l'application de l'art. 197, mais rien ne prouve que la Cour de Cassation l'ait suivi jusque-là. Le soin qu'elle a pris, tout en adoptant, sur les faits mêmes, les conclusions du rapport, d'éviter les motifs généraux qu'il lui fournissait à l'appui de sa décision, donne à penser plutôt qu'elle a voulu rendre un arrêt d'espèce, et répudier, en même temps, la théorie trop étendue de son rapporteur.

M. Demolombe, bien qu'il permette de recourir à l'art. 197 dans l'hypothèse qui nous occupe, avoue néanmoins toute l'incertitude de la solution par lui adoptée; aussi, pour plus de sûreté, conseille-t-il aux enfants d'invoquer, en pareil cas, l'art. 196 (t. V, n° 403). Mais, suivant nous, c'est seulement entre les époux que la possession corrige les vices de l'acte. Le remède qu'il propose serait donc absolument inefficace. Et puis, dans les espèces que nous avons prises à titre d'exemple, les vices qui infectent le mariage sont tels qu'ils le rendent absolument inexistant. Le conseil que donne ici M. Demolombe se retourne d'ailleurs contre le système qu'il professe : si l'acte irrégulier de célébration, soutenu par la possession d'état, a force suffisante pour prouver le mariage, il en résulte qu'on n'est pas dans le cas prévu par l'art. 197, qui a pour but unique de suppléer l'absence de cet acte. (V. aussi, en sens contraire, Dalloz, *Jurispr. gén.*, t. XXXV, n° 323.)

37. — La réunion des circonstances exigées par l'art. 197 ne peut, en aucun cas, produire plus d'effet que la preuve directe du mariage qu'elle est destinée à suppléer, avoir plus de force qu'un acte régulier de célébration. Aussi la présomption légale sera-t-elle destituée de tout effet si les adversaires de l'enfant réussissent à prouver qu'au moment de la conception, voire même au point de départ de la possession d'état entre les prétendus époux, l'un d'eux était encore engagé dans les liens d'un précédent mariage (Douai, 8 mai 1845, D. P. 45, 2, 163).

Nous donnerions la même solution si le mariage était entaché d'inceste au lieu de l'être de bigamie. S'il s'agissait, en effet, d'un frère ou d'une sœur, le mariage était dans tous les cas impossible. S'il s'agissait d'un beau-frère et d'une belle-sœur, d'un oncle et d'une nièce, il n'était possible qu'à l'aide de dispenses préalables. Toutes ces dispenses se délivrant à la chancellerie il sera, par là même, facile de vérifier si elles ont été obtenues. L'ont-elle été, c'est une présomption nouvelle qui vient fortifier la présomption légale ; n'en trouve-t-on, au contraire, aucune trace, cela n'implique pas que le mariage n'ait été réellement célébré, dans une commune restée inconnue, seulement il serait dans ce cas radicalement nul ; aussi n'en devrait-on tenir aucun compte.

38. — Les enfants pourront-ils, dans ce cas, invoquer les art. 201 et 202 et se faire déclarer légitimes, comme issus d'un mariage putatif ? Bien que nous sentions parfaitement tout ce qu'il y a d'exorbitant dans ce cumul de faveurs accordé aux enfants, nous ne croyons pas, cependant, qu'on puisse s'y soustraire. La présomption de l'art. 197 remplace en tous points l'acte de célébration ; ou, pour mieux dire, quand on est parvenu à justifier des faits qu'il indique, la loi tient désormais le mariage pour régulièrement célébré : il existe, à ses yeux, un acte de célébration en due forme, elle en met l'existence au-dessus de toute contestation, elle dispense de le produire. Les choses étant en cet état, l'inceste et la bigamie n'empêcheront pas le mariage d'avoir existé. Ils le feront sans doute annuler, mais si l'un des époux a été de bonne foi, cette célébration qu'il n'est pas

permis de révoquer en doute, produira néanmoins ses effets en faveur de l'époux de bonne foi et de ses enfants.

39. — Il est de règle générale que la bonne foi se présume toujours. Ce principe trouve son application en matière de mariage putatif. Celui qui réclame les effets civils d'un mariage annulé n'est pas tenu de prouver sa bonne foi, c'est, au contraire, à celui qui conteste ces effets qu'incombe la charge de prouver la mauvaise foi. Néanmoins, dans l'hypothèse qui nous occupe, Toullier (t. II, n° 879), dont M. Dalloz adopte l'opinion (Jurispr. gén., v° *Paternité*, n° 324), croit devoir apporter une exception à ce principe. D'après lui, l'enfant qui invoque les 201 et 202 pour écarter l'obstacle que la bigamie ou l'inceste opposent à la présomption de l'art. 197, doit prouver la bonne foi de l'un des époux. On ne peut, dit-il, échafauder ainsi présomption légale sur présomption légale et supposer la bonne foi dans un mariage dont l'existence elle-même est en définitive incertaine.

Nous préférons la doctrine de Merlin (Rép. v° *légitimité*, sect. I, § 2, quest. 9), qui se refuse à supposer jamais la mauvaise foi. Si on admet en présence de l'art. 197 la théorie du mariage putatif, qu'on la prenne avec les règles qui la régissent. D'ailleurs, au moment où elle est invoquée à son tour, les hésitations ont cessé, le mariage est indiscutale aux yeux de la loi, puisque les circonstances exigées par elle ont toutes été réunies. La bigamie et l'inceste ne viennent point ébranler la présomption posée par l'art. 197, laquelle n'a trait qu'à l'existence d'une célébration régulière. C'est à un tout autre point de vue qu'ils vicient le mariage; or c'est uniquement et précisément à ce dernier point de vue que s'applique le remède du mariage putatif. La présomption de bonne foi ne reposant nullement sur la présomption de célébration du mariage, elles ne sont donc point échafaudées l'une sur l'autre, elles se meuvent dans deux sphères distinctes et indépendantes, elles peuvent, par conséquent, exister simultanément sans se nuire. Au reste, nul n'est tenu à l'impossible, et l'obligation de prouver sa bonne foi serait pratiquement irréalisable. On peut bien établir la mauvaise foi d'autrui, car il suffit pour cela de s'emparer du fait unique ou de quelques faits spéciaux d'où résulte cette mauvaise foi, et de l'en dégager par la discussion. Mais établir sa bonne foi, ce serait, en définitive, établir qu'à aucune époque de sa vie, on n'a connu la circonstance qu'on a intérêt à avoir ignorée (dans l'espèce le lien de parenté ou la non dissolution du premier mariage), qu'aucun événement n'est venu en révéler l'existence. Il faudrait pour y parvenir donner l'emploi de chacune des minutes de sa vie, narrer et prouver chacun des accidents qui l'ont signalée. Une telle preuve est impossible à fournir : aussi, la règle que *la bonne foi se suppose toujours*, est-elle moins une présomption légale qu'une nécessité juridique, s'imposant dans cette hypothèse, aussi bien que dans toutes les autres.

40. — Si énergique que soit la présomption, je la ferais cependant céder devant l'aveu des prétendus époux, pourvu qu'il ait été manifesté dans des conditions capables d'inspirer la confiance. Je suppose, par exemple, qu'après leur décès, on retrouve une correspondance échangée entre eux, dans laquelle ils s'entretiennent nettement et à plusieurs reprises de leur situation irrégulière, des moyens qu'il convient d'employer pour cacher la vérité aux yeux du monde et continuer d'endormir les soupçons. Dans ce cas, en effet, ce n'est pas la pré-

somption une fois complétement formée qu'on cherche à détruire, c'est plutôt un de ses éléments, la possession d'état d'époux, dont on conteste l'existence. Les relations de ces individus ont bien revêtu aux yeux du monde l'apparence de cette possession, mais les faits aujourd'hui dévoilés prouvent que, dans leur intérieur, la vérité reprenant tout son empire, il ne se traitaient pas réellement comme mari et femme.

41. — On s'est demandé si, bien que l'art. 197 ne parle que des seuls enfants, il ne serait pas cepandant applicable aux petits-enfants qui voudraient, remontant plus haut, justifier de leur descendance légitime à l'égard de leurs aïeux. Celui qui, par exemple, est parfaitement en règle à l'égard de son père et de sa mère, peut-il, lorsqu'il ne représente que l'acte de naissance de son père, suppléer à l'acte de mariage de ses aïeul et aïeule paternels en invoquant l'art. 197, établissant qu'ils sont tous deux décédés, qu'ils ont vécu publiquement comme mari et femme, que son père avait à leur égard possession d'état d'enfant légitime? Et, de fait, pourquoi ne le pourrait-il pas? Parmi les motifs qui ont dicté l'art. 197 en faveur des enfants, il n'en est pas

un qui ne s'applique également à leurs descendants, et souvent même avec une force plus grande. Eux aussi défendent leur propre état, cherchent à sauvegarder les liens de famille qui les rattachent à la société, laquelle est, par là même, intéressée à leur venir en aide. Si les enfants sont excusables d'ignorer le lieu où a été célébré le mariage de leurs père et mère, combien les petits-enfants ne le sont-ils pas davantage? Mais on peut objecter que les présomptions légales étant de droit étroit ne doivent point être étendues à des hypothèses différentes de celles qu'elles visaient originairement, quand bien même les motifs qui les ont inspirées militeraient plus énergiquement encore en faveur des hypothèses nouvelles. Nous ne songeons pas à contester ce principe : mais de ce que les présomptions légales sont de droit étroit, il n'en résulte pas que lorsque la loi, en les édictant, emploie une expression qui peut s'entendre d'une ou plusieurs classes d'individus, on doive nécessairement la restreindre à une seule, bien que l'équité et le bon sens commandent de l'appliquer à deux ou à toutes. La loi s'est ici servie du mot enfant, qu'elle emploie dans un grand nombre de textes pour désigner indifféremment les descendants, à quelque degré que ce soit; nous devons nous en féliciter et interpréter ce mot dans son acceptation la plus large, qui est en même temps conforme à la pensée généreuse qui l'inspirait alors. Il est, toutefois, une des expressions de notre article qui nous a fait longtemps hésiter : « S'il *existe* des enfants. » On pourrait très sérieusement soutenir que le législateur par ce mot *existe* a nettement précisé la portée de cette disposition. Ainsi comprise, elle ne serait applicable que du vivant des enfants eux-mêmes. Cette expression *s'il existe* peut cependant s'entendre, sans forcer le sens des mots, comme si la loi avait écrit, *s'il est né*. Le législateur, statuant sur le *plerumque fit*, a employé le présent au lieu du passé. Doit-on s'étonner de ce qu'il n'a pas songé à cette hypothèse vraiment extraordinaire où l'on aurait laissé les enfants arriver à l'âge d'homme, et attendu pour contester leur état qu'ils fussent à leur tour décédés ? Ce cas, fort suspect d'ailleurs, se présente si rarement que nous n'avons pu trouver que deux arrêts qui y eussent rapport. L'un repousse, à la vérité, l'application de l'art. 197 aux petits-enfants (Bourges, 4 juin 1823; Dalloz, Jurisp. gén., v° *Paternité*, p. 269), mais, loin qu'il veuille rentrer à leur égard dans le droit commun, il leur est encore plus favorable qu'aux enfants eux-mêmes. Sans nous dire par quel procédé il arrive à ce résultat, où il puise le germe d'une semblable distinction, il dispense les petits-enfants de prouver que leurs aïeux ont vécu publiquement comme mari et femme, et se rapproche en cela d'une doctrine que nous allons examiner sous le numéro suivant. Il regarde l'état de leur auteur (dans l'espèce l'état de leur mère), comme suffisamment établi par la production d'un acte de naissance et d'une possession personnelle conforme à cet acte. L'autre arrêt, rendu par la cour de Nîmes le 18 juin 1860 (D. P., 61, 2, 182), semble aller plus loin que nous, et permettre à tout successeur de l'enfant d'invoquer l'art. 197. Cette solution n'est peut-être pas sans quelque témérité. Je ne sais si les rédacteurs du Code qui ont édicté cette disposition comme une faveur, afin d'accorder toutes les facilités possibles à la preuve de la légitimité, eussent consenti à en étendre le bénifice à des cousins éloignés, à un légataire universel dont l'intérêt est purement pécuniaire.

42. — Sous l'ancienne législation, l'enfant pouvait, dans un cas spécial, après le décès de

ses parents, se dispenser de produire leur acte de mariage, alors même qu'il lui était impossible d'établir leur possession d'état d'époux. C'était lorsqu'il représentait un acte de naissance le qualifiant d'enfant légitime de cet homme et de cette femme, et qu'il l'appuyait d'une possession personnelle conforme. Il est probable qu'en pareil cas, on devait être peu exigeant sur les faits constitutifs de la possession d'état; car il n'était pas sans difficulté pour l'enfant de trouver des faits qui le rattachassent personnellement, comme enfant *légitime*, avec une continuité et une force suffisantes à deux personnes qui n'avaient entre elles aucune possession.

Quelques arrêts, cependant, ont regardé cette doctrine comme ayant passé dans le Code Napoléon (Grenoble, 5 février 1807; Dalloz, Jurisp. gén., t. 35, p. 224, note 1; Toulouse; 24 juin 1820; D., Jurisp. gén., t. 35, p. 265, note 2; Montpellier, 4 février 1824; D., Jurisp. gén., t. 35, p. 266, note 1; Cass., 22 déc. 1819; Dalloz, Jurisp. gén., t. 2, p. 534). Ils s'appuient sur l'art. 322, aux termes duquel « Nul ne peut contester l'état de celui qui a une possession conforme à son titre de naissance. » Contester le mariage des parents ce serait, disent-ils, contester la légitimité des enfants, partant violer la loi.

Ce système repose sur une confusion entre la preuve du mariage, de la *légitimité*, et la preuve de la filiation elle-même. L'art. 322, comme tous les articles placés dans le chapitre 2, titre VII, livre I, s'occupe uniquement de la preuve de la filiation. Il suppose même, dans son application, la légitimité préalablement établie. Loin qu'on puisse se servir pour prouver le mariage des art. 319 à 330, la loi en subordonne, au contraire, l'usage à l'accomplissement de cette preuve. Les moyens d'établir l'existence du mariage sont énumérés, en effet, les uns à côté des autres, dans le chapitre IV, titre V, liv. 1er, au C. N. Il importe à la morale publique qu'on n'aille point arbitrairement en introduire de nouveaux, en empruntant à des matières différentes les modes de preuve qui leur sont propres. Les motifs et le but de l'art. 322 sont consignés dans les procès-verbeux du Conseil d'État et du Tribunat ; il est aisé de voir qu'ils se rapportent uniquement à la preuve de la filiation, et que nul, alors, n'a songé à celle du mariage. Enfin, dans notre ancien droit, cette disposition ne s'appliquait qu'au seul cas où les parents dont on voulait prouver l'union légitime étaient décédés. Aujourd'hui le silence de l'art. 322 nous contraindrait à l'étendre, même à l'hypothèse dans laquelle les parents, vivants et présents, seraient à même de donner tous les renseignements désirables.

Ainsi les tribunaux décideraient qu'un enfant est légitimement issu d'un homme et d'une femme, auxquels ils refuseraient en même temps la qualité d'époux. (V. Dalloz, Jurispr. gén., v° *Paternité*, n° 336; Agen, 19 janvier 1864, D. P. 65, 2, 16).

43.— B. Il ne suffit pas à l'enfant, pour faire consacrer par les tribunaux sa légitimité, de prouver le mariage de ses père et mère, il doit prouver, de plus, qu'il a été conçu pendant la durée de leur mariage. Mais la conception est un fait mystérieux, qui échappe aux investigations de l'homme, dont on ne peut connaître avec certitude le moment précis. La preuve directe étant, par conséquent, impossible, la loi a dû se contenter de présomptions dont elle-même a fixé les bases.

Fourcroy fut chargé de rechercher, en s'entourant de toutes les lumières, quelle pouvait être la durée des gestations les plus courtes et celle des gestations les plus longues. Il résuma et apprécia dans un remarquable rapport toutes les opinions qui s'étaient produites sur ce sujet, et sa conclusion fut que les naissances accélérées ne pouvaient avoir lieu avant cent quatre-vingt-six jours et les naissances tardives après deux cent quatre-vingt-six. Mais les rédacteurs du Code, comprenant toute l'incertitude qui accompagne nécessairement de semblables résultats, et trouvant plus sage et plus juste de faire tourner ce doute en faveur de la légitimité que de l'interpréter contre elle, fixèrent cent quatre-vingts jours comme durée minima des grossesse et trois cents comme durée maxima.

44. — De telle sorte qu'en prenant comme point de départ le fait connu, l'accouchement, et en remontant jusqu'au trois centième jour en arrière, on rencontre un espace de cent vingt jours pendant lequel la conception a pu avoir lieu. Pour que l'enfant soit réputé conçu pendant le mariage, qu'il puisse, par conséquent, être déclaré légitime, il est donc nécessaire que le mariage ait existé un instant au moins pendant la durée de ces cent vingt jours.

Si simple que paraisse cette règle, de nombreuses difficultés pratiques en surgissent lorsqu'il s'agit de supputer les délais de cent quatre-vingts et de trois cents jours, et, par suite, de déterminer au juste l'espace de temps pendant lequel a pu se placer la conception. L'examen de ces questions nous ferait sortir du cadre que nous nous sommes tracé, puisque nous ne posons ces principes qu'à titre de notions préliminaires et pour arriver plus méthodiquement à la preuve de la filiation.

45. — Par faveur, cependant, la loi accorde encore la légitimité à l'enfant qui, conçu avant le mariage, est né depuis sa célébration. Sauf dans les hypothèses prévues par l'art. 315, cette conception antérieure au mariage suffira à baser l'action en désaveu, par laquelle le mari détruira la légitimité.

Dans le cas où le mari n'aura pas voulu, ou n'aura pu intenter cette action, l'enfant a bien certainement la légitimité, mais c'est une question très-discutée parmi les interprètes que celle de savoir s'il faut le considérer comme légitime ou simplement comme légitimé. S'il n'est que légitime, l'art. 331 fait obstacle à cette légitimation lorsque, pendant tout l'espace de temps durant lequel a pu avoir lieu la conception, la mère était engagée dans les liens d'un précédent mariage. Sans entrer ici dans une discussion approfondie, je me prononcerai pour la légitimation, et les conséquences de la doctrine contraire pèseront précisément d'un grand poids sur ma décision. Les arguments qu'on invoque de part et d'autre pour déterminer la pensée du législateur ne me semblent rien moins que probants ; aussi, dans l'impossibilité où je me trouve de discerner ce qu'il a voulu faire, je dois prendre pour guides la morale et la vérité. Or, la vérité et la morale ne nous permettent pas de déclarer légitime un enfant conçu pendant le premier mariage d'un autre que du premier mari. Cet enfant est nécessairement adultérin. Voilà la vérité ! La morale répugne, elle aussi, à voir traiter comme légitime un individu qui n'a pu devoir la vie qu'à des relations adultères, sur la conception irrégulière duquel aucun doute ne peut s'élever. Qu'on n'oppose pas l'intérêt de l'enfant, victime innocente de ces désordres. Avec cette argumentation il faudrait effacer toutes les règles relatives non-seulement à la filiation naturelle simple, mais encore à la filiation adultérine et incestueuse, il faudrait donner à tous les enfants les mêmes droits, quelle que fût leur origine. (V. en sens contraire Demolombe, t. 5, n° 60; Trib. de Bar-le-Duc, 28 fevrier 1862; D. P. 62, 3, 57.)

46. — *C. Preuve de la paternité.* — La preuve de ce fait était plus impossible encore à apporter d'une façon directe que la preuve de la conception. On a dû, comme pour cette dernière, recourir à une présomption légale que l'art. 312 pose en ces termes : « L'enfant conçu pendant le mariage a pour père le mari ». Pour savoir si l'enfant a été conçu pendant le mariage on recourra à la présomption que nous avons indiquée plus haut, et il ne sera légitime que s'il est né cent quatre-vingts jours après la célébration du mariage et moins de trois cents jours après sa dissolution. Le désaveu et, dans le cas particulier prévu par l'art. 315, la contestation de légitimité pourront seuls briser l'autorité de cette présomption. Maintenant que nous connaissons la règle voyons quel en peut être le fondement. On a cru le trouver dans le devoir de fidélité qui incombe à la femme. Les délits, dit-on dans ce système, ne se présument jamais. Si telle était la vérité la preuve de l'adultère ferait

cesser la présomption, tandis qu'elle subsisterait malgré la séparation de corps, et, nous le savons, c'est précisément le contraire qui se produit. Le véritable motif c'est qu'on a dû ériger en certitude, dans l'intérêt social, ce qui n'est qu'une très-grande probabilité naissant de la vie commune, et de la fréquence des relations entre les époux. Ceci nous explique comment le législateur de 1850 a pu faire cesser cette présomption avec la séparation de corps, qui met fin à la vie commune, et comment aussi le législateur de 1803 l'a fait survivre à la preuve légale de l'adultère commis par la femme. « *Cum possit mulier adultera esse* « *et impubes defunctum patrem habuisse.* »

47. — Nous en avons fini avec les preuves de la légitimité. Nous allons examiner maintenant avec plus de détails les moyens à l'aide desquels on peut arriver à établir *la maternité* qui comprend deux éléments distincts l'*accouchement* et l'*identité*. Nous ne consacrerons pas une partie spéciale de ce travail à la preuve de l'identité, mais, quand nous exposerons, chacun dans le chapitre le concernant, les trois modes de preuve qui s'appliquent à la filiation légitime, nous indiquerons la manière spéciale d'établir l'identité selon qu'on aura employé l'un ou l'autre de ces

modes. Ils sont, nous venons de le dire, au nombre de trois, l'*acte de naissance*, la *possession d'état*, la *preuve testimoniale*. Le premier et le troisième ne portent que sur la maternité, le second, constituant non pas une preuve, mais une présomption, établit de plus la paternité elle-même.

CHAPITRE II.

PREUVE PAR LE TITRE OU ACTE DE NAISSANCE.

Sommaire.

48. — L'acte de naissance est la preuve principale et régulière de la filiation.

49. — S'il y a contradiction entre le titre et la possession d'état, c'est le titre qui l'emporte. — Fondement de cette force probante.

50. — Comment doit être attaqué l'acte de naissance? — Ne faut-il pas distinguer suivant le caractère de l'énonciation dont on veut prouver la fausseté? — Solutions diverses.

51. — Lorsqu'on attaque la déclaration sur le fait essentiel de l'acte, sur la maternité, il n'est pas nécessaire de s'inscrire en faux.

52. — Suite.

53. — Conditions que doit remplir l'acte de naissance pour faire preuve *erga omnes* de la filiation.

54. — L'acte de naissance inscrit sur feuille volante est radicalement nul. — Il ne peut servir qu'à titre de renseignement ou, suivant les cas, de commencement de preuve par écrit. — C'est à tort que certains interprètes ont attribué aux tribunaux, le pouvoir de décider, en fait, quelle influence cette irrégularité peut exercer sur sa force probante.

55. — *Quid* si l'acte de naissance a été dressé sur la décla-

ration de personnes qui n'avaient pas reçu de l'art. 55 mission à cet effet ?

56. — Suite. — L'acte ne prouve pas la filiation.

57. — L'acte de naissance doit être rédigé dans les trois jours qui suivent l'accouchement. — Si quelqu'un se présente après cette époque pour déclarer une naissance que doit faire l'officier public ?

58. — Si un jugement consacrant la naissance et la filiation intervient dans ces circonstances et est inscrit sur les registres, quelle sera sa force probante ?

59. — *Quid* si, en fait, l'officier avait reçu l'acte après les trois jours ?

60. — *Quid* si cettte déclaration émane du père ou de la mère prétendus ? En d'autres termes quelle peut être la valeur d'un acte de reconnaissance en matière de filiation légitime ?

61. — La reconnaissance ne pourra pas même être opposée comme fin de non recevoir à celui dont elle émane, s'il veut plus tard contester l'état.

62. — Lorsque l'acte de naissance désigne comme mère une femme mariée, c'est son mari que l'officier d'état civil doit inscrire comme père, alors même qu'une déclaration contraire lui serait faite. — L'acte ferait preuve de la paternité du mari, lors même que l'enfant aurait été inscrit comme né d'un père inconnu, sans qu'on ait à distinguer, suivant que la mère a été indiquée sous son nom de fille ou de femme mariée.

63. — L'acte de naissance ferait encore preuve de la paternité du mari, alors même qu'un autre individu serait indiqué dans l'acte comme étant le père de l'enfant. La doctrine de l'indivisibilité de l'acte de naissance n'a pas été adoptée par le Code Napoléon.

64. — Suite. — La solution resterait la même, bien que l'enfant possédât l'état qui lui est attribué par cette mention irrégulière.

65. — *Quid* si le déclarant reconnaît comme né de lui et d'une femme mariée l'enfant dont il fait dresser l'acte de naissance ?

66. — Par quel moyen peut-on établir qu'on est l'enfant à propos duquel tel acte de naissance a été dressé ?

67. — Les art. 323 et 324 sont-ils applicables à la preuve par témoins de l'identité comme à la preuve de la filiation ?

68. — Suite.

69. — Doit-on, dans les enquêtes soit sur l'identité, soit sur la filiation elle-même, déroger à l'art. 283 du Code de procédure ?

70. — L'acte de naissance continue à prouver *erga omnes* la filiation de l'enfant qu'une action en désaveu a fait descendre au rang d'enfant adultérin.

71. — Il en serait de même pour l'enfant qui, né plus de 300 jours après la dissolution du mariage, a vu diriger contre lui une contestation de légitimité.

72. — Il en serait de même encore pour l'enfant issu d'un mariage annulé.

48. — L'article 310, le premier de ceux qui traitent des preuves de la filiation légitime, est conçu en ces termes :

« *La filiation des enfants légitimes se prouve par les actes de naissance inscrits sur les registres de l'état civil.* »

Ainsi, des différentes preuves que peut invoquer à l'appui de sa filiation l'enfant qui se prétend légitimement issu d'une femme mariée, la principale est son acte de naissance, qui, par les mentions qu'il doit légalement contenir, est en même temps acte de filiation.

Nous disons qu'il constitue en notre matière la preuve principale, parce qu'il dispense des deux autres, la possession d'état et l'enquête. Nous pourrions ajouter qu'il est aussi la preuve normale, car c'est dans le but de constater la naissance et la filiation des enfants légitimes, qu'ont été institués les registres de l'état civil, et c'est pour assurer la création de cette preuve que l'art. 346 du Code pénal frappe ceux qui, chargés par la loi de déclarer une naissance, ont failli à cette obligation.

49. — Si la possession d'état est conforme à l'acte de naissance, la preuve qui en résulte ne peut être contredite, à moins, toutefois, que la contradiction ne porte indirectement sur l'identité, et n'ait pour but d'établir que l'individu à propos duquel l'acte de naissance a été dressé n'est pas le même que celui qui invoque, ou contre lequel on invoque aujourd'hui la possession d'état. (V. n°s 91 à 96.)

Malgré ce concours du titre et de la possession d'état l'acte de naissance pourrait peut-être encore être attaqué, si les conclusions du demandeur tendaient à prouver qu'on l'a falsifié après coup pour le rendre conforme à la possession d'état (c'est ainsi, du moins, que nous interprétons l'art. 322. (Voy. infra *loco cit.*)

Y a-t-il contradiction entre l'acte de naissance d'un individu et sa possession d'état, la preuve contraire est recevable contre l'acte de naissance, mais, tant qu'elle n'a point été administrée, la force probante de l'acte l'emporte sur celle de la possession d'état, et les énonciations qu'il contient font foi jusqu'à ce que le tribunal les ait déclarées mensongères. (Arg. tiré de l'art. 320, *à défaut d'acte de naissance.*) Bien qu'en réalité ces déclarations puissent être fausses, elles renferment cependant une grave présomption de vérité. Leur concomitance avec l'accouchement qu'elles consacrent (art. 55) et la publicité qu'elles reçoivent facilitent les vérifications.

Quant à la sincérité de l'officier de l'état civil, son caractère et la sévérité des peines qui frapperaient l'oubli de ses devoirs en offrent une garantie suffisante.

50. — Mais, de quelle manière devra être attaqué l'acte de naissance? Cette preuve contraire autorisée par la loi, pourra-t-on l'administrer selon les modes du droit commun, ou devra-t-on recourir à la procédure exceptionnelle de l'inscription de faux?

Parcourons diverses hypothèses :

1° Si la contestation que j'élève attaque la sincérité de l'officier de l'état civil, lui-même, si, par exemple, je soutiens que les prétendus déclarants ne se sont jamais présentés devant lui, ou que, s'y étant présentés, leur déclaration a été inexactement reproduite, aucun doute n'est possible ; c'est l'inscription de faux qu'il me faudra employer.

2° Est-ce la désignation du père de l'enfant que je prétends attaquer ? De deux choses l'une. Ou le père désigné n'est pas le mari de la mère ; l'énonciation alors étant nécessairement fausse aux yeux de la loi (art. 312) doit être considérée comme non écrite. Ou le père désigné est le mari de la mère, cas auquel l'énonciation ne peut être attaquée que par le désaveu (art. 313 à 318).

3° Conteste-t-on le mariage de la mère avec l'individu désigné dans l'acte comme son mari et comme le père de l'enfant ? L'attaque ne pourra pas, dans ce cas, porter contre l'acte de naissance qui n'a pas pour but de prouver le mariage. On exigera de l'enfant l'une des preuves mises à sa disposition par les art. 46, 194, 197, 198 du Code Napoléon.

4° Si je prétends que, conforme à la vérité dans sa rédaction primitive, l'acte a été postérieurement falsifié, quelle que soit la nature de l'énonciation que j'attaque, je dois procéder par l'inscription de faux.

51. — 5° Supposons enfin que, reconnaissant

la sincérité de l'officier de l'état civil, j'attaque la déclaration sur le fait essentiel de l'acte de naissance, sur la maternité.

C'est ici que naît la controverse.

Premier système. — Il est bien vrai que dans tous les actes authentiques on distingue entre ce que l'officier public atteste pour l'avoir constaté *propriis sensibus*, et ce qu'il atteste sur la foi des déclarants dont il se borne à enregistrer les dires. Veut-on attaquer l'une des mentions de l'acte, l'inscription de faux nécessaire dans le premier cas est inutile dans le second. Mais une exception à cette règle est indispensable dans notre matière. Quiconque veut contester la filiation maternelle d'un enfant telle qu'elle ressort de son acte de naissance, doit employer la voie de l'inscription de faux, bien que la parole du déclarant soit l'unique base de la mention inscrite par l'officier de l'état civil. Le but principal dans lequel est rédigé l'acte de naissance étant précisément de constater en forme authentique la filiation de l'enfant, toute déclaration mensongère de cette filiation constituerait par là même un faux en écriture authentique, de sorte que quiconque veut prouver la fausseté de cette déclaration n'a pour y parvenir d'autre moyen que de s'inscrire en faux contre elle. La mission qu'ils ont reçue de la loi donne d'ailleurs aux docteurs en médecine et en chirurgie et aux autres personnes désignées dans l'art. 56 un caractère public qui ne permet pas d'attaquer par les voies ordinaires la sincérité des faits qu'ils attestent. L'acte de naissance, ne l'oublions pas, est le titre au moyen duquel on peut conserver la preuve de la maternité. Permettre au premier venu de l'attaquer sans les conditions rigoureuses de l'inscription de faux, ce serait en méconnaître le caractère et placer au premier rang la possession d'état que la loi a reléguée au second parce qu'elle peut souvent manquer, et que la preuve en est à la fois moins concluante et plus difficile. Notre système facilite peut-être les suppositions d'enfant, mais la loi pénale offre contre elles à la société de suffisantes garanties, et quelque douteuse, disait fort bien d'Aguesseau, que puisse être la preuve qui ressort de l'acte baptistaire, « tout sera plus douteux encore si on ne l'admet, si on ne la rejette sans des preuves convaincantes de fausseté ».

Merlin, Rep., t. XVII, v° *Maternité*, § 6; Toullier, t. II, n° 865; Duranton, t. I, n° 308.

Coin-Delisle, art. 46, n° 1; Cass. 10, messidor, an XII, Jean-Pierre Houel, arrêt rapporté par Merlin, *Quest. de droit*, t. 5, v° *Questions d'état*. § 3, p. 238.

52. — *Deuxième système*. L'argumentation que nous venons de reproduire n'établit pas, selon nous, la nécessité de l'inscription de faux. Sans doute l'acte de naissance est authentique, sans doute l'un de ses buts est d'assurer la preuve de la maternité, mais en résulte-t-il nécessairement que la déclaration mensongère de cette maternité constitue un faux? Si l'on répondait d'une façon affirmative, on serait, par le même raisonnement, contraint de regarder comme tels toutes les mentions erronées qui se rencontrent dans la substance d'un acte authentique quelconque, lors même que le fait qu'elles constatent a été, non pas attesté par l'officier public, comme étant à sa connaissance personnelle. mais seulement relaté par lui sur la déclaration d'un tiers. Telle cependant n'est pas la doctrine de nos adversaires, puisque, d'accord avec nous sur la règle générale, ils présentent leur système comme une exception. Mais sur quoi la fonder? Il n'y a rien ici d'exceptionnel qui puisse faire un faux de la déclaration men-

songère portant sur la maternité : le Code pénal de 1810 nous vient même en aide pour démontrer le contraire avec une précision qui a si fort influencé les Cours impériales et la Cour de cassation, que, depuis sa promulgation, elles ont rendu tous leurs arrêts en faveur du système que nous défendons. En effet, la peine qui punit le faux commis dans un acte public, est pour le simple particulier les travaux forcés à temps, pour l'officier public les travaux forcés à perpétuité. (C. pén., art. 145 à 148.) Est-ce donc d'une de ces peines qu'est frappé celui dont la déclaration donne pour mère à un enfant, soit une femme qui n'est point accouchée, soit une femme qui est accouchée d'un enfant différent? En aucune façon ! La condamnation qu'il encourt est seulement la réclusion (art. 345, C. pén.), la même peine que celle dont l'art. 363 frappe l'auteur d'un faux témoignage. Or, comment serait-il possible, s'écrie victorieusement M. Demolombe, « qu'on fût obligé de s'inscrire en « faux, contre une déclaration qui, démontrée « mensongère, ne constituerait pas un faux, et « dont l'auteur ne serait pas puni comme faus- « saire? Cela ne serait ni logique ni sage, car « la foi due à l'acte ne reposerait plus sur la

« garantie qui doit la sanctionner. » Cette créance particulière accordée par la loi aux actes authentiques repose, en effet, nous l'avons déjà dit, sur deux bases distinctes, la sévérité des peines qui punissent le faux en écriture publique, et l'honorabilité de l'officier constatée par le choix qu'en a fait le gouvernement, et par les fonctions qu'il lui a confiées. Ici la première base, la pénalité spécialement rigoureuse, manque complétement, nous venons de le voir. La seconde ne nous fait pas moins défaut. Le caractère de l'officier de l'état civil ne peut, en effet, garantir la sincérité d'une déclaration vis-à-vis de laquelle on ne lui fournit aucun moyen de contrôle. Qu'il la reproduise fidèlement, c'est tout ce qu'on peut exiger de lui. Quant à l'opinion qui érige les déclarants en officiers publics par suite de la mission qu'ils tiennent de la loi, elle ne peut même supporter l'examen. Quel est, en effet, le caractère de cette mission? Un devoir revêtu de sanction pénale qu'elle impose (art. 346. C. pén.), mais nullement une fonction publique dont elle revêt. Les considérations de moralité n'influent en rien sur le choix du déclarant; c'est le premier venu qui pourra être appelé à faire cette déclaration : une femme, un mineur, un repris de justice; il suffit pour cela que cette personne, quelle qu'elle soit, ait assisté à l'accouchement, ou que la femme soit accouchée chez elle. Et cependant, pour faciliter la preuve de l'état civil, malgré cette règle fondamentale du droit, qu'on ne peut jamais opposer à quelqu'un un acte qu'il n'a pas signé, dans lequel il n'a pas même figuré, le législateur a voulu que la déclaration de cette femme, de ce mineur, de ce repris de justice fît foi complète de la maternité, malgré toutes les apparences, malgré toutes les dénégations, et jusqu'à ce que le tribunal ait accueilli la preuve contraire. C'est ce me semble lui accorder assez de créance. Mais quant à déclarer que l'administration de cette preuve doit être, en dépit des principes généraux qui régissent la matière, soumise à la procédure si pénible et si rigoureuse de l'inscription de faux, le texte et l'esprit de la loi y résistent également.

Nous aussi, nous pensons avec d'Aguesseau que «bien qu'il soit possible de donner une mère supposée à l'enfant qu'on baptise» on n'en doit pas moins s'en tenir à l'autorité de l'acte baptistaire, «que quelque douteuse que puisse être cette preuve, tout sera plus douteux encore si on ne l'admet, si on la rejette sans des preuves convaincantes de fausseté.» Mais jamais plus que nous d'Aguesseau n'a prétendu qu'il fallût se mettre en garde contre les lumières que peut apporter la preuve contraire, la preuve convaincante, au point de l'enfermer dans une procédure spéciale, et de la soumettre à des rigueurs inusitées. Il est enfin un dernier argument que nous devons à MM. Aubry et Rau. L'art. 323, supposant qu'un enfant a été inscrit sous de faux noms, ce qui est bien notre hypothèse, l'autorise à faire par témoins la preuve de sa filiation, sans l'assujettir à l'obligation d'attaquer son acte de naissance par l'inscription de faux, il lui suffira de produire un commencement de preuve par écrit, ou des faits dès lors constants qui rendent probables et la fausseté de la mention attaquée, et la filiation nouvelle à laquelle il prétend. Nous croyons comme eux que ce texte écarte toute difficulté (Valette sur Proudhon, t. Ier, p. 206 et t. II, p. 80. Demolombe, t. I, n° 320. Dalloz, Alphab. v° *Paternité*, et *Filiation*, n° 223. Aubry et Rau, t. I, § 65, note 5. Angers, 25 mai, 1822, Sirey 1823, 2, 105. Cass., 12 juin 1823, Sirey 1823, 1, 394. Cass. 16 mars 1841, Sirey 1841, 1, 532. Cass. 30 novembre 1824. D. Alph., n° 224, note 1, v° *Paternité*).

53. — Il va sans dire que l'acte auquel nous accordons cette faculté de faire preuve à l'égard de tous, est l'acte de naissance dressé conformément aux prescriptions de la loi ; c'est-à-dire : 1° inscrit sur les registres de l'état civil, 2° d'après la déclaration des personnes qui avaient mission à cet effet, 3° dans le délai légal, 4° renfermant les énonciations requises.

Qu'arriverait-il donc si quelqu'une de ces formalités avait été omise ?

Il nous faut ici passer en revue chacune des irrégularités possibles et lui appliquer une décision spéciale.

54. — L'acte de naissance, au lieu d'être inscrit sur les registres de l'état civil, l'a été sur feuille volante.

L'art. 319 prononce, dans ce cas, d'une façon implicite, la nullité de l'acte ; ce texte, celui qui, précisément, indique les actes de l'état civil comme fournissant la preuve primordiale de la filiation, détermine la condition en même temps qu'il pose la règle. Les seuls actes qui aient cette force probante sont ceux « *inscrits sur les registres de l'état civil.* » Rien de plus légitime que cette exigence de la loi. Un acte de naissance n'a de valeur qu'autant que sa rédaction a suivi immédiatement l'accouchement, alors que la pensée d'une fraude et des moyens à employer pour la faire réussir, n'a point eu le temps de germer dans l'esprit des intéressés, alors surtout que la trace encore vivante des faits facilite le contrôle d'une fausse déclaration. Les actes de naissance doivent, en conséquence, être dressés dans les trois jours de l'accouchement (art. 55); et leur inscription à la suite les uns des autres, sans aucun blanc, sur un registre dont chaque feuillet est coté et paraphé par le président du tribunal, assure la sincérité de la date. Aucune de ces garanties n'existe dans l'acte rédigé sur feuille volante : et même si, d'autre part, les registres étaient bien tenus, il y aurait plutôt une grave présomption que cet acte a été , par suite d'une collusion frauduleuse fabriqué pour les besoins de la cause. Si l'acte de naissance inscrit sur feuille volante n'est point un titre qui emporte, par lui-même, preuve complète de la filiation, il n'est pas, pour cela, destitué de tout effet, il pourra, suivant les circonstances, constituer dans le sens de l'art. 323, soit un commencement de preuve par écrit, soit une présomption grave, et permettre au réclamant d'établir sa filiation par le troisième mode de preuve, par l'enquête.

Et cependant, malgré la lettre et l'esprit de la loi qui sont d'accord pour la soutenir, cette solution a été contestée. La loi, a-t-on dit, ne prononçant nulle part la nullité des actes de l'état civil, a voulu laisser aux tribunaux entière liberté pour apprécier l'influence d une irrégularité quelconque sur leur force probante. Ne serait-il pas, d'ailleurs, illogique que l'on pût se faire une arme contre l'enfant du défaut de certaines formalités introduites dans son seul intérêt?

Je dois combattre ici l'extension par laquelle on fausse d'habitude une doctrine qui repose sur un principe vrai. C'est, sans doute, intentionnellement que les rédacteurs du Code se sont abstenus de prononcer aucune nullité en ce qui touche les actes de l'état civil. Mais il n'en résulte pas que les tribunaux aient le droit de considérer comme suffisamment probant un acte aussi informe qu'on puisse le supposer. On ne peut, sans choquer le bon sens, leur permettre d'appuyer leur décision sur un soi-disant acte de l'état civil qui manque des conditions essentielles, constitutives des actes de ce genre. « Or, il me semble, dit M. Demolombe, qu'au nombre de ces conditions se trouve l'inscription sur les registres de l'état civil. L'officier de l'état civil n'est donc plus compétent, il perd son caractère officiel, lorsqu'il inscrit des actes ailleurs que sur les registres publics à ce destinés... sur des feuilles volantes... qui sait même? sur ses registres personnels, sur ses papiers domestiques, car où s'arrêtera-t-on, en effet? Et que dire si cette feuille n'est pas signée des parties, et contient seulement leur déclaration de ne pas savoir signer? Il faudrait donc aussi l'admettre? car enfin, la signature des parties n'est pas indispensable; elle est remplacée valablement par la déclaration de l'officier de l'état civil. »

Mais fût-on contraint d'admettre que l'acte inscrit sur feuille volante peut, suivant les circonstances, prouver complétement la naissance, on n'en devrait pas moins le repousser comme incapable de fournir la preuve toute différente et infiniment plus grave de la filiation. Si, dérogeant aux principes qu'elle consacre partout ailleurs, la loi attache à l'acte de naissance la force de prouver la filiation maternelle, et par suite la filiation paternelle, sans le concours des parties intéressées, et malgré leurs dénégations, il faut, au moins, que toutes les conditions exigées par la loi pour la confection des actes de l'état civil aient été dûment remplies. Les termes dans lesquels est rédigé l'art. 319 ne laissent aucun doute à cet égard. (Demol., t. I, n° 323 et Aubry et Rau, t. IV, § 544, note 2.)

55. — L'acte de naissance est-il régulier, et peut-il prouver la filiation, aux termes de l'art. 319, bien qu'il ait été rédigé sur la déclaration de personnes qui n'ont pas reçu de l'art. 56, mission à cet effet?

Premier système. — On a soutenu dans ce cas la validité de l'acte. La loi, peut-on dire, a imposé spécialement à certains individus l'obligation de déclarer les naissances, obligation revêtue plus tard d'une sanction par l'art. 346 du Code pénal; mais sa disposition n'est point conçue dans une forme limitative, elle n'exclut personne. C'est même un devoir de conscience, pour quiconque vient à connaître une naissance non déclarée, de veiller à ce qu'un citoyen ne puisse être privé d'état civil par négligence ou mauvaise foi. Vainement on a prétendu que l'art. 336 enlevant toute force à une déclaration ainsi faite au sujet d'une fille libre devenue mère, elle n'en saurait avoir davantage à l'égard d'une femme mariée. L'art. 336, en effet, placé dans la section qui traite des preuves de la filiation naturelle, est inapplicable à une filiation légitime. Sa portée est d'ailleurs déterminée par l'histoire des trois rédactions qu'il a subies.

Le vice de cet argument est d'autant plus patent, que l'art. 336 statue à l'égard du père de l'enfant, sans distinguer s'il a ou non assisté à l'accouchement ; tandis qu'en cas de paternité légitime, le père est justement le premier auquel incombe la charge de faire la déclaration de naissance qui doit constater la maternité. C'est ici le cas de remarquer que l'acte de naissance, au moins suivant l'opinion très-générale, ne fait point preuve de la filiation naturelle.

Plusieurs auteurs copiant Toullier, ont cité comme contraire à ce système un arrêt de la Cour de Paris connu sous le nom d'*arrêt Virginie*. (Sirey 1809, 2, 112.) Mais on fait observer, avec raison, que si ce moyen avait été mis en avant dans le débat, la Cour de Paris, déclarant mal fondée la réclamation d'état, n'en avait fait aucune mention. Bien plus, l'arrêt de rejet rendu dans la même affaire (Dalloz, Alph. n° 220, v° *Paternité*) semble dans son deuxième considérant, consacrer implicitement cette opinion, puisqu'il décide que l'acte de naissance dont il s'agit, et qu'on prétendait avoir été dressé sur la déclaration d'une personne incompétente, eût, néanmoins, fait foi de la filiation, si la mère, au lieu d'être désignée sous son nom de fille, l'eût été sous celui de son mari. (Duvergier, sur Toullier, n° 863.)

56. *Deuxième système.* — Nous inclinons, au contraire, pour la négative avec la majorité des auteurs. Ce ne sont pas des *on dit* ayant déjà passé par plusieurs bouches qui doivent être inscrits sur les registres de l'état civil. La loi n'accepte les déclarations de naissance que de la part de certaines personnes spécialement à même d'affirmer. Elle a désigné le père de l'enfant, et, à son défaut, si la mère est accouchée hors de son domicile, celui chez qui elle est accouchée, les officiers de santé, les sages-femmes et autres personnes ayant assisté à l'accouchement. Ceux-ci déclarent ce qu'ils ont vu, et répondent de leur déclaration : eux seuls ont, à la fois, le devoir et le droit de la faire. L'énumération de la loi autrement entendue n'a plus de raison d'être, puisque le législateur de 1803 n'a ajouté à sa disposition aucune sanction pénale. Émanée d'autres individus, une telle déclaration n'offre plus les mêmes éléments de

confiance; elle ne fera donc pas preuve aux termes de l'art. 319.

Si un étranger vient à connaître une naissance qui n'a point été déclarée, qu'il s'adresse à l'autorité compétente; elle nommera à l'enfant un tuteur afin qu'il intente contre ses parents présumés une réclamation d'état, laquelle, aux premiers jours qui suivent la naissance, alors que les preuves sont encore dans toute leur force, aboutira sans difficulté.

Une remarque diminue beaucoup l'importance de la controverse; c'est que celui qui attaque la validité de l'acte doit prouver l'incapacité du déclarant. Celui-ci, en effet, jusqu'à preuve contraire, est présumé avoir assisté à l'accouchement, la loi n'exigeant pas dans l'acte la mention de sa présence, laquelle n'est pas davantage usitée en pratique. Elle n'ajouterait, d'ailleurs, rien à sa force probante. Quoi de plus facile pour le déclarant que d'affirmer dans tous les cas sa présence à l'accouchement; c'est un mensonge qui ne l'exposerait en rien, car, cette mention n'étant pas exigée par la loi, ne saurait, à elle seule, ni constituer un faux si la déclaration principale était conforme à la vérité, ni augmenter la peine si cette déclaration faisait tomber son auteur sous le coup des articles 147 ou 345 du Code pénal.

Le déclarant n'a-t-il pas assisté à l'accouchement, et l'a-t-il reconnu dans l'acte; sa force probante se trouve par là même paralysée. Les juges pourront néanmoins y voir, selon les circonstances, une présomption grave, un fait *dès lors constant*, dans le sens de l'art. 324, et baser sur lui la preuve testimoniale. On pourra même l'invoquer à titre de commencement de preuve par écrit, si le déclarant est au procès l'un des adversaires de l'enfant, ou, circonstance moins improbable, s'il est décédé, mais qu'il ait dû y avoir un intérêt dans le cas où il se serait engagé pendant sa vie (Duranton, t. III, n° 119, 120 et 121; Demolombe, t. V, n° 191).

57. — On s'est demandé si l'officier de l'état civil pouvait dresser un acte de naissance sur une déclaration reçue après le délai de trois jours fixé par l'art. 55 du Code Napoléon?

L'affirmative a été soutenue.

La loi, a-t-on dit, n'ayant point prononcé la déchéance du droit de faire dresser un acte après l'expiration des trois jours, on ne la peut suppléer par une interprétation.

L'officier de l'état civil n'a point à se demander si la déclaration peut ou non produire encore effet, cela n'appartient qu'au juge seul; il doit dresser l'acte à toute époque en y ajoutant un procès-verbal des circonstances. (Angers, 27 mai 1822, Sirey 1863, 2,105 ; Maleville sur l'art. 55. Coin-Delisle professe l'affirmative lorsque le retard est modique et qu'il n'y a rien de suspect dans la déclaration. C'est dans ce système que l'officier de l'état civil est vraiment transformé en juge.)

Mais l'opinion contraire est adoptée par la grande majorité des auteurs.

Si l'officier public pouvait encore après l'expiration des trois jours recevoir aux mêmes conditions qu'auparavant les déclarations de naissance, il serait impossible de comprendre l'utilité du délai et le but de la loi qui l'a fixé.

Ce ne pouvait être, comme on l'a dit, afin de hâter les déclarations, puisque c'est seulement en 1810, qu'une peine a été portée pour le cas de retard, cette disposition est d'ailleurs des plus rationnelles. L'acte de naissance est un procès-verbal qui peut bien faire foi lorsqu'il est dressé immédiatement après le fait qu'il constate, alors qu'on n'a point eu le temps de concerter la fraude, d'en assurer le succès, et qu'on n'oserait point encore faire une fausse déclaration dans la crainte d'éveiller les soupçons de l'officier de l'état civil. Si, au contraire, un long espace de temps a séparé la confection de l'acte de l'époque à laquelle les faits se sont passés, la constatation pure et simple en est, le plus souvent, impossible, et par conséquent, le procès-verbal qui en serait dressé n'aurait nulle valeur. Une enquête pourrait seule faire connaître la vérité, mais l'officier de l'état civil n'a point qualité pour y procéder. Si on eût pu accepter un acte quatre jours, cinq jours, quinze jours, après la naissance, il n'y aurait pas eu de raison pour le refuser six mois après.

Un terme était nécessaire, la loi a donc dû le fixer. Et si le déclarant se présente après son échéance, c'est devant la justice que doit le renvoyer l'officier public.

Ainsi le décidait, sous l'empire de la loi du 19 décembre 1792, dont la disposition était la même que celle du Code, un avis du conseil d'État du 12 brumaire XI, ainsi conçu : « Les « principes sur la rectification des actes de l'état « civil sont, à plus forte raison, applicables au « cas de l'omission de ces actes sur les registres, « puisque la rectification n'a pour objet que de

« substituer la vérité à l'erreur dans un acte « déjà existant, et que, lorsque l'on demande à « réparer une omission d'acte, il s'agit évidem- « ment de donner un état; s'il était permis à « l'officier de l'état civil de recevoir sans aucune « formalité des déclarations tardives et de leur « donner authenticité, on pourrait introduire « des étrangers dans les familles, et cette fa- « culté serait la source des plus grands désordres. « Les actes omis ne peuvent être inscrits sur les « registres qu'en vertu de jugements rendus en « grande connaissance de cause de l'omission, « contradictoirement avec les parties intéressées, « ou elles appeléees, et sur les conclusions du mi- « nistère public; et ces jugements peuvent même « être attaqués en tout état par les parties qui n'y « auraient pas été appelées. » Cet avis est, à la vérité, antérieur à la promulgation de l'art. 55, mais de cinq mois seulement, et le projet du Code civil était déjà en partie élaboré à l'époque où le Conseil d'État décidait ainsi.

Il est donc probable que ces deux dispositions législatives, émanant des mêmes hommes, à des époques si rapprochées, ont été conçues dans le même esprit. Les principes posés par le Conseil d'État sont d'ailleurs d'une parfaite logique et concordent, sans difficulté, avec le texte de notre article (Colmar, 25 juillet 1828, D. P., 1829. 2, 33; Dalloz, Jurispr. gén., v° *Actes de l'état civil*, n° 228 et suiv.; Duranton, t. I, n° 313; Marcadé, sur l'art. 55; Demolombe, t. 1er, n° 292).

58. — Mais, quelle sera la force de ce jugement inscrit sur les registres de l'état civil?

Tiendra-t-il lieu d'acte de naissance *erga omnes*, ou, au contraire, ne serat-il opposable qu'à ceux des intéressés qui ont été mis en cause? La solution de cette question dépend de celle d'une question plus générale et vivement controversée. Ce principe que la chose jugée n'a d'effet qu'entre les parties, et ne peut nuire ni profiter aux tiers, reçoit-il exception en ce qui touche les questions d'état? L'affirmative repose sur deux principes, 1° l'indivisibilité de l'état, 2° la théorie des contradicteurs légitimes, d'après laquelle certains membres de la famille seraient, dans les questions d'état, constitués les représentants de la famille entière. Je ne saurais admettre cette opinion dont je ne trouve le fondement dans aucun texte, et je crois que le principe *Res inter alios judicata aliis neque nocere neque prodesse potest*, doit s'appliquer aussi dans les questions d'état.

59. — Si, en fait, l'officier de l'état civil avait imprudemment reçu une déclaration tardive au lieu de renvoyer les parties devant les tribunaux, nous n'hésiterions pas à déclarer l'acte nul comme fait contrairement aux prescriptions de la loi.

L'opinion générale se fondant sur ce qu'en matière d'actes de l'état civil, la loi n'a point prononcé de nullités, conclut à ce que la validité de l'acte soit laissée à l'appréciation des tribunaux qui statuent suivant les circonstances. (Demolombe, t. 1er, nos 292 et 330, t. 5, no 192. Caen, 3 mars 1836, Sir. 38, 2, 486. La Cour de Paris, 9 août 1813, aff. Texier, Sirey 1813, 2, 310, admet que l'acte de naissance même tardivement reçu, fait preuve, mais seulement du jour de sa date.)

On ajoute, quelquefois, que toutes les formalités prescrites pour les actes de l'état civil l'ont été dans l'intérêt de l'enfant, et que ce serait aller contre le but que s'est proposé la loi que de faire jamais de leur accomplissement une question de validité. Raisonner ainsi, c'est oublier, ce me semble, qu'à côté des intérêts de l'enfant il en est d'autres parallèles et non moins respectables, intérêts de la société, intérêts des familles, auxquelles il faut bien se garder d'imposer trop légèrement des membres qu'elles repoussent, et qui leur sont, peut-être, étrangers par le sang. Le rôle du jurisconsulte interprétant la loi, est de concilier dans une juste mesure ces deux intérêts opposés, et non pas de sacrifier l'un d'eux à l'autre.

60. — Supposons cependant que cette déclaration de naissance, si tardive qu'elle puisse être, émane du père ou de la mère prétendus ne lui accorderons-nous pas une créance toute particulière ? Cela revient à examiner quelle peut être la valeur d'un acte de reconnaissance en matière de filiation légitime ?

A l'égard des tiers la reconnaissance est radicalement nulle, l'opinion contraire ne nous semble même pas soutenable. (Voyez cependant Merlin, Répertoire, v *Légitimité*, sect. 2, § 4, n°3.)

Il n'y a point ici à interpréter, à ajouter, la la loi est explicite et complète. Elle décide, pour ce qui concerne chaque filiation, quels sont les modes de preuve qui devront l'appuyer. Pour la filiation naturelle, elle en indique deux : la reconnaissance, les décisions judiciaires. Pour la filiation légitime, trois : l'acte de naissance, la possession d'état, les décisions judiciaires. Cette fois nous ne retrouvons plus la reconnaissance, la loi l'a donc répudiée, et c'est d'ailleurs avec raison. Il eût été par trop rigoureux de ne pouvoir consacrer la filiation des enfants naturels sans passer par les formalités longues, coûteuses et toujours délicates d'une enquête judicaire. La reconnaissance devait donc être admise. Quant aux enfants légitimes, le triple mode de preuve établi en leur faveur, suffit à sauvegarder leurs intérêts. Les parents n'ont rien à réclamer, puisqu'il a dépendu d'eux d'assurer l'état de leurs enfants par une inscription régulière sur les registres de l'état civil. Déjà exorbitante à l'égard de la famille lorsqu'elle s'applique à la filiation naturelle, la reconnaissance appliquée à la filiation légitime eût présenté des dangers bien autrement graves.

A quelque époque qu'elle fût intervenue, elle eût pu donner à des individus étrangers, non plus seulement vocation à une fraction, mais à la totalité des biens des prétendus parents. Admettre la théorie contraire, ce serait créer dans le Code une contradiction insupportable, qui renverserait d'un seul coup ces conditions rigoureuses et ces règles multiples qui garantissent à la fois l'utilité et la moralité de l'adoption. Ce serait même abandonner au caprice d'un homme plus que ne peut une adoption régulière : faire entrer le premier venu dans la famille, créer entre elle et lui solidarité d'honneur, et, dans certains cas, solidarité de fortune, lui donner un droit de réserve contre la succession de l'auteur de la reconnaissance, et même contre celle de ses ascendants. (Cass., 9 nov. 1809, Brudieu, Sirey, 1810, 1, 77. — Paris, 11 juin 1814, Courmolvieux, Sirey, 1815, 2, 17. — Merlin, Questions de droit, V. *Légitimité,* § 2, Duranton. t. III, n° 125. — Marcadé, tome 1er, art. 62, n° 3 et tome II, art. 319, n° 1.) Il est bien vrai que la possession d'état admise par la loi est une reconnaissance implicite. Mais qui ne voit la différence ! C'est une reconnaissance qui a commencé à la naissance de l'enfant, qui, depuis, s'est reproduite chaque jour avec une convaincante persistance. Elle est, de plus, confirmée par l'aveu de toute la famille, des héritiers du père et de la mère qui ont reconnu à l'enfant ces droits rivaux des leurs, ces droits qui, peut-être, les excluaient absolument. Ce concert unanime, auquel vient se joindre l'opinion de la société, fait disparaître toute idée de fraude.

61. — Mais la reconnaissance ne produira-

t-elle pas, au moins, quelque effet à l'égard de celui qui l'a faite? ne le rendra-t-elle pas non recevable à contester plus tard l'état qu'il a reconnu?

Des auteurs et des arrêts l'ont pensé. M. Troplong (*des Transactions*, n° 75) s'exprime ainsi : « Sans doute la reconnaissance de la famille ne fait pas qu'une fille naturelle devienne légitime, mais elle met une barrière qui empêche les héritiers du sang de troubler des intérêts attachés à une qualité qu'ils ont reconnue. Il y a dans le droit beaucoup de situations irrégulières ou illégales, qui, cependant, restent inattaquables à cause de quelque fin de non recevoir. »

Nous ne saurions adopter cette opinion. L'état des personnes n'étant pas dans le commerce ne peut faire l'objet d'aucune convention expresse ni tacite. On ne peut pas plus le créer que l'anéantir : l'intérêt social ôte, dans ce cas, toute valeur aux conventions des particuliers.

Sans doute il y a des situations irrégulières qui restent inattaquables à cause de quelque fin de non recevoir, mais la question est, précisément, de savoir si la reconnaissance a pu constituer une fin de non recevoir ou si elle ne doit pas être plutôt considérée comme non avenue?

En ce qui touche les droits purement pécuniaires qui peuvent dépendre de tel ou tel état, les conventions sont valables, pourvu qu'elles satisfassent aux prescriptions de la loi. (Grenoble, 5 février 1807. Dal. Alph. v° *Patern. et Filiat.*, n° 253, note 1).

62. — Outre les irrégularités que nous venons de parcourir, il en est d'autres qui peuvent vicier les actes de l'état civil, et dont nous devons aussi nous occuper; elles ont rapport à la désignation des parents. L'acte, pour être régulier, doit, aux termes de l'article 57, indiquer le père et la mère de l'enfant. La mère, rien de plus simple; l'accouchement, la maternité, étant des faits dont nos sens peuvent nous fournir la certitude, ceux auxquels la loi en a donné la mission, les déclarent et leur déclaration fait foi. Mais le père! nul ne peut le connaître, la paternité n'étant pas susceptible de constatations matérielles. Et cependant, ce ne sont pas les impressions, les opinions personnelles du déclarant qui doivent être inscrites sur les registres de l'état civil, mais seulemen des faits constants ou tenus pour tels. Heu-

reusement la mère est ici une femme mariée, et la loi a fixé la paternité au moyen d'une présomption. *L'enfant né ou conçu pendant le mariage a pour père le mari. Is pater est quem nuptiæ demonstrant.* C'est donc le mari de la mère, le seul père connu, le seul père possible aux yeux de la loi, qui devra être désigné dans l'acte comme le père de l'enfant.

Mais, l'officier de l'état civil peut avoir mal rédigé l'acte, il peut avoir omis le nom du père. Cette omission serait, croyons-nous, sans importance. La mère est désignée, et, puisqu'elle est mariée, le mari, par là même, est virtuellement indiqué comme père ; donc l'acte est complet, il contient tout ce qu'il doit contenir, dès lors il est valable.

La solution est la même suivant que la mère a été indiquée sous son nom de fille, ou sous son nom de femme mariée. La loi n'exige pas tel mode de désignation plutôt que tel autre, ce qu'il faut, c'est que la mère soit assez clairement désignée pour que son identité ne puisse être douteuse.

Le mariage étant, d'autre part, prouvé par les voies de droit (art. 194 et 197) la règle *Is est pater* devient applicable. (Aix, 11 janvier 1859, D. P., 59, 2, 85).

L'enfant a-t-il été désigné comme né de telle mère, laquelle est mariée, et d'un père inconnu ; la question est, au fond, la même que la précédente. En effet, dit M. Dalloz, « la mention, que le père est inconnu équivaut au silence gardé sur ce point. »

Soit que le déclarant ne connaisse pas le mariage de la mère, soit que, le connaissant, il lui plaise de supposer, plus ou moins gratuitement, qu'en fait, la paternité de l'enfant n'appartient pas à son mari, celui-ci n'en est pas moins, en droit, le véritable père, et, jusqu'au désaveu, la loi n'en reconnaîtra point d'autre. C'est à tort que l'officier de l'état civil a reçu cette déclaration nécessairement fausse, et celui qui lira l'acte, faisant ce que l'officier de l'état civil aurait dû faire, aux mots : *né de telle femme et de père inconnu*, substituera ceux-ci : *né de telle femme et de son mari*. Pour lui, comme pour l'officier de l'état civil, l'erreur est impossible, ils ont pour connaître le père le même moyen.

63. — Ces principes suffiraient pour déterminer les effets d'un acte qui déclarerait un enfant, né d'un femme mariée et d'un individu autre que le mari.

Cette question, cependant, tant sous l'ancien

droit que depuis la confection du Code, a été l'objet de si vives controverses en doctrine et en jurisprudence que nous devons entrer dans de plus grands détails.

Premier système. — L'enfant pour être légitime doit prouver sa filiation tant à l'égard du mari qu'à l'égard de la femme. Or, l'acte de naissance que vous invoquez prouve, au contraire, une filiation adultérine, puisqu'il prouve, d'un côté, la maternité d'une femme, de l'autre la paternité d'une homme qui n'est point son mari. Vous ne pouvez arbitrairement scinder ces énonciations, retenir celles qui vous servent, et répudier celles qui vous nuisent : vous devez accepter l'acte pour le tout en vertu du principe éminemment juridique et équitable de l'indivisibilité qui ne souffre pas d'exceptions. Voilà pour le droit !

Quant au fait, probablement il est d'accord avec lui, et l'enfant dont il s'agit est vraiment né des œuvres de l'individu désigné dans l'acte. La femme qui a fait inscrire son enfant sous son nom de fille et sous le nom d'un étranger, aura, presque toujours, cessé d'habiter avec son mari, tandis qu'elle vivra maritalement avec cet étranger dont elle passe peut-être pour l'épouse légitime. Les motifs de la présomption *is est pater* n'existent plus ici, elle est donc inapplicable. « Que sera-ce enfin, ajoute M. Demolombe, si cet enfant a la possession de l'état que lui attribue son acte de naissance, s'il a la possession d'état d'enfant de l'individu autre que le mari que son titre lui donne pour père (322) ? Lui permettrez-vous, après bien des années, lorsqu'il aura porté le nom de ce père, lorsqu'il se sera marié sous son autorité, lorsqu'il aura reçu de lui une dot, lui permettrez-vous d'invoquer son acte de naissance contre le mari de sa mère qui vivait loin de ce ménage honteux et adultérin ; le mari de sa mère qu'il n'a jamais connu peut-être ! Et ce ne sont pas là de vaines hypothèses ; tous ces faits se sont réalisés dans le procès *Marie Beance*, célèbre dans les fastes de notre ancien droit; et si nos mœurs d'aujourd'hui ne sont pas pires elles ne sont pas non plus meilleures. » Cette hypothèse admise nous nous trouverions véritablement dans le cas prévu par l'art. 323, et l'action intentée par l'enfant devrait être rejetée comme contraire à son acte de naissance soutenu par sa possession d'état. Tels sont les principes consacrés dans deux arrêts rendus, sur l'action en réclamation d'état intentée par *Virginie Chady*, l'un par la Cour de Paris, le 15 juillet 1808, l'autre par la Cour de cassation, le 22 janvier 1811 (Dal. Alph., Patern., n° 220, et Sirey, années 1809 et 1811). M. Delvincourt déclare ces arrêts fondés sur les principes rigoureux du droit. (Voy. en outre pr. l'ancienne Jurisprud., nouveau Denizart, t. VII, v° *Etat*, (*Question d'*), § 7, et Lacombe, Jurispr., civile, v° Enfant, n° 11).

64. — *Deuxième système.* — Ce raisonnement serait parfaitement juste s'il était vrai que l'acte de l'état civil pût faire directement preuve de la paternité et non pas seulement comme conséquence de la maternité aux termes de l'art. 312. La loi a fixé une manière spéciale d'établir chacun des trois faits de la réunion desquels dépend la légitimité, savoir : le mariage, la paternité, la maternité. C'est ce dernier et ce dernier seul que l'acte de naissance est destiné à prouver. En effet, l'acte de naissance, comme nous l'avons déjà dit, n'est autre chose qu'un procès-verbal destiné à conserver la preuve d'un fait dont les déclarants affirment avoir connaissance et qu'ils ont pu constater : *l'accouchement*.

Quant à la paternité comment en dresser procès-verbal, puisqu'on ne peut la constater? Pourrait-on supposer que le législateur, après avoir reconnu l'impossibilité de la découvrir, après avoir établi pour obvier à cette impossibilité une présomption légale absolue, accorderait foi complète à l'opinion de la première personne qui pourrait se présenter, sage-femme ou autre, pourvu qu'elle ait assisté à l'accouchement, et en ferait dépendre l'état de l'enfant et la paternité adultérine de l'individu désigné, et cela quand la preuve de cette filiation est absolument interdite. Mais si l'acte de naissance n'est destiné à prouver, et ne peut, par la nature même des choses, prouver qu'un seul fait, la maternité ; si l'indication d'un père autre que le mari est, non plus seulement une superfluité, mais une illégalité ; si la loi la considère comme évidemment fausse : que devient cette prétendue indivisibilité? Qu'elle soit un principe éminemment juridique, nous ne le nions pas ; mais elle ne peut exister que quand les énonciations contradictoires, contenues dans l'acte, sont également probantes et légales. Ici, l'une d'elles, impossible à prouver matériellement et dont la loi défend la preuve, a été insérée dans l'acte par une faute de l'officier public; elle doit donc être considérée comme non écrite; la contradiction n'existe même pas, et rien n'empêche le réclamant de se prévaloir de l'autre énonciation qui, celle-là, doit être tenue pour vraie puisqu'elle émane de ceux qui avaient qualité pour la faire et étaient à même d'en vérifier l'exactitude. Mais, cette déclaration de paternité qui donne lieu à tant de controverses, qui sait d'ailleurs quel mobile l'a dictée. Peut-être a-t-elle été faite par le mari, ou à l'instigation du mari? Soupçonnant avec plus ou moins de raison l'inconduite de sa femme, une ressemblance imaginaire, un détail futile l'a trompé, et, aveuglé par la jalousie, il a, pour éviter les chances toujours incertaines d'une action en désaveu, fait inscrire sous le nom d'un autre l'enfant qui peut cependant être le sien, qui l'est même selon les plus grandes probabilités. La loi n'a point voulu favoriser de semblables calculs. Les père et mère, a dit d'Aguesseau, « peuvent bien assurer l'état de leurs enfants, mais ils ne peuvent jamais le détruire. » Si le mari pouvait ainsi attribuer à un étranger la paternité de l'enfant de sa femme, par la seule inscription du nom de cet étranger dans l'acte de naissance, à quoi bon les règles étroites dans lesquelles la loi a enfermé le désaveu? La doctrine que nous combattons n'est, comme le pense M. Demolombe, et comme l'exprime fort heureusement M. Bonnier « qu'une réaction déguisée contre les principes restrictifs du Code civil en cette matière. (Traité des preuves, n° 435).

Sans doute les cas de désaveu sont rares, sans doute il estdifficile d'y parvenir, mais c'est dans l'intérêt des familles que le législateur l'a voulu ainsi : et quand, pour assurer son œuvre, il n'a oublié aucun détail, négligé aucune précaution, il aurait permis au père, assisté de l'officier de l'état civil, de la renverser d'un mot, d'un trait de plume. Cela est inadmissible !

Sa pensée d'ailleurs est formellement exprimée dans l'article 323, d'après lequel les enfants inscrits sous de faux noms ou comme nés de père et MÈRE inconnus sont les seuls qui, à défaut de possession, d'état aient besoin de recourir à la preuve testimoniale pour prouver leur légitimité. Ce système d'indivisibilité de l'acte de naissance, très-vivement défendu sous notre ancienne législation, avait fini par perdre du terrain en doctrine comme en jurisprudence. Le droit intermédiaire le repoussa, et rien dans les travaux préparatoires ne nous autorise à penser que les rédacteurs du Code aient voulu le faire revivre. Quelques auteurs prétendent que, défendu devant le Conseil d'État par le consul Cambacérès, il y aurait été repoussé d'une façon formelle. MM. Demolombe, Aubry et Rau, renvoient même à cet égard à Locré (tome VI p. 33) le Répertoire de MM. Dalloz, renvoie au même ouvrage p. 93, mais nous n'avons trouvé nulle part aucune trace de cette discussion.

Cette doctrine aurait, du reste, aujourd'hui une conséquence qui suffirait seule à la faire repousser. L'ancien droit autorisait la preuve de la filiation adultérine. La Code au contraire la rejette, de telle sorte que l'enfant auquel la légèreté ou la mauvaise foi aurait donné un étranger pour père dans son acte de naissance se verrait dans l'impossibilité de prouver même sa filiation naturelle à l'égard de sa mère. (Paris, 11 janv. 1863. D. P. 64, 2, 18 et sur pourvoi, 13 juin 1865, D. P. 65, 1, 410.)

Notre solution ne varierait pas, bien qu'on opposât à l'enfant sa possession d'état à l'égard de l'individu étranger que son acte de naissance lui donne pour père ; et, quoi qu'en ait dit la Cour de Paris dans le fameux arrêt *Virginie*, déjà plusieurs fois cité, l'art. 322, aux termes duquel nul ne peut réclamer un état différent de celui que lui donne son acte de naissance conforme à sa possession d'état serait ici inapplicable. Des développements auxquels nous nous sommes livré plus haut il résulte, en effet, que l'acte de naissance entaché d'un semblable vice ne prouve nullement la paternité de l'individu désigné, mais prouve, au contraire, en dépit de cette mention illégale, la paternité du mari. La possession n'est donc pas conforme au titre. Pour que l'art. 322 fût applicable dans notre hypothèse, ce serait entre le mari et l'enfant qu'il faudrait que la possession d'état existât. Cet enfant serait alors fondé à repousser toute contestation d'état en disant : Malgré son irrégularité, mon acte de naissance prouve ma filiation à l'égard du mari de ma mère ; ma position d'état vient l'appuyer, dès lors votre demande doit être déclarée purement et simplement non recevable. La morale dicte d'ailleurs cette solution : le mari qui autorise sa femme à former loin de lui un mariage irrégulier ne doit pas, dans cette coupable abdication de la puissance maritale, puiser le droit de repousser la paternité des enfants qu'elle met au monde, et d'invoquer contre eux une possession d'état qu'il a lui-même favorisée... « Il ne faut pas, dit « M. Demolombe, lorsqu'une femme abandonne « son mari pour aller vivre maritalement avec « un autre, que le mariage soit ainsi dissous, en « quelque sorte, quant à ses effets les plus « graves. Il importe au bon ordre que le mari « ne tolère pas cette désertion ; et rien n'est « plus propre à lui faire maintenir son auto- « rité et ses droits que la responsabilité des « suites de cette inconduite qu'il doit empê- « cher. »

Mais, dans cette hypothèse, si la déclaration qui présente l'enfant comme né de père inconnu, ou d'un individu autre que le mari a été faite à l'insu de celui-ci, n'aura-t-il aucun moyen de répudier cette paternité qui n'est évidemment pas la sienne? Certainement si !... Cette fausse déclaration pourra, suivant les circonstances, être assimilée au recel, et le mari parviendra au désaveu en administrant les preuves exigées par l'art. 313, et dans le délai fixé pour ce cas spécial par l'art. 316. Telle a été la solution admise par plusieurs arrêts. (Paris, 28 juin 1819, Sirey, 1820, 2, 7; Paris, 6 janvier 1834; Sirey, 34, 2, 131; Cass., 31 déc. 1834, D., 1855, 1, 5; Cass., 19 mai 1840, Sirey, 1840, 1, 524; Duranton, t. III, n° 115-119, vol. 5; Valette sur Proudh., t. II, p. 81, n° 3; Marcadé, art. 319, n° 2; Demolombe, t. V, n° 197; Massé et Vergé, § 162, note 3.)

65.—Si nous supposons que l'individu *étranger* sur la déclaration duquel l'officier public a dressé l'acte de naissance y soit désigné comme père de l'enfant, il ne faut pas croire qu'il y ait par là dans l'acte deux énonciations contradictoires qui se puissent détruire. Le déclarant a attesté un fait palpable et dont il avait pu acquérir la certitude, l'accouchement d'une femme. Cette femme est-elle mariée, le père de l'enfant qu'elle a mis au monde ne peut être que son mari. De telle sorte que la reconnaissance, jointe à la déclaration de naissance est, par là même, non avenue aux yeux de la loi.

66.—Le premier venu pouvant, aux termes de l'art. 45 du C. Nap., se faire délivrer des extraits des registres de l'état civil, il va sans dire que la simple présentation d'un de ces extraits ne suffit pas pour établir l'état de celui qui l'invoque; cet acte que chacun pouvait se procurer comme lui ne donne même en sa faveur aucune présomption : il doit donc, avant tout, prouver qu'il est bien l'enfant qui s'y trouve désigné. Si, au contraire, quelqu'un invoquait contre lui un acte de naissance pour contester l'état dont il est en possession, ce serait à ce demandeur à prouver que l'acte est réellement applicable. C'est, dans les deux cas, ce qu'on appelle faire la preuve de l'identité. Presque toujours cette preuve se fait d'elle-même, *sans qu'il soit besoin d'aucune recherche*, par la possession d'état, lorsque l'enfant ne s'étant pas éloigné du lieu où son acte de naissance a été dressé, n'a jamais cessé d'être considéré par la société comme celui à l'occasion duquel cet acte a été rédigé. La possession d'état est, comme on le voit, la preuve non-seulement la plus ordinaire, mais encore la plus décisive qui puisse être invoquée. Bien entendu, il ne s'agit point ici de la possession complète dont l'art. 321 indique les principaux caractères; cette possession, en effet, loin d'être nécessaire pour arriver à la preuve de l'identité, rendrait presque cette preuve inutile, puisque, remplaçant l'acte de naissance, elle suffit seule à prouver la légitimité, et que, réunie à lui, elle rend impossible, malgré l'évidence même, toute contestation de l'état qu'elle indique et toute réclamation d'un état différent. Il y a donc possession suffisante pour prouver l'identité dès que l'on passe *aux yeux du monde* pour l'enfant dénoncé dans l'acte, alors même qu'élevé loin de ses parents prétendus on ne peut invoquer *à leur égard* aucune possession. Les tribunaux en décident souverainement, sans être soumis au contrôle de la Cour de cassation, car les éléments n'en ont été nulle part fixés par la loi.

Mais si l'enfant n'a aucune possession, ou si celle qu'il invoque n'offre pas aux magistrats une garantie suffisante, l'identité devra être soumise à la preuve testimoniale, laquelle est en effet de droit commun et doit toujours être reçue, à moins que la loi n'ait exigé pour le fait contesté un mode spécial de preuve. Son admission ici est d'ailleurs commandée par la nature même des choses. Dans la plupart des cas où un individu se trouvera, non pas défendeur à une contestation d'état, mais demandeur, il est probable qu'ayant été, par une cause quelconque, éloigné de ses parents, il a été élevé dans une possession contraire à l'état qu'il réclame ; la preuve testimoniale est alors le seul moyen d'établir l'identité, et la repousser serait annihiler l'acte de naissance. Un enfant, à quelqu'âge qu'il soit, ne va pas se présenter de temps en temps devant les officiers publics pour faire vérifier qu'il est toujours le même enfant ; c'est donc une nécessité absolue de recourir sur ce point à la preuve testimoniale.

La preuve par témoins est donc certainement recevable, mais peut-elle être admise *de plano*, ou, doit-on, au contraire, aux termes de l'article 323, subordonner son admission à la production d'un commencement de preuve écrite, ou, tout au moins, à des présomptions graves résultant de faits déjà constants lors de la demande?

Premier système. — Dans les actions en réclamation d'état la preuve testimoniale ne peut être admise à l'effet de prouver la légitimité qu'aux conditions posées par l'art. 323.

Cette règle ne souffre pas d'exception, elle s'applique aussi bien à la revendication d'un état nouveau, qu'à celle d'un état précédemment consacré. En d'autres termes, celui qui revendique l'état d'un individu spécialement désigné, dont la société a reconnu l'existence constatée par un acte de naissance, mais dont elle a depuis perdu la trace, ne peut, avec plus de raison, être dispensé de ce juste préalable, que celui qui se prétend né de deux époux qui ont négligé de consacrer la preuve de son état aux yeux de la société.

Mais, disent les partisans du système contraire, nos conclusions portent uniquement sur l'identité, et c'est la preuve de la filiation entière qui est soumise à ces conditions. Soit, mais l'identité n'est ici qu'un moyen, la question discutée n'est-elle pas réellement la filiation, et l'action n'est-elle pas, au fond, une réclamation d'état; action si délicate dans ses éléments, si grave dans ces conséquences, que ce n'est qu'à défaut de tout autre moyen et à la condition expresse qu'elle serait, dès avant l'instance, rendue vraisemblable par un commencement de preuve écrite ou par des faits déjà indéniables, que la loi a pu consentir à l'abandonner à la preuve si incertaine du témoignage. Pourquoi dispenser de ce préalable l'individu qui veut prouver qu'il est identiquement le même qu'un enfant inscrit sur les registres de l'état civil, comme fils de Primus et de Prima époux légitimes, tandis que vous y soumettez celui qui veut prouver son identité avec un enfant autrefois connu de tout le monde comme fils légitime de ce même Primus et de cette même Prima, qui peut-être, a eu à leur égard la possesion d'état la mieux établie, mais dont l'unique faute ou plutôt le malheur est d'ignorer dans quel lieu a été dressé son acte de naissance. Où trouvez-vous dans la loi le fondement de cette distinction prétendue entre la preuve de l'identité et celle de la légitimité. Toute question d'identité, dans notre matière, ne se résout-elle pas en une question de filiation, et toute question de filiation en une question d'identité. C'est donc avec raison que la cour de Toulouse dans son arrêt de 7 juillet 1818, (Sirey, 1820, 1, 320), affirmait « qu'en droit ces « deux questions n'en font jamais qu'une, laquelle constitue une question d'état. » Les motifs qui ont déterminé le législateur à subordonner à cette condition *sine qua non* l'admission de la preuve testimoniale militent d'ailleurs avec une force égale dans les deux cas. Il a voulu garantir les familles contre les entreprises audacieuses d'étrangers, que le lucre ou l'ambition exciteraient à s'introduire dans leur sein. N'est-ce pas d'ailleurs à juste titre qu'il s'est défié de la preuve testimoniale : des détails sans importance prennent si facilement d'immenses proportions dans la bouche de témoins, exaltés, inintelligents ou corrompus. *Fama crescit eundo.*

Mais il faut aller plus loin : si jamais ces présomptions gaves, ces faits déjà constants sont nécessaires pour autoriser la preuve testimoniale, c'est bien dans notre hypothèse. Le danger est bien plus considérable lorsqu'un acte constatant la naissance de l'individu dont on réclame l'état est représenté, que quand les époux dont on se prétend issu passent pour n'avoir pas eu d'enfant. L'acte, en effet, constate qu'il a existé un individu, né à telle époque, titulaire de l'état réclamé. Tant que la preuve de son décès n'a pas été faite, il y a présomption.... qu'il existe encore, mais nullement que le réclamant soit cet individu. Que les tribunaux prennent donc garde, qu'ils craignent, sur la foi de témoins trop affirmatifs, dont aucun fait précis ne viendrait corroborer les témoignages, de reconnaître cet état au réclamant, et, par leur jugement passé en force de chose jugée, d'enlever ainsi au véritable titulaire de l'état réclamé, tout espoir de rentrer dans ses droits, alors même qu'il viendrait à se représenter avec les preuves les plus évidentes à l'appui de sa demande. Si un tel, en effet, a été déclaré être identiquement le même que Pierre, telle autre ne peut, en droit, l'être également ; il y aurait incompatibilité entre les deux décisions. La première pourrait donc priver à tout jamais de son état le véritable Pierre qui était alors absent, mais qui, peut-être, songeait déjà à réclamer à son tour l'état qui est véritablement le sien.

Direz-vous que les règles de l'art. 323, ne s'appliquent qu'à défaut de titre et de possession d'état, et que vous avez un titre? Mais ce serait une pétition de principe évidente, puisqu'il s'agit justement de savoir si c'est vous ou un autre qui avez ce titre, et que jusqu'à ce que la question soit décidée vous vous trouvez dans la position du premier venu auquel un extrait des actes de l'état civil a été délivré par le dépositaire des registres qui ne pouvait le lui refuser. Aussi, dans son arrêt déjà cité, la cour de Toulouse ajoute-t-elle « que la signification de l'acte de naissance d'un individu dont on réclame l'état, ne saurait améliorer la condition de celui qui serait non recevable dans sa réclamation alors même qu'on ne rapporterait pas l'acte de décès; que l'art. 327 du Code civil a proscrit toutes les « voies indirectes par lesquelles on essayerait de se soustraire aux disposition sévères de l'art. 323. » Demandera-t-on quelle est alors l'utilité de l'acte de naissance? Nous l'avons déjà indiquée; il fait preuve complète de l'accouchement : l'identité établie soit par témoins, soit par une possession *sui generis ;* il prouve la filiation, même en l'absence de la possession d'état dont parle l'art. 321, et, d'accord avec elle, il rend inattaquable l'état qu'il consacre. La part que lui ont faite les rédacteurs du Code n'est-elle pas suffisante? (Cass., 27 janvier 1818; Sirey, 1818, 1, 149; Bordeaux, 25 août 1825, D. P., 26, 2, 172; Colmar, 12 fructidor an XI, Dalloz, Jurispr. gén., v° *Paternité*, n° 260, note 1; Delvincourt, t. I, p. 85, note 8).

68. *Deuxième système.* — Si l'on veut suivre avec attention l'ordre dans lequel la loi indique les moyens d'arriver à la preuve de la

filiation légitime on demeure convaincu qu'elle n'a point entendu soumettre la constatation de l'identité, dans le cas où il existe un acte de naissance, aux conditions posées par l'art. 323. Elle divise ces preuves en trois modes différents, et les classe suivant l'autorité plus ou moins grande qu'elle leur attribue :

1° Preuve *par le moyen d'un titre* inscrit sur les registres de l'état civil. C'est, dit d'Aguesseau, la plus grande preuve de l'état des hommes, en tout cas c'est la preuve normale ;

2° A défaut de cette preuve normale vient la possession d'état, d'autant plus probante que ses éléments s'affirment chaque jour et dans de nombreuses circonstances ;

3° Enfin, *à défaut des deux premières*, la preuve testimoniale, preuve de droit commun, mais que la loi n'admet ici qu'à défaut de toute autre et qu'elle subordonné à certaines garanties.

A propos du titre, nous avons déjà dit que l'acte de l'état civil, par lui-même, ne prouve rien en faveur du porteur, puisque chacun peut se le procurer. La loi en déclarant que cet acte est par excellence le mode de prouver la filiation a, par conséquent, dû prévoir que tout demandeur en réclamation d'état devrait au préalable établir son identité avec l'enfant à la naissance duquel il a été dressé. Et cependant elle passe au mode suivant, à la possession, sans spécifier par quels moyens l'identité devra être démontrée. Nous en pouvons conclure qu'elle s'en réfère purement et simplement au droit commun, comme dans toutes les questions d'identité qui preuvent s'élever à propos d'actes d'une nature différente. La preuve la plus naturelle consistera sans doute dans la possession *sui generis* dont nous avons déjà parlé, mais cette possession n'est pas à toute époque aussi complète, la notoriété qui s'y attache n'est pas toujours la même : aujourd'hui, je le veux bien, cette possession est connue de tous, mais, dans quelques années, par suite de sa disparition, des vides que fera la mort parmi ceux qui l'ont connu autrefois, l'enfant peut ne la plus conserver que vis-à-vis d'un nombre plus ou moins restreint de personnes dont le témoignage deviendra nécessaire. On voit ainsi que c'est par des degrés insensibles que la possession d'état qui tantôt est de notorieté publique, tantôt a besoin d'être établie par enquête, passe à l'état de preuve testimoniale. Mais si c'est seulement la force des choses, et non pas une disposition de la loi qui nous conduit à admettre ici comme preuve de l'identité, d'abord une possession d'état *sui generis*, puis insensiblement la preuve testimoniale , cette preuve est ici de droit commun , et doit être reçue sans entrave, dans les termes du droit commun, d'autant plus qu'aucun texte spécial ne l'en fait sortir.

On nous oppose, il est vrai, l'art. 323 qui, dit-on, soumet à certaines conditions particulières la reception de la preuve testimoniale dans notre matière. Mais cet article vise une hypothèse bien distincte de celle qui nous occupe, il régit la troisième classe des preuves de la filiation, la preuve par témoins, à laquelle on n'est forcé de recourir, d'après ses termes mêmes, qu'A DÉFAUT DE TITRE *et de possession d'état.* Nous, au contraire, que demandons-nous ? à faire la preuve par le premier mode, par le titre. Il va sans dire que nous devons, avant tout, prouver que le titre sur lequel nous nous fondons s'applique bien à nous , mais cette preuve, plus ou moins facile suivant les circonstances , est toujours exigée de quiconque invoque un titre, et ne change en rien les conditions de la demande, c'en est au contraire un épisode naturel.

Si nous sommes obligés de recourir pour faire cette preuve à une enquête, dira-t-on, après que nous aurons triomphé dans notre réclamation d'état, que nous avons prouvé notre filiation par le troisième mode, par la preuve testimoniale? Non sans doute, ce qui l'aura établie, c'est le titre, et non l'enquête qui n'a porté que sur des faits extérieurs et accessoires. Ces deux modes sont donc parfaitement distincts, aussi ne doivent-ils s'emprunter aucune de leurs règles respectives, et, pour celui qui demande à prouver sa filiation par un titre, l'art. 323 n'existe pas. Ceux qui tentent le troisième mode de preuve ont à établir différents faits, l'accouchement, sa date, le sexe de l'enfant, l'identité. Nous, au contraire, *nous avons* un titre prouvant qu'il est né tel jour, à telle heure, de telle femme, alors mariée, un enfant vivant et viable. Notre situation est bien autrement favorable.

Qu'y a-t-il donc d'inconnu? uniquement l'identité, et nous demandons à la prouver au moyen d'une possession incomplète, qui ne peut être établie que par témoins, et dont on peut difficilement concevoir un commencement de preuve par écrit.

Cette difficulté qu'on aurait eue à se le procurer est une preuve nouvelle que le législateur n'a pu l'exiger, et le justifie de ne l'avoir pas fait. Admettons d'ailleurs que ce commencement de preuve soit aussi facile à fournir que celui qui sert de base à une véritable réclamation d'état, à quoi servirait, s'il était exigé, qu'on eût pris la précaution de faire constater notre naissance sur les registres de l'état civil !

C'est précisément en vue de ces malheurs qui pouvaient nous enlever la possession d'état, et afin de nous éviter, en pareil cas, les dangers de la preuve testimoniale que l'acte a été dressé.

Ainsi la raison concourt avec l'enchaînement des textes pour repousser l'application à notre espèce de l'art. 323. (Paris, 13 floréal an XIII, Sirey, 1807, 2, 765; Toullier, II, 883; Duranton, III, n°s 123 et 124; Bonnier, Traité des preuves, n° 426 ; Aubry et Rau, tome IV, § 544, note 6 ; D. A. Paternité, n° 231 ; Demolombe, V, n° 204.)

69. — On s'est demandé si, dans les enquêtes

sur l'identité ou sur l'état lui-même, il ne conviendrait pas d'apporter une exception à l'art. 283 du Code de Proc. qui place au nombre des témoins pouvant être reprochés les parents ou alliés des parties jusqu'au degré de cousin germain inclusivement.

L'affirmative ne nous semble pouvoir faire l'object d'aucun doute. Les parents sont ici ceux dont le témoignage offre le plus d'intérêt; ils ont été à même de connaître mieux que tous autres les détails et le caractère des faits qui se sont passés dans le sein de la famille; mieux que tous autres ils en ont dû conserver le souvenir. Peut-être même sont-ils seuls en état d'en déposer, et les reprocher serait priver la justice d'éclaircissements indispensables. Si la partie adverse a quelques motifs personnels de suspecter leur témoignage, qu'elle les fasse connaître à la justice qui en le recevant y aura seulement tel égard que de raison.

Il y a ici une certaine analogie de motifs avec la disposition de l'art. 251 du Code Napoléon relatif à la procédure du divorce.

Cette aptitude des parents à consacrer par leur témoignage l'état de leur parent est d'ailleurs affirmée par les art. 37 et 71 du même Code, aux termes desquels les parents peuvent servir de témoins dans les actes de naissance, et sont au nombre des personnes sur la déclaration des quelles est dressé l'acte de notorieté destiné à le remplacer pour la célébration du mariage. Peut-être pourrait-on objecter que, dans les hypothèses prévues par ces articles, les parents ne peuvent jamais que *confirmer* en faveur de l'enfant la preuve d'un état qui leur nuit, et que, par conséquent, leur témoignage loin d'offrir aucun danger n'en est que plus digne de foi ; que dans le cas d'une réclamation d'état, au contraire, les parents appelés à l'enquête peuvent, par une déposition mensongère, compromettre l'état du réclamant qui, dès lors, a intérêt à les écarter du débat. Néanmoins l'art. 321 qui se rapporte directement à notre matière vient corroborer notre interprétation sur l'esprit des textes précités. En effet, dit la cour de Toulouse (17 août 1809, D. A. *Patern.*, n° 251), «Cet article met au nombre des preuves de la filiation des enfants légitimes, la circonstance essentielle *qu'on a été reconnu pour tel par la famille*, ce qui deviendrait le plus souvent impossible, si l'on refusait d'admettre comme témoins les membres mêmes de la famille à laquelle on prétend appartenir. » Cette opinion avait d'ailleurs prévalu sous l'empire de l'ancien droit ; la jurisprudence et la doctrine admettaient dans les questions d'état, d'identité, de reconnaissance, le témoignage des parents et alliés des parties, témoignage qui eût été exclu dans toute autre cause. Nous voyons même au dire de Jousse (*Comment.* de l'ordonn. de 1767, tit. 22, art. 11) et de Coras (t. 2, p. 782 et 783), que ce témoignage, par son importance tenait alors le premier rang. Il va de soi qu'un parent qui aurait dans le procès un intérêt direct et actuel ne devrait pas être entendu comme témoin, son rôle, en effet, serait naturellement marqué dans l'instance, il y serait partie et devrait plutôt être mis en cause pour être entendu à titre de contradicteur (Dalloz, Alph., v° *Paternité*, n° 235).

70. — Pour l'enfant naturel, le titre destiné à faire preuve de la filiation, c'est la *reconnaissance*, et nullement l'acte de naissance dressé selon les conditions requises pour l'enfant légitime. Nous admettrons, cependant, que l'enfant né pendant le mariage de sa mère, et qui aura vu briser par une action en désaveu sa légitimité

présumée, pourra, comme preuve de sa filiation maternelle, invoquer l'acte de naissance dressé à l'époque où il était, aux yeux de la loi, réputé enfant légitime. Qu'on ne dise pas qu'aujourd'hui l'enfant est illégitime, et qu'aux légitimes seuls appartient le droit de prouver leur filiation maternelle par un acte de naissance dressé sans la participation de la mère, partie principalement intéressée. Ce qu'il faut considérer ce n'est point, en effet, l'époque où l'on invoque le titre, mais celle où il a été dressé, et qui, seule, peut en déterminer le caractère et la valeur. L'enfant, alors, en vertu de la présomption de la loi, était réellement légitime, le seul moyen de constater sa filiation était de dresser un acte de naissance, comme d'ailleurs l'art. 56 en faisait un devoir aux personnes comprises dans son énumération. La maternité était alors légitime, et, sur ce fait honorable, on n'a aucun motif de suspecter la parole des déclarants.

Le désaveu, loin d'affaiblir cette preuve, n'est-il pas venu la fortifier d'une façon singulière? La justice en le prononçant à consacré implicitement la déclaration de maternité contenue, dans l'acte; maternité qui, auparavant, était établie déjà d'une façon si invincible, qu'il a fallu une décision judiciaire pour qu'elle n'entraînât pas la paternité du mari. Marcadé ajoute que les termes du Code Nopoléon viennent encore à l'appui de cette décision. Le chapitre III, de notre titre qui indique la reconnaissance comme le titre destiné à consacrer la preuve de la filiation naturelle, ne s'occupe que des enfants *nés* hors mariage. C'est ce qui résulte expréssement de l'art. 321, le premier de ce titre, celui qui pose le principe de la reconnaissance.

Que décider, par conséquent, des enfants naturels *nés* pendant le mariage, sinon qu'ils peuvent prouver leur filiation maternelle par leur acte de naissance? (Marcadé, sur l'art. 319, n° 3; Aubry et Rau, tom. IV, § 544, note 8).

La maternité ainsi prouvée, sera naturelle, simple, si la conception a précédé le mariage (art. 314), adultérine, dans le cas contraire.

Cette dernière hypothèse est l'une de celles où la maternité adultérine prouvée par la force des choses fournira l'application de l'art. 762, qu'on a cru contredit par les art. 335 et 342.

71. — La même doctrine est communément reçue, et ce me semble, avec raison, en ce qui

concerne l'enfant né trois cents jours après la dissolution du mariage, et qui a succombé à une action en contestation de légitimité (art. 315). Dans ce cas aussi la décision de justice suppose nécessairement la maternité. Il existe toutefois entre les deux hypothèses une différence essentielle qu'il est bon de signaler, et qui, peut-être, pourrait, dans certains esprits, faire varier la solution. Pour l'enfant né 300 jours après la dissolution du mariage, il n'y a jamais eu présomption de légitimité (art. 312). Il y a même preuve contraire, et il suffira que l'action soit intentée pour que la défaite de l'enfant devienne inévitable. En effet, s'il n'est pas de plein droit déclaré illégitime, c'est comme le disait avec raison le tribun Duveyrier, devant le Corps législatif : « Parce que tout intérêt particulier ne peut être combattu que par un intérêt contraire. La loi n'est point appelée à réformer ce qu'elle ignore, et si l'enfant n'est pas attaqué il reste à l'abri du silence que personne n'est intéressé à rompre. » Pour connaître la vérité il suffisait d'une simple supputation de délai, aussi pourrait-on dire qu'on a été inexcusable de faire dresser un acte de naissance pour constater la filiation d'un enfant qui certainement n'était pas né du mari. L'enfant, d'ailleurs, était né *hors mariage* (art. 331), la reconnaissance seule pouvait être employée. Nous soulevons cette objection sans l'accueillir ; l'enfant, jusqu'à l'action en contestation de légitimité, est traité par la loi comme légitime, et cela nous suffit.

72. — Je donnerais la même solution, et pour les mêmes motifs, s'il s'agissait d'un enfant né d'un mariage qui, depuis, a été annulé. Il va sans dire que je suppose, dans ce cas, la mauvaise foi des deux époux, sans quoi l'enfant aurait été et serait resté légitime.

CHAPITRE III

PREUVES PAR LA POSSESSION D'ÉTAT.

Sommaire :

73. — La possession d'état est la preuve naturelle et primitive de la filiation. — Fondement de sa force probante. — Motifs qui ont empêché d'en étendre l'autorité à la preuve du mariage.

74. — Le projet du Code ne limitait-il pas l'effet de la possession d'état au cas de perte ou d'inexistence des registres de l'état civil ?

75. — Les tribunaux décident souverainement, dans chaque hypothèse, des faits constitutifs de la possession d'état. L'énumération donnée par l'art. 321 ne l'est qu'*exempli gratiâ.*

76. — Suite.

77. — Celui qui invoque la possession d'état n'a aucune preuve directe à faire sur la maternité.

78. — L'art. 320 nous dit que la possession d'état doit être constante ; comment faut-il entendre cette expression ?

79. — La possession d'état doit nécessairement remonter à la naissance même de l'enfant.

80. — La force probante de la possession d'état ne serait pas nécessairement détruite par cela seul que quelques lacunes se seraient produites dans son cours.

81. — Pour prouver la filiation, la possession d'état doit s'être exercée vis-à-vis de chacun des époux.

82. — En cas d'absence du père, n'emporterait-elle pas cependant preuve de la filiation légitime, bien que les faits de possession se soient exercés à l'égard de la famille paternelle, et non du père lui-même ?

83. *Quid* si la naissance de l'enfant est cachée au mari lors de son retour ?

84. — Les faits de possession d'état peuvent être prouvés par la preuve testimoniale. Les art. 323 et 324 sont inapplicables en pareil cas.

85. — L'adversaire a toute liberté pour contester l'existence de la possesion d'état.

86. — Lorsqu'elle est une fois établie, il peut détruire la présomption légale qui en résulte en produisant une preuve contraire. — Cette preuve peut consister dans un acte de naissance.

87. — *Quid* si l'adversaire parvient à établir que la naissance de l'enfant a précédé le mariage de ceux qui passent pour ses parents ?

88. — La présomption tombe-t-elle devant la preuve que tous les enfants des prétendus époux sont décédés ?

89 — La possession d'état prouve-t-elle la légitimité ?

73. — Envisageant les preuves au point de vue de la situation que leur a faite le législateur, nous avons dit que l'acte de naissance était la preuve régulière et principale de la filiation. Si, maintenant, nous les considérons en elles-

mêmes, abstraction faite de toute disposition du droit positif, nous devons dire que la preuve la plus naturelle de l'état, la preuve primitive, c'est la possession. Ne voyons-nous pas, en effet, que, partout et toujours, celui qui possède un droit quelconque, c'est-à-dire qui l'exerce au grand jour et sans entraves, comme le ferait celui à qui il appartiendrait réellement, en est, jusqu'à preuve contraire, regardé comme le titulaire véritable. Rien de plus juste, et pour nous restreindre au sujet que nous traitons, comment supposer que l'individu qui occupe dans une famille la position de fils ou de fille puisse ne pas l'être réellement. Il a toujours porté le nom de celui que la société lui donne pour père; les deux époux, depuis sa naissance, l'ont élevé avec toute sa sollicitude d'un père et d'une mère pour leur enfant, ils ont pourvu à son éducation, c'est à eux qu'il a demandé les autorisations nécessaires pour son mariage; ils l'ont doté, peut-être. Les autres membres de la famille, dont sa présence diminuait les droits pécunaires, ont par leurs actes de chaque jour confirmé la situation, sans qu'aucune protestation soit venue troubler cet aveu unanime. Et l'on pourrait demander d'autres preuves de l'état ainsi possédé ! Mais il faudrait supposer un concours de circonstances des plus extraordinaires, ou une collusion plus impossible encore de la part de personnes intéressées à faire connaître la vérité. Sans doute, si l'on peut prouver cette collusion ou ces circonstances, la présomption perdra tout effet ; mais, jusque là, l'intérêt de la société exige qu'on tienne compte de cet indice de vérité, qui, le plus souvent, sera la vérité même. Il est, d'ailleurs, une qualité des plus précieuses qui milite en faveur de la possession d'état, c'est qu'elle emporte forcément avec elle la preuve de l'identité.

Des considérations spéciales s'opposaient à ce que cette doctrine fût appliquée à la preuve du mariage. Il eût, en effet, été trop facile au concubinage de se légitimer ainsi par sa persistance même, et il était à craindre que la possession d'état d'époux plus facile à usurper que celle d'enfant, puisqu'elle peut commencer à toute époque, ne devînt un moyen d'éluder les divers empêchements qui peuvent s'opposer à une union légale. D'ailleurs les époux eux-mêmes ne peuvent jamais ignorer le lieu où leur mariage a été célébré.

Quant à leurs enfants, lorsqu'ils veulent, après

le décès de leurs parents, établir ce mariage afin de pouvoir recourir ensuite aux diverses preuves de la filiation dont nous traitons ici, la loi prend en considération l'impossibilité dans laquelle ils peuvent se trouver de connaître la commune où la célébration a eu lieu. L'art. 197 institue en leur faveur un moyen spécial de faire la preuve du mariage.

74. — A l'égard de la filiation légitime cette autorité de la possession d'état fut pendant longtemps l'objet de vives controverses; elle finit par être érigée en principe dans l'affaire *Belrien Virasel*, malgré tous les efforts de Cochin qui plaidait pour les adversaires de l'enfant. Mais nous pouvons heureusement opposer à Cochin, Cochin lui-même; car nul autre n'a plus victorieusement démontré la puissance de la possession d'état.

« De toutes les preuves qui assurent l'état des hommes, la plus solide et la moins douteuse est la possession publique. L'état n'étant autre chose que la place que chacun tient dans la société générale et dans la famille, quelle preuve plus décisive peut fixer cette place que la possession publique où l'on est de l'occuper depuis qu'on existe. Les hommes ne se connaissant entre eux que par cette possession, etc. » Enfin, l'art. 320 consacra en ces termes l'autorité de la possession d'état.

« A défaut de titre la possession constante « de l'état d'enfant légitime suffit. »

Au lieu des mots *à défaut de titre* la première rédaction portait : « Si les registres sont perdus ou s'il n'en a point été tenu, la possession constante de l'état d'enfant légitime suffit ».

Comme on le voit, le projet permettait de recourir à la possession d'état pour faire preuve de la filiation, seulement dans les cas où l'art. 46 autorise à prouver soit par témoins, soit par papiers et registres émanés des père et mère décédés, les mariages, naissances et décès. Mais cela ne suffisait pas : on a pu, en effet, négliger d'inscrire l'enfant, ou l'inscrire sous de faux noms, peut-être même a-t-il été régulièrement inscrit sur les registres de l'état civil, mais il ignore le lieu de sa naissance. Pourquoi dans toutes ces hypothèses où aucune faute ne peut lui être reprochée ne pas l'autoriser à invoquer la preuve si concluante de la possession d'état ? C'est ce que fit remarquer le consul Cambacérès (Locré, tom. VI, p. 76 et 77) et une rédaction générale fut substituée, dans l'art. 320, aux termes restrictifs du projet. L'enfant pour appuyer sa filiation sur la possession d'état n'a pas à justifier du motif qui l'empêche de représenter son acte de naissance: c'est à celui qui veut contester son état à produire cet acte et à établir l'identité.

75. — « L'art. 321 détermine ainsi le caractère « de la possession d'état et ses éléments consti- « tutifs :

« La possession d'état s'établit par une « réunion suffisante de faits qui indiquent le « rapport de filiation et de parenté entre un in- « dividu et la famille à laquelle il prétend appar- « tenir.

« Les principaux de ces faits sont :

« Que l'individu a toujours porté le nom du « père auquel il prétend appartenir;

« Que le père l'a traité comme son enfant et « a pourvu en cette qualité à son éducation, « à son entretien et à son établissement;

« Qu'il a été constamment reconnu pour tel « dans la société ;

« Qu'il a été reconnu pour tel dans la fa- « mille. »

Les quatre élémenls de la possession d'état reproduits dans cet article, sont ceux que, depuis longtemps, la doctrine avait coutume d'exprimer par cette formule, *nomen*, *tractatus*, *fama*.

La réunion de ces faits est-elle nécessaire pour prouver la filiation ?

Les orateurs du gouvernement ont formellement déclaré le contraire, et, nulle part, les motifs de cette décision ne sont plus nettement exposés que dans le rapport du tribun Lahary (Locré, t. VI, p. 252). « Déterminer et préciser les seuls faits qui pouvaient constater la possession d'état, c'eût été courir le risque d'en écarter de tellement décisifs qu'on aurait privé l'enfant de tous les secours que la loi lui donne.... C'est dans cette circonstance que la sagesse du juge doit suppléer au silence de la loi ; car il est de principe en législation que les lois ne peuvent prévoir tous les cas et toutes les circonstances. La seule chose que puisse faire le législateur à cet égard, c'est d'éclairer la religion du juge en lui proposant des exemples qui puissent servir comme de modèles à ses jugements. Or, tribuns, l'article dont je vous ai rappelé les termes ne laisse rien à désirer à cet égard, puisqu'il contient l'énumération des *faits principaux* qui peuvent servir à prouver la filiation. Ce n'est donc pas la *seule*, ni même *l'entière réunion* des faits qui établira la possession d'état, etc. » Rien de plus sage que cette doctrine. Les éléments constitutifs de la possession d'état varieront, en effet, suivant les circonstances, suivant la position sociale de la famille, suivant l'âge de l'enfant. Et même, en ce qui regarde les faits prévus par le texte de l'art. 311, ceux auxquels les magistrats devront toujours, s'il est possible, s'attacher de préférence, il est certain qu'ils seront d'autant moins caractérisés, que l'enfant sera plus jeune encore, et qu'on devra, par conséquent, être d'autant moins difficile sur la preuve que le demandeur est tenu d'en fournir. (Cass., 8 janvier 1806, Sirey, 1806, 1, 307; Cass., 35 août 1812, Sirey, 1812, 1, 406; Cass., 19 mai 1830, Sirey, 1830, 1, 216).

76. — Ainsi, l'existence de la possession d'état résultant d'une réunion de circonstances indéterminées, d'une appréciation de faits est jugée souverainement par les Cours impériales, et le jugement qui, après enquête, aurait déclaré la non existence de cette possession, tout en reconnaissant que chacun des faits énumérés par l'art. 321 est bien et valablement prouvé, échapperait encore à la censure de la Cour

de cassation. Il se peut, en effet, que dans cette enquête, à côté des faits prévus par la loi, on ait apporté la preuve de faits d'une autre nature détruisant complétement l'autorité des premiers. Ce sont là des matières dont la Cour de cassation n'a point à connaître, des circonstances qu'elle ne peut apprécier.

Il en serait de même si la Cour impériale avait refusé l'enquête, qu'on lui demandait seulement sur certains des faits prévus par la loi, car, si leur réunion n'est pas nécessaire, rien ne contraint cependant les juges à se contenter de deux ou trois seulement d'entre eux. Celui qu'ils considèrent comme essentiel manque peut-être; il serait donc inutile que les juges autorisassent une enquête sur des faits qui, même en les supposant prouvés, ne suffiraient point à entraîner leur conviction (Cass., 25 août 1812. Sirey, 1812, 1, 406). Mais ce même arrêt, avec raison suivant nous, décide que les juges ne pourraient pas refuser l'enquête qu'on offrirait de faire porter sur chacun des faits indiqués dans l'article 321, car leur concours, s'il était prouvé sans que d'autres faits en vinssent détruire la force, emporterait certainement la possession d'état, et, par suite, la preuve de la filiation.

77. — Il va sans dire que la possession étant un état de fait qui fait présumer l'état de droit, il n'est nullement besoin, pour celui qui l'invoque, de faire une preuve directe sur le droit lui même, nul besoin, par exemple, de prouver préalablement la grossesse ou l'accouchement. Ces faits sont précisément ceux qui sont supposés par la possession. Si l'article 341, relatif à la filiation naturelle, exige la preuve directe de l'accouchement, c'est que dans ce cas la possession d'état aura seulement pour but de prouver l'identité, et non pas la filiation même. D'ailleurs, on conçoit que la loi se montre plus sévère pour la preuve d'un fait exceptionnel et qui entache l'honneur de la mère, que pour celle d'une filiation légitime, d'un fait conforme à la morale et à la loi.

78. — L'article 320 nous dit que pour faire preuve de la filiation la possession d'état doit être *constante*. Il y a deux manières d'entendre cette expression. Elle peut signifier *certaine*, *indiscutable*, comme dans l'article 323, *in fine*, *faits constants*; mais tel, sans aucun doute, n'est pas le sens qu'y attache la loi. Dire que, pour avoir quelque effet, la possession d'état doit être auparavant prouvée, doit exister réellement,

eût été par trop puéril. Ce que le législateur a voulu exprimer par là, c'est que la possession doit être *continue*.

Cette interprétation est confirmée par les termes de l'article 321 qui, au nombre des conditions constitutives de la possession d'état, place celles-ci... Que l'individu ait *toujours* porté le nom du père auquel il prétend appartenir;... qu'il ait été *constamment* reconnu pour tel par la société.

79. — Le caractère le plus essentiel de cette continuité est que la possession d'état remonte à la naissance même de l'enfant. Peut-on prouver qu'elle n'a commencé que plusieurs années, plusieurs mois même après cette époque, ce n'est plus alors une filiation légitime qu'elle fait présumer, mais seulement une adoption dépourvue des garanties dont la loi a pris soin d'entourer cette institution (Demolombe, t. V, n° 209).

80. — Mais lorsqu'il est établi que cette possession a commencé à la naissance de l'enfant, doit-on exiger, de plus, qu'elle n'ait subi aucune interruption. Le sens que nous avons donné à l'expression *possession constante*, semble entraîner une solution affirmative. Nous ne l'appli-

querons cependant pas d'une façon absolue. Sans doute, si les lacunes qui se rencontrent dans la possession sont telles qu'elles détruisent rationellement la présomption ; si, pendant ces interruptions, une possession nouvelle est venue la contredire, les juges devront en repousser l'autorité. Mais c'est là un point de fait qu'eux seuls peuvent examiner et dont ils doivent souverainement connaître. Il n'est pas rare, dans certaines classes de la société, de voir des jeunes gens quitter leurs familles pour aller chercher fortune dans des contrées lointaines, et reparaître après plusieurs années sans avoir jamais donné de leurs nouvelles ; un surnom a remplacé dans l'usage leur nom véritable ; par suite de leur éloignement, les faits constitutifs de la possession d'état ont cessé pendant un certain laps de temps de s'exercer à leur égard, mais aucun fait contraire n'est venu les contredire ; bien plus, la suite un moment interrompue des faits antérieurs s'est renouée après leur retour. Faudra t-il, dans ce cas, repousser la possession d'état ; la Cour de cassation pourra-t-elle, basant sa décision sur l'interruption plus ou moins considérable qui s'est produite dans la possession, casser l'arrêt qui a fait résulter malgré cela de cette possession la preuve de la filiation? Non certes, et si c'est avec raison que législateur a signalé au magistrat la continuité comme caractère essentiel de la possession, nous croyons, cependant, qu'il eût été illogique de poser ainsi une règle immuable dans une matière toute de fait et d'appréciation. En pareil cas, la preuve de la filiation aura été complétement acquise par la possession antérieure au départ de l'enfant. Son éloignement ne pourra lui faire perdre le bénéfice de cette preuve précédemment acquise en sa faveur que s'il a été accompagné de quelques faits destructifs de la possession.

81. — La possession d'état, pour prouver la filialiation légitime, doit-elle être établie à la fois à l'égard de chacun des deux époux, ou peut-on, au contraire, prouver la filiation vis à vis soit du père, soit de la mère, en n'invoquant de faits de possession qu'à l'égard d'un seul d'entre eux?

Les auteurs et la jurisprudence sont d'accord pour exiger la possession à l'égard des deux époux. Existe-t elle vis-à-vis du père seul ou vis-à-vis de la mère seule, elle ne peut avoir aucun effet. M. Bonnier, cependant, tant dans son *Traité des preuves* que dans l'ouvrage fait par lui en collaboration avec MM. Ducauroy et Roustain, soutient la doctrine contraire. Voici ce que nous lisons dans le *Traité des preuves :*

« Les effets de la possession d'état, même en ce qui touche la filiation, sont parfaitement divisibles. Si une femme, en l'absence et à l'*insu* de son mari, traite un enfant comme un fils légitime, bien qu'en fait il ne puisse être légitime que s'il a pour père le mari, la reconnaissance tacite, qui résulte de la conduite de la femme, ne pourra assurer l'état de l'enfant que vis-à-vis d'elle. L'induction puisée dans la possession d'état ne saurait avoir plus de force qu'un aveu formel qui ne lie jamais que celui qui en est l'auteur. » Et plus loin, pour éviter toute équivoque, M. Bonnier, revenant sur les effets du principe qu'il a posé répète : « Que la possession d'état, vis-à-vis de la mère seule, n'emporte pas la preuve de la parternité. »

La cour de Toulouse, dans un arrêt du 4 janvier 1842, semble avoir cherché l'occasion d'affirmer la même doctrine; car, dans l'espèce où elle s'est prononcée, la possession d'état était constante à l'égard des deux époux, ce qui la dispensait de prendre parti sur notre question.

L'arrêt de Toulouse, conséquent avec lui-même, va plus loin que MM. Bonnier et Ducauroy, puisqu'il déclare que la possession ainsi établie à l'égard de la mère seule emporterait, en vertu de l'art. 312, par la seule force de la présomption légale, la preuve de la paternité du mari. Les deux honorables professeurs créent arbitrairement une différence essentielle entre la maternité prouvée d'un côté par l'acte de naissance et la preuve testimoniale (V. n°s 48 et 102), et de l'autre par la possession d'état, puisque, dans ce dernier cas, la présomption légale de l'art. 312 serait, selon eux, sans effet. On aurait ainsi le scandale d'une maternité adultérine légalement prouvée, au moyen d'une action en réclamation d'état, ce qui cependant est expressément prohibé par la loi (art. 335 et 342). Voici les termes de l'arrêt relativement à la difficulté qui nous occupe.

« Attendu, dès lors, que fût-il certain, ainsi que le soutiennent les appelants, que l'enquête ne constatât nullement la possession d'état de la femme Sorbé (la demanderesse), respectivement à Joseph Mainville (le mari), les rapports légaux de celle-ci avec les premiers ne sauraient en recevoir la moindre atteinte, soit parce que les principes du droit les protégent, soit parce que les faits de la cause démentent sur ce point l'assertion des appelants;

« Attendu d'ailleurs et très-surabondamment, que fallût-il admettre que l'enfant dépourvu d'acte de naissance ne peut établir sa filiation à l'aide de la possession d'état, qu'autant que les faits, éléments de cette possession, la constituent tant à l'égard du père qu'à l'égard de la mère; il est certain que, dans la cause, la dame Sorbé satisfait à cette double condition. » (4 juin 1842. Sirey, 1843, II, 507.)

Voici donc deux systèmes, tous deux d'accord sur la question primordiale, et reconnaissant à la possession d'état, qui ne s'est exercée qu'à l'égard de l'un des époux, la force de prouver la filiation à l'égard de cet époux; mais, divisés sur les conséquences qui en découlent.

Pour nous, qui repoussons avec la jurisprudence et la doctrine la première proposition, nous n'avons pas, comme le fait remarquer M. Demolombe, à discuter la seconde et à prendre parti dans le différent qui existe entre MM. Ducauroy et Bonnier d'un côté, et la cour de Toulouse de l'autre. On ne peut, en effet, rechercher si la maternité prouvée contre la femme seule par la possession d'état, entraîne la preuve de la paternité de son mari, qu'autant qu'il est reconnu que la maternité d'une femme peut être établie par une possession d'état à laquelle son mari est resté absolument étranger. Or c'est là, précisément, ce que nous refusons d'admettre. Il n'y a de légitimes que les enfants nés des deux époux; or, comment comprendre qu'on puisse, en fait, avoir à l'égard de l'un d'eux la possession d'enfant *légitime*, sans l'avoir par là même à l'égard de l'autre. Cette situation bizarre ne ferait-elle pas plutôt naître une présomption contraire à la légitimité. Et loin que les textes favorisent cette doctrine d'une possession d'état pouvant n'exister qu'à l'égard de la mère, l'art. 321 semble avoir voulu démontrer la nécessité de l'intervention du père pour donner force légale à l'état de fait, en rapportant directement à lui toutes les circonstances de possession qu'il a prises comme exemple. Nous ne pensons pas qu'on veuille s'appuyer sur cet article, pour soutenir, au pis aller, la validité d'une possession qui ne serait prouvée qu'à l'égard du père. Ici, en effet, la cour de Toulouse ne pourrait faire découler de la paternité du mari la maternité de la femme:

aussi, se verrait-elle enfermée dans l'impasse où se sont déjà placés MM. Bonnier et Ducauroy, en admettant qu'un enfant né pendant le mariage peut être déclaré enfant légitime de l'un des époux et rester étranger à l'autre. Mais, n'y a-t-il pas là une impossibilité légale ? Cette filiation qu'on prétend légitime, n'est-elle pas, par la nature même des choses, adultérine ; ne le reste-t-elle pas, en dépit de toute qualification contraire ? Or, nous l'avons déjà dit, la loi qui n'accorde aucune force à la possession d'état, même à l'égard des enfants naturels simples, prohibe absolument toute recherche ou reconnaissance d'une filiation adultérine. Telle était déjà la doctrine consacrée par la jurisprudence de nos parlements, et nous lisons dans l'ancien Denizart, qu'il faut des relations avec la famille de l'un et de l'autre époux pour qu'on puisse avoir une possession d'état. (Cass., 25 août 1812, Sirey 1812, 1,406 ; Paris, 11 juin 1814 ; Sirey, 1815, 2,17. Marcadé, art. 321, n° 1, Demol., tome V, n° 211. Dal., Alph. : *Patern. et filiat.*, n° 249. Aubry et Rau, t. 4, § 544, note 14.)

82. — Le principe de droit affirmé, nous accordons cependant qu'en fait, les tribunaux

devront se montrer beaucoup moins rigoureux sur la preuve de la possession d'état vis-à-vis du père, dans le cas où elle aura été déjà incontestablement établie à l'égard de la mère, pourvu, toutefois, que les circonstances de la cause expliquent naturellement et la rareté et le peu d'énergie des faits de possession au point de vue de la paternité. Un homme, par exemple, quitte son domicile sans que personne sache où il est allé. Dix années se passent sans qu'on ait entendu parler de lui ; et c'est alors seulement qu'il reparaît ou que parvient aux siens la nouvelle de sa mort. Un enfant d'environ 10 ans se trouve alors auprès de sa femme, jamais il ne l'a traité comme le sien, car il a dû naître après son départ, il n'en a pas même connu l'existence. Mais il a eu à l'égard de sa femme une possession incontestable ; bien plus, il a toujours porté le nom du mari de cette mère présumée, il a toujours été regardé par la société comme l'enfant de ce mari, il a été élevé aux frais de la communauté ; l'administrateur laissé par l'absent a pourvu aux frais de son éducation. Faute d'inscription sur les registres de l'état civil, on ne peut établir au juste la date de sa naissance ; mais, ce qui est certain, c'est qu'à une époque peu éloignée de la disparition du mari, sa famille traitait déjà l'enfant comme l'un de ses membres, ou, tout au moins, si aucune occasion ne s'est présentée d'affirmer cette reconnaissance, elle n'a, en aucune façon protesté contre la situation qui lui était faite. La paternité légitime nous semble ici parfaitement établie, malgré le silence du principal intéressé, qu'expliquent si naturellement son absence, et l'ignorance où il est resté de tous les autres faits concernant sa famille. Il va sans dire que le mari, une fois de retour, pourra, en vertu de la règle, *res inter alios judicata*, etc., intenter une nouvelle contestation d'état et démontrer, soit que la possession n'a jamais existé à son égard, soit que la présomption qui semblait en résulter est démentie par des faits d'une nature différente. Il n'a pas besoin, dans ce cas, de recourir au désaveu, puisque, vis-à-vis de lui, la maternité elle-même n'existe pas.

83. — Si la naissance de l'enfant avait été cachée au père, lors de son retour, nous n'accorderions pas aux tribunaux le droit de reconnaître l'existence de la possession d'état à son égard. Quelque nombreuses et quelque graves

que puissent être, en effet, les circonstances sur lesquelles elle viendrait s'appuyer, le recel suffirait seul pour leur enlever toute valeur, car on ne peut imaginer aucun fait plus destructif de la possession d'état d'enfant légitime, plus contraire à cette continuité dont l'art. 320 fait un de ses caractères essentiels, que cette précaution prise par la femme d'éloigner son enfant lors du retour de son mari, que ces manœuvres imaginées par elle pour lui en cacher la naissance. Qu'importe qu'un enfant ait passé aux yeux de tout un pays pour le fils de tel individu, si celui-ci, aujourd'hui de retour, et que rien n'empêche plus d'exercer à son égard les droits et les devoirs d'un père, ignore jusqu'à son existence. Le recel, à l'égard du père, n'est-il pas, d'ailleurs, destructif de la possession, même en ce qui touche la maternité *légitime*. La seule présomption qui puisse rationnellement naître des circonstances que nous avons supposées, c'est que l'individu, traité par une femme comme son enfant, pendant un certain nombre d'années, l'est bien réellement, mais, aussi, qu'il est adultérin ; car s'il eût été légitime elle n'eût point pris soin d'en dissimuler l'existence à son mari. On peut dire, je le sais, que si la mère a fait disparaître son enfant c'est parce qu'elle connaissait le caractère emporté de son mari, et qu'elle redoutait l'explosion de sa jalousie. Mais cet argument ne suffit pas à nous convaincre. Pour que la possession puisse prouver la filiation, il faut que l'état de fait qu'elle engendre emporte avec lui une présomption qui s'élève presque jusqu'à la certitude, et non pas qu'elle permette seulement d'expliquer dans le sens de la légitimé des faits qui, au premier abord, paraissent lui être contraires.

MM. Dalloz, dans leur Répertoire alphabétique (v° *Paternité et Filiat.*, n° 249, *in Fine*), prétendent que l'opinion contraire se trouve consacrée par un arrêt de la Cour de Paris du 19 juin 1826, affaire Paulard (V. Dalloz, v° *Patern., et Filiat.* n° 34). D'après ces honorables jurisconsultes, la Cour de Paris constatant que, dans l'espèce, la naissance de l'enfant avait été cachée au père lors de son retour, aurait néanmoins reconnu l'existence de la possession, non pas, à la vérité, pour en faire ressortir la preuve de l'état puisqu'il y avait un acte de naissance, mais pour déclarer (et la portée de l'arrêt eût été la même) cet état inattaquable par suite de la conformité du titre avec la possession. C'est là se méprendre sur le sens de l'arrêt, d'ailleurs fort obscur, du 19 juin 1826. Il statue, en effet, sur une action en désaveu intentée par la fille et unique héritière du mari. Elle le fondait sur l'impossibilité physique de cohabitation au moment de la conception (art. 312). Afin de prouver que le mari, bien qu'il eût vécu plusieurs années depuis la naissance de l'enfant, était encore, au moment de la mort, dans les délais voulus pour intenter lui-même l'action (art. 316, 317), la demanderesse cherchait à établir le recel ; mais la cour déclara que ni l'impossibilité de cohabitation ni le recel n'étaient suffisamment prouvés, « considérant que les faits ar- « ticulés sont insuffisants pour prouver que la « naissance ait été cachée, et n'établiraient pas « l'impossibilité physique de cohabitation, ou « l'adultère de la femme. » Il y avait donc là deux motifs, dont chacun suffisait pour faire rejeter la demande. En premier lieu, point d'impossibilité de cohabitation : et, en supposant même que cette impossibilité eût réellement existé, comme il n'y avait point eu de recel, les délais pendant lesquels le père eût pu agir étaient écoulés depuis longtemps au moment de son décès : il était donc mort dépouillé de son action, et n'avait pu, par conséquent, la transmette à son héritière. Aussi ne s'explique-t-on pas comment, au lieu de s'en tenir à cette argumentation si simple, l'arrêt parle de titre joint à la possession (*titre et possession*). Quoi qu'il en soit, l'arrêt n'a point, comme le prétendent MM. Dalloz, reconnu l'existence de la possession d'état malgré le recel, puisqu'il affirme, au contraire, que la naissance n'a point été cachée au mari.

84. — La loi n'ayant fixé aucune règle spéciale pour la preuve de chacun des faits dont la réunion constitue la possession d'état, on peut, par conséquent, les prouver par tous les moyens que le hasard vient offrir, et selon les principes du droit commun. Vainement voudrait-on appliquer ici la disposition de l'art. 323 relative aux enquêtes sur la filiation même, et n'admettre la preuve testimoniale que si un commencement de preuve par écrit ou de graves présomptions ont déjà rendu probable le fait avancé. Pas plus que le texte de la loi, les motifs qui l'ont dicté ne permettent cette extension. L'art. 323 n'exige de telles garanties qu'à défaut de *titre et de possession d'état*, que dans les cas où

l'on est contraint de recourir au troisième mode de preuve, tandis qu'ici, au contraire, nous invoquons le second, qui est régi par des règles spéciales et qui, pour être mis en œuvre, n'a besoin de rien emprunter aux dispositions qui l'environnent. Nous ne demandons pas, comme dans l'hypothèse prévue par l'art. 323, à prouver directement l'accouchement, puis l'identité, nous cherchons à faire résulter la filiation de faits d'une nature toute différente qui la rendent seulement probable. Comment, d'ailleurs, rapporter un commencement de preuve par écrit de ce fait, que le réclamant a toujours été considéré *par la société* comme l'enfant de tels individus? Comment concevoir sur ce point un écrit émanant de l'adversaire? Sur les autres faits constitutifs de la possession d'état, la production d'un commencement de preuve par écrit deviendrait certainement *possible*, mais il n'est pas moins vrai que l'exiger serait rendre presque impraticable la preuve de la possession d'état. Remarquons enfin que les faits que nous demandons à établir sont des plus simples. Nous nous bornons à rechercher si les rapports qui se sont produits entre deux époux et un enfant sont ceux qui auraient dû exister réellement si ces divers individus eussent été liés entre eux par des rapports de filiation. Les faits sur lesquels portera la démonstration seront nécessairement multiples, aucun d'eux ne saurait, à lui seul, entraîner la conviction du juge, tous, au contraire, s'éclairent et se soutiennent mutuellement, chacun d'eux démontré fait naître à l'égard des autres cette probabilité que l'art. 323 exige avec tant de raison pour diminuer les dangers de la preuve testimoniale. (Bonnier, *Traité des preuves,* n° 133, Demolombe, tome V, n° 212; Dalloz, Alph : v° *Patern. et Filiat.*, n° 250; Aubry et Rau, tome IV, § 544; Pau, 9 mai 1829. Sirey, 30, 2, 57; Toulouse, 4 juin 1842; Sirey, 43, 2, 507, D.P, 43, 2, 49.) Il va sans dire, cependant, que les juges ne sont point tenus d'admettre la preuve testimoniale, par cela seul que les partis la demandent. Ils la refuseront si les faits sur lesquels elle doit porter ne peuvent avoir aucune influence sur la décision de la cause, ou si la lumière leur semble suffisamment faite. Dans tous les cas leur décision est souveraine.

Il est nécessaire de déroger ici à la règle posée par l'art. 283 du Code de procédure, et de tenir compte des dépositions faites par les parents, même les plus proches des parties. Plus que tous autres, et seuls peut-être ils sont en position d'éclairer la justice sur les faits qu'elle a intérêt à connaître (V. supra n° 69).

85. — Il va sans dire que l'adversaire a toute liberté pour contester chacun des faits qui lui sont opposés par le réclamant. La preuve en est-elle définitivement faite contre lui, il peut encore établir, par tous les moyens, des faits d'un ordre différent dans le but de restreindre la portée de ceux à propos desquels il a succombé. Il peut couper court à tout débat en prouvant, de prime abord, que l'enfant a toujours joui d'une possession certaine et incompatible avec celle à laquelle il prétend aujourd'hui.

86. — Supposons maintenant la possession d'état parfaitement établie et indiscutable, emportera-t-elle *nécessairement* la preuve de la filiation? Nous savons déjà que la production d'un acte de naissance enlève tout effet à la possession d'état qui lui est contraire. Le titre vient en première ligne dans la série des preuves, et, tant que la fausseté de ses énonciations n'a pas été démontrée, il l'emporte sur la possession d'état. Elle ne produit d'effet qu'à défaut de

titre, l'art. 320 est formel à cet égard. Et d'ailleurs, lors même qu'elle n'est point contredite par un acte de naissance, la possession d'état qui n'engendre jamais qu'une présomption doit nécessairement céder devant la preuve contraire (arg. de l'art. 322). « Quoi qu'il ne soit « guère probable, dit M. Demolombe, qu'un « mari et une femme élèvent constamment « comme leur enfant un individu étranger, le « fait n'est pas néanmoins impossible, et la loi « a dû réserver à tous les intéressés la faculté « de prouver que la possession d'état dont on se « prévaut contre eux est usurpée et mensonge « gère. » L'un des moyens qui viendrait contredire le plus efficacement la présomption tirée de la possession d'état, consisterait à démontrer que les époux dont le réclamant se prétend issu n'ont jamais eu d'enfant, et que sa mère prétendue n'est jamais accouchée. Bien qu'en effet la preuve tirée de la possession d'état ne porte nullement sur l'accouchement, on ne pourrait cependant, sans choquer le bon sens, déclarer un individu né d'une femme qui n'est jamais accouchée. On ferait également tomber la présomption de filiation légitime, en établissant, conformément aux articles 323 et 324, que le réclamant est né d'une femme autre que celle à laquelle il prétend appartenir. On pourrait, de même, sans opposer une preuve contraire à la présomption, lui faire cependant perdre toute sa force, en expliquant par des circonstances exceptionnelles les faits prouvés de possession d'état. (Proudhon, t. 2, p. 84 et 85; Marcadé sur les art. 320 et 321, n° 2. Demolombe, t. V, n° 216; Aubry et Rau, t. 4, § 544, note 19.)

87. — Un individu, nous le supposons, a possession d'état d'enfant légitime vis-à-vis de deux époux; mais, dans une action en contestation d'état intentée contre lui, son adversaire parvient à établir que le mariage de ceux qui passent dans le monde pour ses parents est postérieur à sa naissance. Cette preuve suffit incontestablement pour faire triompher le demandeur en contestation d'état. Quelle présomption engendrait, en effet, la possession d'état? N'est-ce pas que l'enfant avait dû naître du mariage des époux qu'on avait vu prendre soin de lui, et dont il portait le nom? Mais cette présomption est détruite; il était né avant leur mariage : donc il ne saurait être légitime. Sera-t-il légitimé! Non, sans doute, car aux termes de l'art. 321, le bienfait de la légitimation ne

profite qu'aux enfants reconnus par acte authentique avant le mariage de leurs parents, ou dont la reconnaissance est constatée dans l'acte même de célébration. Si une pareille reconnaissance eût été faite au profit de l'individu qui nous occupe, c'est elle et non pas sa possession d'état qu'il invoquerait à l'appui de sa filiation.

Nous n'avons pas à rechercher ici si la possession d'état a eu au moins pour effet, dans les circonstances que nous avons supposées, de prouver la filiation naturelle : cette question sortirait du cadre de notre travail. Mais nous avons déjà dit, qu'à notre avis, la loi n'offrait, pour arriver à la preuve d'une telle filiation d'autres moyens que la reconnaissance et la constatation judiciaire.

88. — La plupart des commentateurs assimilent le cas où tous les enfants nés du mariage des deux époux sont morts, au cas où les époux n'ont jamais eu d'enfants. Dans ces deux hypothèses, disent-ils, la possession d'état, même prouvée incontestablement, n'engendre pas présomption légale de la filiation possédée, ou plutôt cette présomption est détruite par la preuve contraire. (Toullier, tome II, n° 880.

Marcadé sur les art. 320 et 321, n° 2. Demol., t. V, n° 216. Aubry et Rau, t. 4, § 544, note 19.) Je comprends fort bien qu'il en soit ainsi dans le cas où il est prouvé que les époux n'ont jamais eu d'enfants, car les apparences, quelque positives qu'elles soient, sont nécessairement trompeuses ; le réclamant ne peut être né d'une femme qui n'est jamais accouchée. Mais qu'importe les actes de décès des deux ou trois enfants dont la naissance avait été constatée sur les registres de l'état civil ? La présomption qui naît de la possession d'état, reste tout entière en faveur du défendeur à la contestation. Sans doute ses frères, pour lesquels on avait dressé des actes de naissance sont morts. Pour lui qui est né soit avant, soit après eux, on a négligé cette précaution, mais ses parents l'ont toujours traité comme leur enfant, la société n'a jamais douté de son état, sa filiation est donc assurée ainsi que le veut la loi. Il n'existe, en effet, aucun moyen de s'assurer que les enfants morts aujourd'hui, et dont chacun a connu la naissance, sont les seuls qu'aient jamais eus les époux. Pour celui qui est en cause, nul ne sait quand il est né ; néanmoins, jusqu'à preuve contraire, la loi tient pour certain qu'il est issu des deux époux. Le but du législateur est précisément d'assurer par le moyen de la possession. et sans qu'on ait besoin de rechercher l'accouchement, l'état des enfants qui tenteraient peut-être vainement de s'en procurer une preuve directe. Qu'on me montre la disposition qui restreint ce bénéfice aux seuls individus dont la possession d'état s'est exercée à l'égard d'un homme et d'une femme n'ayant jamais eu d'enfants connus. Car c'est à cette distinction insoutenable que conduit forcément la doctrine que je repousse. D'après elle, deux époux qui ont déjà eu un enfant et qui ont eu le malheur de le perdre seraient, par là même, incapables de conférer par leurs actes à un autre enfant le bénéfice de la possession d'état. MM. Toullier, Demolombe, Aubry et Rau, citent à l'appui de leur opinion un arrêt de la Cour de cassation du 2 mars 1809 qui serait rapporté dans Sirey, 1809, 1,300. Nous nous sommes reporté à cet arrêt rendu par la chambre criminelle, mais nous n'y avons rien vu qui eût trait à notre question. Il consacre simplement le principe posé par l'art. 328 C. N, d'après lequel l'action criminelle contre un délit de suppression d'état ne peut commencer qu'après le jugement définitif sur la question d'état.

Les commentateurs auraient-ils voulu dire que le défendeur à la contestation d'état est irrecevable à argumenter de la possession d'état, lorsque ses adversaires établissent le décès de tous les enfants des époux, même de *tous ceux* qui, n'ayant pas d'acte de naissance, étaient connus par la possession d'état qui les rattachait à ces époux? Je ne puis croire à une pareille naïveté de la part de tels jurisconsultes. Il est bien certain que je ne puis me prévaloir de la possession d'état acquise par un individu aujourd'hui décédé. Il va sans dire que pour invoquer une possession d'état la première condition est d'établir qu'on est bien l'individu à l'égard duquel la possession s'est exercée; preuve qui se fera d'ailleurs presque toujours par la possession elle-même. Dans toutes ces matières, la question d'identité est nécessairement préjudicielle.

89. — La possession d'état prouve complétement *la filiation*, mais non la légitimité. Il faut même, nous le savons, que la légitimité soit déjà établie pour qu'on puisse être admis à invoquer la possession d'état, ou l'un des deux autres modes de preuve réglés par le chap. II du titre VII du Code Napoléon; c'est-à-dire

qu'avant toute chose on doit établir le mariage de l'homme et de la femme dont on se dit issu, de telle sorte que la filiation à laquelle on prétend soit forcément légitime si l'on triomphe devant les tribunaux.

Il n'est pas, cependant, inutile de remarquer que dans l'hypothèse réglée par l'art. 197, la possession d'état qui fera plus tard preuve de la filiation, aide auparavant les enfants en faveur desquels elle existe à prouver le mariage des individus aujourd'hui décédés qu'ils se donnent pour père et pour mère. Ainsi la possession d'état d'enfant légitime *contribue*, dans ce cas, à prouver la légitimité qui, à son tour, lui permettra d'établir la filiation.

CHAPITRE IV.

DE LA RÉUNION DU TITRE ET DE LA POSSESSION D'ÉTAT.

Sommaire.

90. — On peut détruire par la preuve contraire l'autorité de l'acte de naissance ou de la possession d'état pris isolément.

91. — Lors, au contraire, que le titre et la possession d'état se réunissent pour assigner une même filiation à un individu, leur autorité ne peut pas être contestée.

92. — A quelles conditions cette force probante existe-t-elle ?

93. — *Quid*, si on demande à prouver que l'enfant qui a joui de la possession d'état n'est pas celui pour lequel l'acte

de naissance a été dressé; qu'il lui a été, postérieurement à la rédaction de cet acte, substitué chez sa nourrice?

94. — *Quid*, si on demande à prouver que la substitution d'enfant a été faite avant la rédaction de l'acte?

95. — On peut prouver que l'acte de naissance a été falsifié depuis sa rédaction pour le rendre après coup conforme à la possession d'état.

96. — On ne peut prouver, au contraire, qu'une mention fausse a été frauduleusement insérée dans l'acte lors de sa rédaction.

97. — Cet article est inapplicable à la contestation qui porte seulement sur le nom patronymique.

98. — Il est également inapplicable, lorsque la légitimité seule est contestée.

99. — Il est encore inapplicable au désaveu. – C'est à tort qu'on a contesté l'intérêt de la question.

100. — On ne pourrait pas davantage l'appliquer à la contestation de légitimité.

90. — Nous avons vu que la preuve tirée soit de l'acte de naissance, soit de la possession isolée, n'était irréfragable ni activement, ni passivement.

Ainsi, celui dont l'état est constaté uniquement par un acte de naissance peut, en l'attaquant, et en établissant la fausseté de ses énonciations, se faire reconnaître par les tribunaux une filiation différente de celle que cet acte lui attribue; de même aussi, toute personne intéressée peut, par le même moyen, contester l'état dont l'acte forme l'unique preuve. Pour arriver à ce résultat, on devra, suivant les distinctions que nous avons fait connaître (nos 50 et suiv.), tantôt recourir à l'inscription de faux, tantôt seulement se conformer aux règles établies dans les articles 323 et 324 du Code Napoléon.

Les choses se passent d'une façon identique à l'égard de la possession d'état prise isolément. Je puis, au moyen de la preuve testimoniale, répudier l'état que je possède et réclamer une filiation différente.

Je puis, après avoir prouvé mon identité, anéantir par la seule exhibition d'un acte de naissance toute l'autorité de ma possession d'état. Ce que je puis faire en ma faveur, un autre le peut également contre moi, il peut, en se fondant sur les art. 319, 323 et 324, contester l'état dont je suis en possession.

91. — Bien différents sont les effets du titre et de la possession réunis ; la preuve alors est irréfragable activement et passivement.

« Nul, dit l'art. 322, ne peut réclamer un « état contraire à celui que lui donnent son « titre de naissance et la possession d'état con- « forme à ce titre;

« Et réciproquement, nul ne peut contester « l'état de celui qui a une possession conforme » à son titre de naissance. »

Que la présomption absolue de la loi soit toujours conforme à la vérité, et que l'accord du titre et de la possession d'état ne puisse jamais se trouver en défaut, c'est ce que nous ne voudrions pas soutenir. Sans doute, il n'est pas impossible qu'un mari parvienne à se procurer en secret un enfant nouveau-né et à le faire inscrire, comme né de sa femme, sur les registres de l'état civil. L'élevant ensuite pendant un certain nombre d'années, les deux époux peuvent lui donner une parfaite possession d'état. Mais la réunion de ces circonstances ne sera jamais qu'exceptionnelle, et, en dépit de leur possibilité, la loi a sagement agi lorsqu'elle en a défendu la preuve soit contre l'enfant, soit même dans son intérêt.

Fallait-il donc, afin de parer à l'éventualité si problématique de quelques droits méconnus, donner à des intrigants audacieux libre champ pour troubler la sécurité des familles, et mettre en question l'état de chacun? Quelle autorité n'emporte pas d'ailleurs cette réunion de la preuve primitive et naturelle de la filiation avec la preuve organisée spécialement par le législateur. Tandis que, seule, l'une d'elle eût suffi pour constater l'état, les éléments de conviction propres à chacune des deux viennent ici converger vers une même solution. Si ce n'est point encore la certitude, comment en approcher davantage! « Aussi, dit M. Demolombe, « déjà dans notre ancienne jurisprudence, vers « le commencement du XVIIIe siècle, cette maxime « avait-elle fini par prévaloir (voy. le 102e plaidoyer de Cochin); et si des exemples trop « célèbres l'ont quelquefois démentie, si *Marie* « *Aurore* a bien pu se faire déclarer fille adul- « térine du Maréchal de Saxe, malgré son acte « de naissance et sa possession d'état qui lui « attribuaient une filiation légitime, c'est que la « règle, alors purement doctrinale, n'avait pas « été législativement consacrée, et qu'il arrivait « là, ce que par malheur on put trop souvent « constater dans l'histoire judiciaire de ce « temps, que les grands noms et les hautes « puissances profitaient scandaleusement parfois « de ces indécisions de la doctrine. »(Voy Nouv. Denizart.) (Quest. d'Etat).

92. — Pour que notre art. 322 puisse être appliqué, et que l'état de l'enfant soit à l'abri de toute contestation venant de l'extérieur, aussi bien que toute répudiation de sa part, il doit prouver ou l'on doit prouver contre lui deux choses :

1° Qu'il a eu à l'égard de *Primus* et de *Prima* régulièrement mariés, possession d'état d'enfant légitime;

2° Qu'il est bien l'enfant inscrit à une certaine date sur les registres de l'état civil, comme né de ce même *Primus* et de cette même *Prima.*

En un mot, que c'est bien sur sa propre tête que sont réunies les diverses conditions exigées par les art. 319 et 320.

93. - Ainsi, on pourrait très-bien contester la filiation de *Pierre*, malgré la possession qu'il a prouvée à l'égard de Primus et de Prima, malgré l'acte de naissance qu'il produit, et aux termes duquel un enfant qui aurait aujourd'hui son âge est inscrit sous le nom de *Pierre*, comme né du mariage de *Primus* et de *Prima*. Pour cela il suffit de soutenir que le prétendu *Pierre* à l'égard duquel la possession d'état s'est exercée, n'est pas le même que l'enfant inscrit sous le nom de *Pierre* et dont l'acte de naissance est représenté. On peut supposer, par exemple, que le véritable *Pierre* est mort peu de jours après la rédaction de l'acte de naissance, et que l'enfant vis-à-vis duquel la possession d'état s'est toujours exercée, lui a été substitué clandestinement chez sa nourrice. Les conclu-

sions, en effet, tendent à établir que l'acte de naissance n'est point conforme à la possession d'état, que les preuves et présomptions qu'ils fournissent ne convergent pas sur la même tête, et qu'en définitive l'individu à l'égard duquel la possession s'est exercée n'est pas celui dont la filiation a été constatée sur les registres de l'état civil. C'est là purement et simplement une question d'identité. (Demolombe, t. v, nº 223.)

94. — Veut-on établir, au contraire, que la substitution d'enfant, ou la supposition de part a eu lieu avant la rédaction de l'acte de naissance? La preuve est alors irrecevable, et la filiation reste à l'abri de toute atteinte.

Nous sommes, en effet, dans l'hypothèse prévue par l'art. 322, et les conditions qu'il exige se trouvent réunies. L'individu a possession d'état, nul ne le conteste; on reconnaît, de plus, que c'est bien pour lui qu'a été dressé l'acte de naissance conforme à cette possesion. Dès lors l'identité est, de tous points, établie et les deux preuves, selon le vœu de la loi, sont réunies sur la même tête. Qu'importe la supposition ou la substition de part que vous prétendez avoir eu lieu avant que l'enfant ait été présenté à l'officier de l'état civil! Si le législateur a édicté l'art. 322, c'est précisément pour éviter toute contestation, dont la preuve eût offert à la société plus de dangers qu'elle ne lui eût rendu de services. (Demolombe, t. 5, n° 224; Aubry et Rau, t. 4, p. 557 et 558; Bordeaux 4 août 1857; Sirey, 58, 2, 202.) Ainsi la réclamation d'état est possible toutes les fois qu'elle met préalablement en jeu une question d'identité. Voilà la règle; mais l'application en est le plus souvent fort délicate.

95. — On peut, croyons-nous, prouver que l'acte de naissance a été falsifié depuis sa rédaction pour le rendre, après coup, conforme à la possession d'état de l'enfant. Ce qui fait la difficulté de cette hypothèse, c'est qu'il y a conformité matérielle entre la possession d'état et ce qui passe pour l'acte de naissance. Mais devons-nous tenir compte des altérations frauduleusement effectuées? Ne devons-nous pas, au contraire, nous attacher uniquement aux énonciations primitives, à celles qui constituent le véritable acte de naissance et qui, celles-là, n'étaient nullement conformes à la possession d'état invoquée? Qu'importent les altérations survenues depuis lors; qu'importe la conformité des énonciations nouvelles avec la possession d'état! les énonciations ne sont point l'acte de

naissance; elles ont, au contraire, faussé cet acte. Singulière doctrine qui s'inclinerait respectueusement devant un acte falsifié, qui en préférerait les énonciations mensongères à celles qui, jadis, ont été inscrites avec toutes les garanties de sincérité exigées par la loi, qui donnerait enfin une prime à la fraude, en assurant d'avance au faussaire le succès de ses coupables manœuvres, le dispensant même de la peine d'en dissimuler les traces! (Valette sur Proudhon, t. 2, p. 85, note B; Bonnier, *Traité des Preuves*, n° 136; Demolombe, t. 5, n° 225; Aubry et Rau, t. 4.)

96. — Il ne faudrait pas croire, cependant, qu'on puisse toujours, au moyen de l'inscription de faux, détruire la conformité de l'acte de naissance et de la possession d'état. Lorsqu'au lieu d'une altération matérielle on invoque l'inexactitude d'une mention frauduleusement insérée dans l'acte pendant sa rédaction, la preuve cesse d'être possible. On convient, en effet, que, dès le principe, l'acte de naissance a été dressé pour l'individu sur la filiation duquel porte le débat, et que sa rédaction, telle qu'elle a été faite alors, se trouve conforme à la possession d'état dont cet individu a toujours

joui depuis lors. La loi défend qu'on examine rien de plus.

Ainsi l'enfant inscrit sous de faux noms et dont la possession d'état est conforme à l'acte de naissance, ne peut pas plus réclamer une filiation différente qu'on ne peut lui contester celle qu'il possède.

M. Maleville a contredit cette solution. L'art. 323 restreint, selon lui, la disposition de l'art. 322, dont la rédaction trop large aurait, prétend-il, dépassé l'intention du législateur. Cette interprétation n'a pas prévalu. Si l'art. 323 donne à l'enfant inscrit sous de faux noms la ressource de la preuve testimoniale, c'est seulement dans le cas où l'acte de naissance n'est point confirmé par la possession. Dans le système de M. Maleville, l'art. 322 n'est qu'un non-sens législatif puisqu'on n'en trouve plus aucune application. (Demolombe t. 5, n° 226, Aubry et Rau, t. 4, § 544).

97. — Un arrêt de la Cour royale de la Martinique du 11 février 1836, contre lequel on s'est vainement pourvu en cassation (D P, 41, 1, 210), décide qu'on peut, sans soulever une question régie par l'art. 322, ni par aucun des articles de notre chapitre, contester à des enfants, le droit de porter un nom patronymique qui leur a été indûment attribué par

leur acte de naissance. Le nom, en effet, bien qu'il en soit l'un des éléments principaux, est distinct de l'état, et ne doit pas être confondu avec lui. Il constitue plutôt une sorte de propriété *sui generis* régie par des règles spéciales.

98. — Plusieurs fois déjà nous avons fait remarquer la différence qui existe entre la preuve de la légitimité et la preuve de la filiation ; cette dernière ne devenant possible, d'après les règles tracées par les articles 319 à 323, que si la légitimité a été préalablement prouvée. C'est donc à tort que la Cour de Montpellier (2 mars 1832 Sirey, 32, 2, 610), applique à la contestation de légitimité l'art. 322, et rejette la preuve tendant à établir que les père et mère d'un individu n'ont jamais été mariés, en se fondant sur le concours de son acte de naissance et de sa possession d'état, qui tous deux le présentent comme enfant légitime. (Val. s. Proudh., t, 2 p. 85, note *b* ; Bonnier, *Traité des preuves*, n° 137 ; Demol. t. 5, n° 229 ; Agen 19 janv. 1864, D. P, 62,2. 16).

99. — Nous admettons également avec Zachariæ, que le concours de l'acte de naissance et de la possession d'état ne fait point obstacle à l'exercice du désaveu. Cette action est en effet une contestation d'état d'un genre particulier, diffé-

rent et par ses motifs, et par les résultats de l'action proprementdite en contestationd'état, la seule dont l'art. 322 ait pu s'occuper. Cet article, en effet, est compris dans le chap. II du titre VII, lequel est conçu dans un tout autre ordre d'idées que le chapitre 1er, qui seul s'occupe du désaveu. Dans la contestation d'état, ce qu'on attaque pour renverser la preuve de la filiation, c'est la maternité : ici, au contraire, on reconnaît la maternité ; le jugement prononçant le désaveu, la consacre même définitivement, il déclare seulement que l'enfant n'est pas né des œuvres du mari.

MM. Marcadé, Demolombe et Dalloz ne contestent pas cette solution. Mais la controverse serait, selon eux, puérile, la question ne pouvant, dans aucun cas, être soulevée. Le désaveu, disent-ils, ne peut être exercé que dans les deux mois à partir du jour où le mari a connu la naissance de l'enfant. Comment comprendre, dès lors, qu'on puisse jamais opposer, du fait de cet enfant, une possession d'état ! La possession exigée par l'art. 323 est, en effet, la même que celle dont parlent les art. 320 et 321, et nous savons qu'elle ne peut produire d'effet que si elle existe à l'égard du père aussi bien qu'à l'égard de la mère (*supra*, n° 81).

Il est cependant, à notre avis, une hypothèse dans laquelle la question devrait être soulevée.

Nous avons admis (*v. supra*, n° 82) que, dans certaines circonstances, un enfant pouvait avoir possession d'état vis-à-vis du mari de sa mère sans l'intervention de celui-ci, pourvu d'ailleurs que son abstention fût suffisamment motivée par les faits de la cause, et que toutes les autres circonstances indiquées par l'art. 321, comme constituant la possession d'état, fussent aussi parfaitement établies. Ainsi, pour nous servir d'un exemple déjà employé à cette occasion, Pierre quitte son domicile sans que personne sache vers quelle contrée il s'est dirigé. Peu de temps après son départ, sa femme accouche, et l'enfant est inscrit sur les registres de l'état civil comme né d'elle et de son mari. Quelques années plus tard, on reçoit une lettre de Pierre qui ne donne pas d'indications suffisantes pour que la réponse puisse lui parvenir ; il ignore encore l'accouchement de sa femme, bien que celle-ci n'ait pas cherché à le dissimuler, bien qu'elle prétende même s'être efforcée, par tous les moyens, de le lui faire connaître. Cependant, conformément à son acte de naissance, l'enfant est élevé comme fils légitime, il est reconnu pour tel par la société, il est traité comme tel par la famille de Pierre lui-même. Plusieurs années s'écoulent encore, et des nouvelles de l'absent, annonçant cette fois sa mort, parviennent de nouveau à la famille. L'enfant veut alors se mettre en possession de la fortune de Pierre, mais les proches parents de celui-ci, changeant tout à coup d'attitude, demandent à prouver, conformément aux articles 312 et 317, qu'il s'est écoulé plus de 300 jours entre le départ de Pierre et la naissance de son prétendu fils. Bien qu'il y ait ici, selon nous, concours du titre et de la *possession d'état*, nous autoriserions néanmoins le désaveu.

100.—Même solution pour la contestation de légitimité, prévue par l'art. 315. Remarquons, en passant, que cette action étant distincte du désaveu, ne tombe point sous le coup des délais de rigueur fixés par les art. 316 et 317. Nous devons en décider ainsi malgré les mots « *pour contester la légitimité de l'enfant*, » qui ont été insérés à tort dans l'art. 317, et qui signifient évidemment « pour exercer l'action en désaveu « que le mari leur a transmise, et qu'il eût peut-« être exercée s'il eût vécu. »

CHAPITRE V.

DE LA PREUVE TESTIMONIALE.

Sommaire.

101. — L'enquête est le troisième et dernier moyen de prouver la filiation. — Division du sujet.

§ 1er. — *Des cas dans lesquels on peut recourir à la preuve testimoniale.*

102. — On peut prouver sa filiation par enquête dans quatre hypothèses différentes.

103. — *Quid*, lorsque l'enfant veut faire rectifier, dans le sens de sa possession d'état, son acte de naissance qui lui attribue une filiation différente de celle qu'il possède?

104. — Le réclamant n'a ni titre ni possession. — Doit-on, pour admettre dans ce cas la preuve testimoniale, cumuler les conditions imposées par les art. 46 et 323 du Code Napoléon ; ou ne doit-on pas plutôt considérer ces deux textes comme visant des hypothèses différentes et formant des dispositions indépendantes l'une de l'autre?

105. — Suite.

106. — Suite. — Les art. 46 et 323 sont, en effet, de tous points indépendants l'un de l'autre. — Résumé des trois opinions en présence.

107. — Dans l'hypothèse prévue par l'art. 46, les tribunaux peuvent-ils refuser l'enquête ? — Peuvent-ils la subordonner à certaines conditions fixées par eux? — Lien de cette question avec la question précédente.

108. — Suite.

109. — Suite.

110. — Dans le cas de perte ou d'inexistence des registres, les art. 46 et 1353 combinés, n'autorisent pas à invoquer les présomptions de l'homme comme preuve de la filiation. — On doit se borner aux registres et papiers *émanés des père et mère décédés.* L'art. 46 proscrit l'usage de tous autres actes.

111. — Suite.

112. — Les père et mère défendeurs à la réclamation d'état peuvent-ils être, dans ce cas, assimilés aux père et mère décédés?

113. — Les père et mère pourraient-ils être entendus comme témoins?

114. — L'enfant inscrit sur les registres de l'état civil comme né de père et mère inconnus n'a pas besoin, lorsqu'il réclame une filiation quelconque, de prouver préalablement la fausseté de cette mention.

115. — Même solution à l'égard de l'enfant inscrit sous de faux noms. Qu'il prouve qu'une filiation différente lui appartient, il aura, par là même, prouvé la fausseté de l'inscription.

116. — On peut recourir à la preuve testimoniale lorsqu'on a une possession d'état contraire à l'état qu'on réclame.

117. — On peut encore y recourir lorsqu'on réclame une filiation différente de celle que vous attribuent votre acte de naissance et votre possession non conformes entre eux.

§ 2. — *Des conditions auxquelles la loi subordonne l'exercice de la preuve testimoniale.*

118. — L'art. 323 déroge au droit commmun en matière de preuve testimoniale. — Il y déroge à plusieurs points de vue.

119. — L'art. 324 déroge aussi au droit commun en ce qui touche les caractères constitutifs du commencement de preuve par écrit.

120. — Conditions que doivent remplir le commencement de preuve par écrit et les présomptions graves, pour donner ouverture à la preuve testimoniale.

121. — A. *Caractères juridiques nécessaires.* — L'art. 324 donne une énumération limitative des personnes de qui émane le commencement de preuve par écrit.

122. — Examen de quelques arrêts rendus sur ce point.

123. — Un acte de naissance irrégulier peut servir de commencement de preuve s'il a été rédigé sur la déclaration d'une personne comprise dans l'énumération de l'art. 324.

124. — Les lettres missives peuvent servir de commencement de preuve par écrit.

125. — Un acte sous seing privé peut servir de commencement de preuve par écrit, bien qu'il soit contesté. On devra seulement, dans ce cas, procéder à une vérification d'écriture.

126. — Les actes produits à titre de commencement de preuve par écrit n'ont pas besoin d'être signés.

127. — On ne peut, même en matière de filiation, se servir de lettres missives contrairement à la volonté du destinataire, ou du dépositaire de ces lettres.

128. — On peut s'en servir malgré leur auteur.

129. — Un acte de notoriété peut-il servir de commencement de preuve par écrit? — Peut-il constater l'existence de présomptions graves dans le sens de l'art. 323?

130. — L'art. 323 n'est-il pas, sous un certain rapport, plus favorable que l'art. 46 à la preuve de la filiation?

131. — L'auteur du commencement de preuve par écrit doit avoir dans l'instance un intérêt contraire à celui du réclamant.

132. — Le réclamant peut, au moyen d'un interrogatoire sur faits et articles, obtenir de son adversaire un aveu quilui servira de commencement de preuve par écrit.

133. — Caractères juridiques nécessaires pour que les présomptions puissent donner ouverture à la preuve testimoniale. Les faits desquels elles résultent, doivent être dès lors constants. Quelle est la portée de cette expression?

134. — Suite.

135. — La preuve testimoniale peut-elle, par exception, être admise à propos de ces faits?

136. — Suite.

137. — Cependant, au dire de tous, une possession d'état incomplète, dont les éléments ont été établis par enquête, peut donner ouverture sur le fond à la preuve testimoniale.

138. — Pour donner ouverture à l'enquête, il suffit que la possession d'état se soit exercée vis-à-vis de la mère.

139. — Il faut que le commencement de preuve par écrit ou les présomptions graves fassent naître en faveur de la filiation prétendue un degré de probabilité suffisant. — Les tribunaux décident souverainement de cette circonstance. — Il suffit que celui duquel émane le commencement de preuve ait au procès un intérêt pécuniaire.

140. — Même après la production du commencement de preuve par écrit ou la justification des *faits constants* les magistrats peuvent, s'ils le jugent convenable, refuser l'enquête.

141. — Lorsque la preuve testimoniale est admissible en

matière de filiation, les juges ne peuvent pas, aux termes de l'art. 1353, baser leur décision sur les présomptions de l'homme.

142. — Les juges ne pourraient consacrer la filiation sans enquête, sur la seule foi d'actes satisfaisant aux conditions exigées par l'art. 324, quand bien même, à leurs yeux, ces actes emporteraient, non-seulement un commencement de preuve, mais une preuve complète de la filiation réclamée.

143. — La preuve testimoniale doit porter séparément sur deux faits, la naissance et l'accouchement.

144. — Les commencements de preuve par écrit doivent rendre probables ces deux faits pour que l'enquête puisse être accordée sur l'accouchement.

145. — Les adversaires ont toute liberté pour contester chacun de ces faits.

146. — La paternité du mari résulte aussi bien de la maternité prouvée à la suite d'une enquête que de la maternité prouvée par l'acte de naissance.

147. — La présomption *is est pater* ne peut-elle pas, cependant, être combattue plus facilement lorsque la maternité n'a été établie que par la preuve testimoniale ? — Quel est, à cet égard, le sens de l'art. 325 ? — Suppose-t-il que le mari a été mis en cause?

148. — Suite.

149. — En principe la preuve de la maternité et la preuve de la paternité font l'objet d'une seule et même instance, un seul jugement suffit pour les trancher. — Le mari peut cependant demander et obtenir que les deux instances soient séparées.

150. — L'art. 325 permet de consacrer une maternité adultérine.

151. — Les juges peuvent, cependant, rejeter entièrement la demande si les articulations qui établissent la maternité d'une femme démentent en même temps la paternité de son mari.

152. — Le droit accordé par l'art. 325 au mari, n'est soumis à aucune des règles qui régissent le désaveu.

153. — Le mari ne peut prendre les devants et opposer l'art. 325 à l'enfant qui n'a pas encore réclamé ; mais il peut, en pareil cas, intenter contre lui le désaveu.

154. — L'art. 325 n'est pas applicable à l'hypothèse où l'enfant demande à reconstituer son acte de naissance d'après les règles tracées dans l'art. 46 du Code Napoléon.

155. — On ne peut davantage l'opposer à l'individu qui demande à prouver par témoins son identité avec un enfant désigné dans un acte de naissance.

101. — Il nous reste à traiter le troisième et dernier moyen offert par le législateur à ceux qui veulent prouver leur filiation légitime à l'égard d'un homme et d'une femme dont ils ont préalablement établi le mariage.

Ce moyen c'est la preuve testimoniale.

Article 323. « A défaut de titre et de possession constante ou si l'enfant a été inscrit, soit « sous de faux noms, soit comme né de père et « mère inconnus, la preuve de la filiation peut se « faire par témoins. »

Nous examinerons d'abord, *dans quels cas*, puis *sous quelles conditions* on peut recourir à cette preuve.

§ Ier

Des cas dans lesquels on peut recourir à la preuve testimoniale.

102. — On peut prouver sa filiation par le moyen d'une enquête dans quatre hypothèses différentes :

1° Lorsqu'on n'a ni titre, ni possession d'état d'aucune sorte. Nous comprenons dans cette espèce le cas où l'acte de naissance n'indique pas le nom des parents, ou déclare expressément que l'enfant est né de père et mère inconnus. Il y a bien alors un titre au point de vue de la naissance, mais il n'y en a aucun au point de vue de la filiation (art. 323).

2° Lorsque le titre est complet et régulier en apparence, mais que l'inscription faite sous de faux noms vous donne une filiation différente de celle qui vous appartient réellement (323).

3° Lorsqu'on a seulement une possession contraire à la filiation qu'on réclame (322);

4° Lorsqu'on a un titre et une possession d'état *contradictoires*, et qui, *tous deux*, sont contraires à la filiation qu'on cherche à établir (322).

103. — Il est encore une autre hypothèse qui permet de recourir à la preuve testimoniale, mais que nous ne comprenons pas dans l'énumération qui vient d'être donnée à cause des différences essentielles qui la distinguent.

Un individu a, tout à la fois, titre et possession d'état, mais contradictoires; cette fois nous supposons la possession d'état conforme à la filiation véritable, tandis qu'une filiation différente lui a été attribuée dans l'acte de naissance. La possession, si elle existait seule, suffirait à prouver l'état; elle le prouvera jusqu'au jour où une personne intéressée viendra opposer l'acte de naissance qui la contredit : alors, comme le titre l'emporte sur la possession, l'enfant défendeur à la contestation d'état succombera nécessairement, à moins qu'il ne parvienne à prouver, conformément à l'art. 323, qu'il a bien réellement droit à la filiation qu'il possède, et que, par conséquent, les énonciations contraires n'ont été insérées dans l'acte de naissance que par erreur ou mauvaise foi.

Mais les témoins qui connaissent tous les détails de l'affaire, qui aujourd'hui détermineraient sans doute la conviction dans l'esprit des juges peuvent être très-âgés, et il est à craindre que les adversaires de l'enfant ne diffèrent habilement l'attaque afin de laisser s'effacer peu à peu la trace des faits qui leur seraient contraires. Devra-t-il donc laisser s'accomplir cette combinaison coupable dont il prévoit dès lors l'issue, ne pourra-t-il pas prendre les devants et profiter des circonstances heureuses qui dans ce moment lui offrent leur concours et lui permettent de faire valoir utilement son droit? La demande, sans doute, ne constituera pas une réclamation d'état. Comment en effet revendiquer ce qu'on possède? Ce sera donc simplement une action en rectification d'acte de l'état civil. Mais, comme il ne s'agit pas uniquement d'une erreur de dénomination, que l'enfant a été attribué à Prima, épouse de Primus, tandis qu'il demande à prouver qu'il est né, au contraire, de Secunda, épouse de Secundus, comme sa filiation est en jeu, comme l'action, en dépit du nom qu'on lui donne, soulève une question d'état, elle devra être jugée suivant les régles et d'après les formes exigées pour ces sortes de questions. D'ailleurs cette instance deviendra presque toujours une véritable contestation d'état, par suite du droit accordé soit au demandeur à fin de rectification, soit aux juges eux-mêmes et d'office (art. 856, C. pr. et 99, C. Nap.) d'appeler en cause les parties intéressées, dans le but de les contraindre, si elles veulent s'opposer à la rectification demandée, à contester par là même l'état dont la possession est reconnue.

Il est à remarquer que, dans l'hypothèse qui nous occupe, la preuve testimoniale sera toujours et nécessairement admissible, car les faits de possession d'état antérieurement prouvés établissent les plus puissantes présomptions en faveur de la filiation prétendue.

104. — Revenant sur les hypothèses que nous avons signalées, examinons chacune d'elles en détail.

1° Le réclamant n'a ni titre ni possession d'état.

L'art. 323 déclare qu'en pareil cas la preuve testimoniale est admissible.

Cette disposition comparée à celle de l'art. 46, fait naître une controverse susceptible de trois solutions différentes.

Déjà l'art. 46 avait permis, dans une circonstance spéciale, de prouver par témoins les naissances, mariages et décès ; aussi se demande-t-on si l'art. 323 est seulement venu confirmer et déterminer cette concession du législateur, ou s'il a entendu, au contraire, introduire une disposition nouvelle et plus générale.

D'après Toullier, t. II n°s 884 et 887 et Richefort, t. I, n° 108, les art. 46 et 323 prévoient la même hypothèse, et leurs dispositions se complètent l'une par l'autre. Ainsi, le concours des deux conditions suivantes serait nécessaire pour que la filiation pût être prouvée par témoins. Il faudrait : 1° qu'à l'époque et dans la la commune où le réclamant rattache sa naissance, les registres de l'état-civil n'aient jamais été tenus, ou qu'ils aient été perdus ; 2° que la filiation poursuivie soit déjà rendue vraisemblable, soit par un commencement de preuve par écrit, soit par des présomptions résultant de faits dès lors constants. MM. Dalloz ont tenté d'enlever à cette doctrine l'appui de Toullier qui, d'après eux, permettrait la preuve testimoniale, alors même qu'on n'invoquerait ni la perte, ni l'inexistence des registres. Ce jurisconsulte, il est vrai, s'exprime à ce sujet dans le n° 885 d'une façon qui permettrait peut-être d'interpréter sa pensée dans le sens que lui donnent MM. Dalloz. Mais quelques lignes plus bas, n° 887, il ajoute que la preuve testimoniale est admise en matière de filiation, « lorsque les registres sont perdus, pourvu qu'il y ait un commencement de preuve par écrit. » Cette nécessité du commencement de preuve par écrit qu'il transporte de l'art. 323 dans l'art. 46, prouve bien qu'il les considère comme ne formant qu'une seule et même disposition, et que, selon lui, la preuve testimoniale ne peut jamais être admise que si les conditions exigées par ces deux textes se trouvent réunies dans la cause.

Pour nous, nous rangeant au système le plus généralement adopté, nous regardons les art. 46 et 323 comme formant deux dispositions parfaitement distinctes, et, sans tenir compte des motifs qui empêchent de représenter le titre, nous autorisons la preuve testimoniale toutes les fois qu'on peut fournir un commencement de preuve par écrit ou des présomptions suffisamment graves.

En effet, envisage-t-on isolément l'art. 323, on est forcé de convenir que les expressions si larges et si nettes qu'il emploie résistent à toute interprétation limitative. *A défaut de titre*, dit-il, *la preuve peut se faire par témoins.*

Comment, dès lors, soutenir que, toutes les fois que ce défaut de titre ne proviendra pas d'une circonstance déterminée, on devra repousser cette preuve. L'art. 46, dira-t-on, explique et complète cette disposition. Voilà précisément ce que je ne saurais admettre. Nous ne pouvons, de notre propre autorité, restreindre une règle générale par une disposition située à trois cents articles de distance, et qui, visant une hypothèse spéciale, a bien plutôt le caractère d'une exception à cette règle. Il faudrait qu'au moins un renvoi, une indication quelconque vînt unir entre eux ces deux textes inscrits dans des titres différents, puisque l'art. 323 est, en effet, formel dans la généralité des termes qu'il emploie et que rien dans les travaux préparatoires ne nous autorise [à penser que la rédaction ait pu trahir la pensée du législateur.

Si nous continuons l'examen du texte, nous le voyons spécifier un des cas où se rencontre le défaut de titre ; c'est celui où l'acte de naissance *qu'on retrouve sur les registres de l'état civil* n'indique pas la filiation, déclare que les parents sont inconnus. Bien plus, notre art. 323 met encore sur la même ligne le cas où l'enfant a été inscrit sous de faux noms, ce qui me semble lever tous les doutes, puisque, dans toutes ces espèces, les registres de l'état civil ont été tenus et sont aujourd'hui représentés. Pourquoi d'ailleurs rendrait-on un enfant responsable de la mauvaise foi ou de la négligence de ses parents qui n'ont pas fait dresser l'acte de naissance. Il eût fallu également, pour être logique, le déclarer coupable d'avoir été inscrit sons de faux noms.

On a coutume d'ajouter en faveur du système que je défends et comme argumenq,uéité q 'dtue l'acte de naissance existe peut-être, régulièrement inscrit sur les registres de l'état civil, sans que l'enfant sache dans quelle commune il a été dressé. Mais je ne comprends pas comment un individu qui offre des témoins prêts à déposer de l'accouchement de la mère et de son identité, pourrait ignorer le lieu de sa naissance et la commune où a été dressé l'acte de l'état civil qui la constate.

Ainsi, principe posé par l'art. 323 : à défaut de titre, *quel que soit le motif qui empêche de le représenter*, on peut prouver sa filiation par témoins, *à condition* de fournir un commencement de preuve par écrit, ou des présomptions dès lors constantes. — Puis, exception introduite par l'art. 46, lorsque l'absence de titre provient de ce que les registres de l'état civil n'ont pas été tenus, ou de ce qu'ils ont été perdus, la preuve testimoniale est admise *de plano* sans condition préalables (Duvergier sur Toullier, II, n° 887, note A; Duc., Bon. et Roust., 1, 460; Demolombe, t. I, n° 326, t. V, n° 333; Cass., 12 déc. 1827; Sirey, 1828, 1, 172; Aubry et Rau, t. IV, § 544, note 21; Vallette sur Proudhon, t. 2, n° 102; Massé et Vergé, t. I, p. 308 et 309, note 20; Cass., 15 févr. 1837; D. P., 37, 1, 253).

105. — C'est ici que nous rencontrons le système soutenu par MM. Delvincourt, t. 1, p. 55, note 3; Duranton, t. 3, n° 141 ; Marcadé sur l'art. 323 ; Massé et Vergé, t. I, p. 308, note 20 ; Dalloz, jurispr. gén., v° *Paternité*, n° 266. Ces auteurs sont d'accord avec nous pour appliquer l'art. 323 dans *tous* les cas où l'on ne peut représenter le titre; mais, d'après eux, le commencement de preuve par écrit est toujours nécessaire; il le serait encore, lors même qu'on invoquerait l'inexistence des registres. L'art. 46, disent-ils, a pour but de faciliter la preuve des naissances, mariages et décès, mais il ne s'occupe pas de la filiation. Les rédacteurs du code n'avaient point alors à se prononcer sur elle, ils ajournaient l'organisation de cette matière spéciale, au jour où ils devaient rédiger le titre VII qui en contient les règles complètes, et n'a besoin de rien emprunter aux autres parties du code. Que tel enfant soit né dans tel endroit et à telle époque, cela est, en effet, facile à établir, et sans danger pour la société; il n'y avait donc aucune raison de se défier de la preuve testimoniale sur ce point, mais on comprend que la loi se soit montrée plus rigoureuse, lorsqu'il s'agit de prouver que ce même indi-

vidu est né, non-seulement à telle époque, mais de telle femme. L'état des personnes est alors en jeu; les plus graves intérêts surgissent, la sûreté des familles exige des garanties. Dira-t-on que l'absence de registres forme, dans tous les cas, une présomption suffisante? Qui ne voit que ce fait unique manque d'une condition essentielle en semblable matière : il ne rattache l'enfant à aucune personne déterminée. Il rend bien admissible la naissance, mais il ne renferme, à lui seul, aucun indice qui puisse la faire attribuer à telle femme plutôt qu'à telle autre. Il n'y aurait pas dans toute la commune une seule famille qui puisse se croire à l'abri d'une réclamation d'état; aussi n'est-il pas admissible que le législateur livre aux hasards d'une enquête la première d'entre elles qu'il aura plu à un aventurier de choisir.

106. — Nous ne méconnaissons pas la force de ces arguments; mais telle n'a pas été, croyons-nous, la pensée du législateur. Il n'a pas voulu que les parties fussent victimes de la négligence de l'administration qui n'a pas suffisamment veillé à la tenue et à la conservation des registres. Puisque les habitants de ce pays sont dans la nécessité de recourir à la preuve

testimoniale, cette preuve doit, au moins, remplacer pour eux les actes de l'état civil qui, on le suppose, eussent été trouvés sur les registres s'ils eussent pu être représentés. Or, quels faits ces actes eussent-ils normalement établis? *La naissance* et *la filiation.*

Donc l'enquête devra porter à la fois sur la naissance et sur la filiation. L'art. 46, il est vrai, ne parle pas de la filiation, mais il faut l'entendre *secundum subjectam materiam.* Nous nous occupons des actes de l'état civil, de la manière d'y suppléer quand ils sont perdus; aussi, quand la loi nous dit qu'en pareil cas on prouvera par écrit les naissances, mariages et décès, c'est comme si elle disait : on remplacera par la preuve testimoniale les actes de naissance, mariage et décès, on établira par enquête tout ce qu'ils eussent dû contenir.

Cette décision est, d'ailleurs, conforme aux principes généraux posés plus tard en matière de preuve testimoniale par le législateur dans les art. 1347 et 1348. Il résulte de ces dispositions que, même dans les cas où la preuve testimoniale est expressément prohibée, elle devra, cependant, être admise sans commencement de preuve par écrit *toutes les fois qu'il aura été impos-*

sible au créancier de se procurer une preuve littérale de l'obligation contractée envers lui. Et pour mieux spécifier sa pensée, le législateur ajoute dans ce même article 1348 : «Cette exception s'applique 1°..... 2°...... 3°...... 4° *Au cas où le créancier a perdu le titre qui lui servait de preuve littérale par suite d'un cas fortuit, imprévu, et résultant d'une force majeure.* Ces dispositions étaient dictées par l'équité. Les lois destinées à régir les hommes ne doivent pas exiger d'eux plus qu'ils ne peuvent fournir, ni subordonner l'exercice de leurs droits à des conditions qu'eux-mêmes ou ceux qui sont chargés d'agir à leur place, seraient dans l'impossibilité d'accomplir.

Nous trouvons, à cet égard, une très-juste réflexion dans une thèse de doctorat soutenue par M. Mennesson devant la Faculté de Paris. « Ce n'est peut-être pas une erreur de croire que les auteurs qui se montrent si timides dans l'application de la seconde partie de l'art. 46, ont été conduits à cette interprétation restrictive par une interprétation trop large de la première partie. Ils étendent l'article à des cas qu'il ne comporte pas (au cas d'omission d'un acte sur les registres de l'état civil, et au cas d'inscription d'un acte sur feuille volante) et puis, en sens inverse, ils ne donnent pas à la preuve acquise en vertu de ses dispositions les effets et la force probante qu'il faut lui reconnaître. » (Demolombe, t. V, n° 334; Aubry et Rau, t. IV, § 544, note 21).

En résumé trois opinions sont en présence au sujet des art. 46 et 323 et de leur combinaison. L'une ne voit dans ces textes qu'une seule et même disposition dont les deux parties se complètent réciproquement; de telle sorte que, pour faire par témoins la preuve de sa filiation, il faudrait réunir, cumuler, les conditions imposées par chacun d'eux ; il faudrait établir l'inexistence des registres et fournir un commencement de preuve par écrit. Une seconde regarde au contraire ces deux articles comme réglant deux matières entièrement distinctes. L'art. 46 s'occuperait uniquement de la preuve de la naissance, tandis que l'art. 323 disposerait pour la preuve de la filiation. On peut, dans ce système, prouver la naissance sans commencement de preuve, en établissant seulement l'inexistence des registres; quant à la filiation, au contraire, on peut la prouver par témoins sans invoquer cette inexistence de registres, pourvu qu'on ait un commencement de preuve écrite, mais, à l'inverse, la perte de registres ne conférerait aucun privilége nouveau, ne dispenserait pas du commencement de preuve. Enfin, la troisième opinion que nous avons adoptée distingue bien, comme la seconde, entre les deux dispositions, mais elle les applique toutes deux à la preuve de la filiation. Elle permet, dans le cas prévu par l'art. 46, d'établir la filiation par la preuve testimoniale ou par les registres et papiers émanés des père et mère décédés, sans qu'on ait à fournir de commencement de preuve par écrit, pourvu qu'on ait *préalablement* démontré l'inexistence des registres de l'état civil. Elle autorise, dans l'hypothèse sur laquelle statue l'art. 323, à faire par *témoins seulement* la preuve de la filiation, pourvu qu'on ait un commencement de preuve, sans qu'il soit nécessaire d'établir la perte des registres.

107. — Nous arrivons à une difficulté nouvelle, qui se rattache si intimement à celle que nous venons d'examiner qu'elle fait, pour ainsi dire, surgir, en ce qui concerne l'art. 46 seul, une quatrième opinion à ajouter aux trois premières que nous avons déjà exposées.

Cette opinion pourrait se formuler ainsi : sans doute la loi n'exige pas le commencement de preuve par écrit pour donner ouverture à la preuve testimoniale dans l'hypothèse prévue par l'art. 46, mais les juges peuvent, à leur gré, la subordonner à la production de ce commencement de preuve. Ils prendront conseil des circonstances sur ce point, car leur pouvoir d'appréciation est sans limites.

Ce système adopté par la jurisprudence et par la grande majorité de la doctrine, professé par des auteurs qui soutiennent, soit la première, soit la seconde opinion, par MM. Duranton et Demolombe entre autres, est une conséquence forcée d'une autre doctrine qui va faire spécialement l'objet de notre examen.

D'après la jurisprudence, d'après ces auteurs, les tribunaux ont, dans l'hypothèse prévue par l'art. 46, aussi bien que dans celles réglées par l'art. 323, le droit d'admettre ou de refuser l'enquête suivant leur opinion sur l'état de la cause.

Pouvant la refuser, ils ont, à plus forte raison, le pouvoir d'en subordonner l'admission à des conditions posées par eux, et ces conditions peuvent consister dans la production d'un commencement de preuve par écrit.

On appuie cette proposition sur les termes de l'art. 46 lui-même. Deux opérations distinctes sont, dit-on, prévues dans ce texte. On doit, en premier lieu, établir la perte ou l'inexistence des registres ; puis, cette condition remplie, on passera à la preuve directe de la naissance et de la filiation. Voici le texte de l'article : « Lorsqu'il n'aura pas existé de registres ou qu'ils seront perdus, la *preuve en sera reçue*, tant par titres que par témoins, et dans ce cas les mariages, naissances et décès *pourront* être prouvés tant par les registres et papiers émanés des père et mère décédés, que par témoins. » De la différence des expressions *la preuve en sera perçue* et *pourront être prouvés*, on conclut que les magistrats devront toujours admettre la preuve portant sur l'inexistence des registres, tandis qu'ils pourront, à leur gré, la permettre ou la refuser lorsqu'il s'agira d'établir la naissance. En un mot, si l'art. 46 permet aux juges de déroger pour l'admission de la preuve testimoniale aux conditions posées par l'art. 323 dans son dernier alinéa, elle ne les y contraint pas, cependant, de telle sorte qu'ils peuvent, suivant les cas, soit admettre l'enquête purement et simplement, soit exiger un commencement de preuve par écrit ou des présomptions graves et déjà constantes, soit même la refuser absolument (Merlin

Rép., t. XVI, v° *actes de l'état civil*, § 2 n° 3 Duranton, t. 1er n° 294; Demolombe, t. 1er n° 325 ; Cass. 4 févr. 1822 ; Sirey 22, 1, 242 ; Cass. 12 déc. 1827, DP. 1828, 1, 55 ; Cass. 20 mars 1838 ; D P, 1838, 1, 205 ; 8 août 1864 ; D P, 64, 1, 475. Il s'agissait dans cette hypothèse de la preuve de la naissance, mais il n'y a pas à distinguer sur ce point entre elle et la preuve de la filiation).

108. — Les termes de l'art. 46 ne me semblent pas avoir la portée qu'on leur attribue d'habitude. Pour moi la différence de rédaction qu'on remarque entre les deux parties de ce texte n'est qu'une question de forme et de style. Le rédacteur a voulu simplement varier ses formules, comme l'usage est de le faire toujours, comme nous le voyons dans maints autres articles. Il venait d'écrire, l'inexistence des registres *sera prouvée* par témoins, il ajoute et les naissances, mariages et décès *pourront l'être* également. Cette formule est d'ailleurs d'une parfaite exactitude, puisque, d'après la règle générale, les mariages, naissances et décès ne peuvent pas être ainsi prouvés : on fait remarquer avec raison qu'ils peuvent l'être, au contraire, dans ce cas spécial. Si ce mot *peuvent* a

pour but de marquer une opposition, c'est donc uniquement celle qui existe entre le droit commun et l'espèce spécialement prévue par l'art. 46. Je comprends très-bien le refus d'admettre l'enquête dans l'hypothèse réglée par l'art. 323; la faculté accordée dans ce cas aux tribunaux est conforme à l'esprit qui a dicté cet article, dont le but est de protéger le repos des familles contre des attaques téméraires. Les juges repousseront donc la preuve testimoniale si le commencement de preuve par écrit et les présomptions graves qu'on leur offre ne donnent pas à la réclamation un caractère de probabilité qui leur suffise. Bien différente est l'espèce prévue par l'art. 46, lequel vient déroger, pour une hypothèse spéciale, aux règles rigoureuses dans lesquelles l'art. 323 enferme d'ordinaire la réclamation d'état. Ici nous rencontrons toujours le même fait, l'inexistence des registres, qui a, dans tous les cas, la même importance et explique suffisamment, quelles que puissent être les circonstances de la cause, pourquoi l'enfant ne produit aucun acte de l'état civil à l'appui de sa réclamation. Sur quoi s'exercerait dès lors l'appréciation du juge? Nous avons dit, d'ailleurs, que la loi voulait compenser, autant que possible, par la preuve testimoniale, l'absence des registres, accident de force majeure, dont il serait injuste de faire souffrir le réclamant. Il s'ensuit que le tribunal ne peut pas plus refuser l'enquête à celui qui la demande, qu'il ne pourrait lui interdir les recherches dans les registres, s'ils existaient.

109. — Même décision, pour les mêmes motifs, en ce qui touche les conditions préalables exigées par l'art. 323: nous les regardons comme inutiles dans l'hypothèse prévue par l'art. 46. Sans cette circonstance malheureuse qui ne lui est nullement imputable, l'enfant invoquerait son acte de naissance, sans avoir besoin ni de commencement de preuve par écrit, ni de présomptions graves. En exiger, pour lui permettre de rétablir par une enquête le contenu de cet acte, c'est aggraver les difficultés qu'a fait naître pour lui la perte des registres, tandis que le but évident de la loi est de réparer cette perte. Qu'on ne nous accuse pas de sacrifier la société à l'intérêt des individus, nous nous efforçons, au contraire, de tenir la balance égale. Soyez donc pour l'administration de la preuve aussi difficiles que vous le jugerez convenable, mais souffrez au moins

que la lumière puisse se faire. Ne nous enlevez pas d'avance les moyens de la produire ; c'est tout ce que nous demandons. On cite à l'appui de l'opinion contraire un arrêt rendu par la cour de Cass., le 20 mai 1838 (D, 38, 1, 205), mais je n'hésite pas à en récuser l'autorité, car, allant plus loin que ceux qui l'invoquent, il exige le commencement de preuve par écrit, même lorsqu'il s'agit de prouver la perte des registres, et détruit ainsi l'argument à eux fourni par la comparaison des termes employés dans l'art. 46. « Attendu, dit-il, que dans la cause il n'existait ni commencement de preuve par écrit, ni présomptions, ni indices de faits graves et constants qui pussent conduire à la preuve, soit de la perte des registres de l'état civil, soit de la célébration du mariage dont se prétend issu le demandeur. »

110. — Puisque, dans le cas de perte ou d'inexistence des registres, la preuve testimoniale est admise sans conditions préalables et peut, à elle seule, faire preuve de l'état, puisque l'intention du législateur est de réparer autant que possible le tort fait à l'enfant par cette absence, la jurisprudence et la doctrine en concluent que nous rentrons dans le droit commun,

et que nous sommes affranchis des règles spéciales et restrictives dans lesquelles est enfermée d'ordinaire la preuve de la filiation. De telle sorte que nous pourrons appliquer ici l'art. 1353, aux termes duquel les présomptions peuvent être invoquées toutes les fois que la preuve testimoniale est admissible, et que le réclamant peut, grâce à elle, reconstruire par tous les moyens dont il pourra disposer l'acte de naissance qui lui fait défaut (Demol., t. 1er, n° 325 ; cass. 16 février 1837. Dalloz périod. 1837, 1, 253, il s'agit dans l'espèce d'un acte de naissance qui aurait porté reconnaissance d'un enfant naturel, mais l'autorité de l'arrêt est la même).

111. — Je ne crois pas pouvoir accepter cette solution. Nous sommes ici dans une matière de droit étroit, et la loi a réglé limitativement les modes de preuve au moyen desquels la filiation peut être établie. Dans un cas donné l'art. 46 autorise deux dérogations au système général ; il permet : 1° de recourir à la preuve testimoniale de plano ; 2° de recourir aux registres ou papiers émanés des père et mère décédés : convient-il d'ajouter arbitrairement une troisième exception ? On nous dit : nous rentrons dans le

droit commun, mais dans toute matière restrictive, la règle générale et commune n'est-elle pas précisément l'ensemble des dispositions édictées par le législateur en vue de régler cette matière, le régime spécial auquel il l'a soumise, tandis que les cas de retour au droit commun constituent l'exception qui ne doit jamais être étendue hors des cas spécialement déterminés. Si nous admettions les présomptions de l'homme comme preuve de la filiation, le réclamant pourrait invoquer à ce titre, et souvent avec la plus grande autorité, tous les actes publics ou privés, lettres missives, etc., contenant quelque indice sur son état, sans avoir à rechercher de qui ces documents émanent. Or, cette prétention est formellement contredite par notre article 46 lui-même, puisqu'aux termes de cet article les seuls actes privés auxquels on puisse avoir recours sont les registres et papiers *émanés des père et mère décédés*. Vainement on a prétendu que la loi, statuant ici par forme purement énonciative, cite ces papiers, non pas comme les seules preuves, mais uniquement comme les meilleures preuves à fournir en pareil cas (voy. en ce sens Demolombe, t. 1er, n 325 ; Merlin, *Repertoire* v° *actes de l'etat civil*,

§ 2, n° 3 ; Cass. 8 nov. 1820 ; Sirey, 1821, 1, 402). Il serait inadmissible, en effet, que le législateur eût pris la peine de spécifier qu'on pourrait, dans ce cas, par faveur, invoquer les papiers et registres émanés des père et mère *décédés*, si son but eût été de nous avertir que nous pourrions nous servir de toutes sortes de titres. La parole donnée à l'homme pour exprimer sa pensée n'aurait ici servi qu'à déguiser celle du législateur. Ces titres dont il autorise l'usage sont précisément ceux qui, par leur nature, offrent à la fois les plus précieux renseignements et les plus complètes garanties de sincérité. Qu'était-il besoin d'énoncer spécialement qu'on pourrait s'en servir, puisque, si tous les titres eussent pu être invoqués, ceux-ci se fussent imposés avant tous autres au choix du tribunal? L'historique de l'art. 46 confirmerait d'ailleurs notre opinion s'il pouvait être utile de recourir aux travaux préparatoires pour appliquer les termes précis d'une loi, et pour se dispenser de lui faire subir un changement qui en renverserait absolument le sens. Les rédacteurs du projet de Code avaient, en effet, prévu le cas de non-existence et de perte des registres, sans décider quelles seraient alors les preuves spéciales au moyen desquelles on pourrait établir la filiation. Le tribunal, pour réparer cette lacune, proposa la disposition suivante :

« Lorsqu'il n'aura pas existé de registres ou qu'ils seront perdus, la preuve en sera reçue tant par titres que par témoins ; et dans ces cas, les mariages, naissances et décès pourront être prouvés tant par les registres ou papiers domestiques ou autres écritures publiques ou privées, que par témoins. » Que fit le conseil d'Etat? Il accepta la rédaction pour la première partie, mais aux mots *papiers domestiques ou autres écritures publiques ou privées*, il substitua ceux-ci : *papiers émanés du père ou de la mère décédés.*

Peut-on trouver rien de plus précis?

Merlin, cependant, croit trouver un appui pour son système dans ce fait que nulle part les procès-verbaux du conseil d'état ne mentionnent cette substitution. Il laisse entendre qu'une modification aussi importante eût dû soulever au moins quelque discussion qui nous eût été rapportée, et qu'on ne peut attribuer ce changement de termes qu'à une erreur ou une maladresse du conseiller d'État chargé de la rédaction matérielle.

C'est là, une supposition purement gratuite; la rédaction du Tribunat ne laissait rien à désirer sous le rapport de la netteté, et, si le conseil d'État eût admis la disposition elle-même, il n'eût certainement pas songé à en faire modifier les termes. Cette substitution est loin, d'ailleurs, de présenter les caractères d'une simple retouche de style. Le Tribunat autorisait l'usage des papiers *domestiques*, et même de *tous autres titres*. De ces deux classes de titres qu'on eût pu invoquer, le Conseil d'Etat en proscrit une, et, pour mieux marquer quels sont les *écrits* auxquels on doit se borner, il prend soin de remplacer les mots papiers *domestiques* par ceux-ci : Papiers *émanés du père ou de la mère*, ce qui rend la disposition beaucoup plus étroite. A son gré, cependant, elle était trop large encore; aussi, ajoute-t-il, émanés des père et mère *décédés*. Quelle précision ! quel accord ! Et ce remaniement eût été l'effet du hasard !

J'accorde volontiers que le législateur, admettant la preuve testimoniale isolée, n'avait aucune raison sérieuse de se défier des indications contenues dans certains papiers émanés de membres de la famille et notoirement antérieurs à toute contestation ; les tribunaux auraient pu facilement apprécier le degré de confiance qu'il convenait d'y ajouter.

Le législateur a, toutefois, fait ce qu'il a cru devoir faire; libre à nous de trouver ses scrupules exagérés, mais nous ne sommes pas, pour cela, dispensés d'y obéir.

112. — Nous croyons pouvoir entendre d'une façon moins stricte la dernière condition, à savoir que les papiers doivent, non-seulement, émaner des père et mère, mais encore de père et mère *décédés*. L'intention du législateur nous semble ici suffisamment claire. Il suppose une action intentée contre l'enfant par d'autres membres de la famille; aussi craint-il entre lui et ses parents une collusion, grâce à laquelle des fragments de registres ou des lettres antidatées fourniraient des preuves fabriquées pour les besoins de la cause. Mais si les père et mère étaient eux-mêmes les adversaires sérieux de l'enfant, ce serait aller contre l'esprit de la loi que de repousser les papiers émanés d'eux et dans lesquels se trouveraient des indices certains à l'appui de la réclamation d'état. Que reprocher à une semblable preuve; n'est-elle pas, au contraire, la plus forte qu'on puisse fournir? (Demolombe, § 1er n° 325; *con-*

tra Desclozeaux, *Encyclop. du droit* v°. actes de l'Etat civil, n° 103).

113. — Les père et mère pourraient-ils être entendus comme témoins? Nous ne voyons rien qui soit capable d'y faire obstacle, puisque nous avons décidé que l'article 283 du Code de procédure devait recevoir exception en matière de contestation ou de réclamation d'état. (n. 69).

Cette hypothèse, il est vrai, se présentera très-rarement, car si les père et mère vivent encore ils seront, le plus souvent, parties au procès. (Coin-Delisle, art. 46, n° 14; Valette sur Proudhon, § II, p. 70; Demolombe, § 1er, n° 325).

114. — L'acte de naissance, au point de vue où nous le considérons, n'est pour nous qu'un acte de filiation. Contient-il la mention que les père et mère sont inconnus, c'est, par conséquent, comme s'il n'avait pas été dressé.

Cette hypothèse spéciale d'absence de titre a fait naître cependant une question controversée.

Doit-on, pour être admis à prouver par témoins sa filiation aux termes de l'article 323, avoir établi auparavant la fausseté de la mention contenue dans l'acte?

Et si cette preuve doit-être préalablement

fournie, est-ce par l'inscription de faux qu'il seranécessaire d'attaquer l'acte de naissance?

Quelle que puisse être la solution sur la première partie de la question, l'inscriptions de faux n'est certainement pas applicable Nous croyons, en effet avoir démontré n° 51. que c'est seulement dans les cas où l'on attaque la sincérité même de l'officier de l'Etat civil, qu'il y a lieu de recourir à cette procédure exceptionnelle.

Quant à subordonner, ainsi que le voudrait Proudhon, (§ 2, p. 88) la preuve autorisée par l'article 323 à la destruction préalable de la mention erronéeou mensongère, nous y voyons, aussi bien que M. Demolombe, une impossibilité matérielle. Comment, en effet, prouver que les parents ne sont pas inconnus avant d'avoir, au moyen de cet article, établi une filiation en faveur du réclamant? Cette preuve, au contraire, doit être fournie avant tout; et une fois faite elle suffira, puisqu'elle établit l'unique point sur lequel portent les conclusions, la filiation prétendue. (Toullier, t. 2, n° 905; Val. s. Proud., t. 2, p. 89, note *a*; Demol. t. 5, n° 239; Dalloz Alph. v°. *Patern. et Filiat.*, n° 267).

115. — 2° La deuxième hypothèse, qui permet

de recourir à la preuve testimoniale se rencontre dans le cas où l'acte donne à l'enfant une filiation différente de celle qui lui appartient, c'est-à-dire, lorsque *l'enfant a été inscrit sous de faux noms*, selon les termes de l'article 323.

Cette hypothèse soulève la même question que l'hypothèse précédente.

Doit-on, avant de rechercher sa filiation, établir la fausseté de l'énonciation ?

D'imposantes autorités qui, tout à l'heure, combattaient avec nous pour la négative, se rangent ici du côté de l'affirmative et exigent que le réclamant prenne la voie du faux incident civil. (Merlin, *Quest. de droit*, v° *Quest. d'état*, § 3, Duranton, t. 3; n° 139 et 140 ; Proudhon, *loco cit.* ; Cass. 28 mai 1809; Sirey, 1809, 1, 455; MM. Aubry et Rau, 2, 4, § 544, note 23, tiennent aussi pour ce système, mais ils repoussent, dans leur dernière édition, l'inscription de faux qu'ils considéraient comme nécessaire dans les éditions précédentes).

Les motifs sont cependant les mêmes : l'article 323 qui autorise l'enquête n'impose à son exercice qu'une seule condition préalable, à savoir l'existence d'un commencement de preuve par écrit. Cette condition remplie, la preuve testimoniale est admise *de plano*, « à défaut de titre, *ou* si l'enfant à été inscrit soit sous de faux noms, soit comme né de père et de mère inconnus. Où les auteurs que nous venons de citer, trouvent-ils le germe de leur distinction ?

Ajoutons, comme précédemment, que le meilleur moyen, souvent même le seul moyen d'établir la fausseté de l'énonciation consistera dans la preuve de la filiation véritable. Toute autre exigence serait vexatoire et ne servirait qu'à allonger le débat. (Toullier, Valette, De molombe, Dalloz, *loco cit.*; Cass. 12 juin 1823; Dall. Alph. v° *Pater. et filiat.*; n° 621, note 4.)

116. — 3° On peut encore prouver sa filiation à l'aide d'une enquête lorsqu'on a possession contraire à l'état qu'on réclame. Cette proposition est justifiée par un argument *a contrario*, tiré de l'article 322. Il résulte, en effet, de ce texte, que la possession d'état n'est inattaquable que dans le cas où elle est confirmée par un acte de naissance.

Quant au mode de preuve, quel est, en l'absence d'un acte de naissance, celui qu'on pourrait employer contre elle, sinon la preuve testimoniale ?

117. — 4° Le dernier cas dans lequel l'enfant peut recourir à la preuve testimoniale est, avons-nous déjà dit, celui, où il réclame une filiation différente de celle que lui attribuent et son acte de naissance, et sa possession d'état *non conformes entre eux*. Le réclamant, en vertu des principes et d'après les règles que nous avons exposées, attaquera séparément les énonciations contenues dans l'acte et repoussera les conséquences qu'on pourrait tirer de sa possession d'état.

§ 2. — *Des conditions auxquelles la loi subordonne l'exercice de la preuve testimoniale.*

118. — « Si res gesta sine litterarum quoque consignatione, veritate factum suum præbeat, non ideo minus valebit quod instrumentum nullum de ea intercessit » (L. 5, D., *De Fide Instrumentorum*, liv., 22, t. IV.)

Cette maxime de bons sens a été admise comme règle générale par les rédacteurs du Code Napoléon. Peu importe par quels moyens un fait a été prouvé; l'essentiel n'est-il pas que la preuve en ait pu être fournie, et que la vérité ne soit pas douteuse? La loi néanmoins a cru devoir, par exception, proscrire dans certaines hypothèses spéciales, la preuve par témoins, et ces hypothèses données, c'est seulement sur la présentation d'un commencement de preuve par écrit, qu'elle consent à adoucir sa rigueur, et qu'elle cesse de repousser cette preuve. (Art. 1357)

Notre article 323 fait, en matière de filiation légitime, exception à ces règles de droit commun.

« A défaut de titre et de posssession cons-
« tante, ou si l'enfant a été inscrit soit sous de
« faux noms, soit comme né de père et mère
« inconnus, la preuve de filiation peut se faire
« par témoins.

« Néanmoins cette preuve ne peut être ad-
« mise que lorsqu'il y a commencement de
« preuve par écrit, ou lorsque les présomp-
« tions ou indices résultant de faits dès lors
« constants, sont assez graves pour déterminer
« l'admission. »

La gravité des questions d'état, à la solution desquelles la société tout entière est intéressée, l'obscurité qui les enveloppe presque toujours, faisaient au législateur un devoir de défendre le repos des familles contre les incertitudes et les dangers de la preuve testimoniale. Néanmoins il permet de faire par témoins la preuve de la filiation, non-seulement quand on rapporte un commencement de preuve par écrit, mais de plus, et c'est encore là un caractère spécial à notre matière, quand le réclamant apporte à l'appui de sa demande des présomptions graves, résultant de faits, dès lors constants. Ce système n'est pas nouveau ; d'Aguesseau le discute dans son deuxième plaidoyer (affaire Avril Desnotz contre Françoise Coulon) ; il nous montre qu'il était déjà consacré par la loi 2 au Code, *de testibus*, et, bien qu'il fût contraire à l'intérêt des parties qu'il défendait alors, ce jurisconsulte n'hésite pas à en reconnaître l'autorité sous notre ancienne législation, et à se retrancher derrière la question de fait, son unique ressource. Malgré ces précédents, le projet du Code n'exigeait pas moins, dans tous les cas, un commencement de preuve par écrit, et ce fut seulement sur les observations de Portalis qu'on en revint à la théorie moins sévère et plus équitable des législations antérieures.

« Autrefois on avait égard au concours des « circonstances lorsqu'il était tel qu'il dût ébran- « ler l'esprit du juge et lui faire entrevoir une

» vérité qu'il devenait nécessaire d'éclaircir. « Quel commencement de preuve peut-on es- « pérer dans cette matière? il n'en est pas » ici comme en matière de convention : là, les « parties existaient au moment où le pacte a été « formé. là elles ont coopéré à sa formation; « elles ont pu se ménager des preuves ; elles « ont agi ; on peut donc avoir tenu une corres- « pondance avec elles. L'enfant n'a pas eu ces « avantages.

« Cependant la preuve testimoniale seule est « trop dangereuse......... Il faut donc exiger « un commencement de preuve par écrit dans « les cas très-rares où il est possible de l'obte- « nir ; que s'il n'existe pas, on doit avoir égard « à la masse des faits et des circonstances. » (Locré, t. VI, p. 7.)

119. — Une dernière dérogation aux règles ordinaires de la preuve testimoniale consiste dans les conditions que doit remplir le commencement de preuve par écrit. Tandis qu'en droit commun ce commencement de preuve ne peut faire admettre l'enquête que s'il émane de ceux auxquels il est opposé, ou de ceux dont les adversaires actuels sont les représentants ; la loi admet, par exception, qn'en matière de

réclamation d'état, on peut invoquer, à titre de commencement de preuve écrite, tout acte émané d'une personne décédée qui, si, elle était vivante, aurait intérêt à repousser l'action.

La différence des situations ne dictait-elle pas d'ailleurs cette différence dans les solutions ? Quoi de plus raisonnable, en effet, que de rechercher la preuve de l'état dans les registres et papiers de famille, tous actes émanés de parties intéressées ?

120. — L'art : 324 qui détermine la nature du commencement de preuve par écrit est ainsi conçu : « Le commencement de preuve par écrit « résulte des titres de famille, des registres et pa- « piers domestiques du père ou de la mère, des « actes publics et même privés émanés d'une « partie engagée dans la contestation, ou qui y « aurait intérêt si elle était vivante. »

Ainsi le *commencement de preuve par écrit* et les *indices graves* doivent, pour faire admettre la preuve testimoniale, satisfaire à deux conditions.

A. Ils doivent présenter certains caractères juridiques déterminés par les articles 323 et 324.

B. Ils doivent fournir en faveur de la demande un degré de vraisemblance suffisant.

121. — *A. Caractères juridiques nécessaires.* Le commencement de preuve par écrit n'a de valeur que s'il est compris parmi les actes spécifiés dans l'art. 324. L'énumération donnée par cet article est sans aucun doute limitative ; de telle sorte que, si vraisemblable qu'elle rendît le fait allégué, on ne pourrait invoquer une pièce émanée d'une personne autre que celles qui sont comprises dans cette énumération. Ainsi, une pièce émanée d'un individu vivant, ayant intérêt à repousser la réclamation, bien que n'ayant pas pris parti dans le procès, ne pourrait donner ouverture à la preuve testimoniale. (Demolombe, t. 5, n° 245 ; Massé et Vergé, t. 1er p. 309, note 24 ; Aubry et Rau, t. 4, § 544, note 27 ; Cass. 25 août 1812, Dalloz, Jurisprudence gén., *Paternité*, n° 239 note, 2).

122. — Malgré le texte formel de l'art : 324, un certain nombre d'arrêts (V notamment Alph, Dalloz v° Paternité, n°s 281 et 282), considèrent comme pouvant éventuellement constituer des commencements de preuve par écrit les actes de naissance que certains vices empêchent de faire preuve complète de la filiation. Parmi les arrêts indiqués par MM. Dalloz qui ne les font suivre d'aucun commentaire, l'un

admet, à ce titre, un acte de naissance qui déclarait l'enfant né d'une certaine femme (désignée sous son nom de fille) et d'un père absent, tandis, qu'en réalité, cette femme était mariée lors de la conception et de l'acouchement. Les autres, au contraire, refusent dans de semblables circonstances d'admettre l'acte, à titre de commencement de preuve par écrit, en se fondant sur ce que la désignation des parents est fausse ou incomplète. Sans doute de tels actes ne pouvaient pas constituer des commencements de preuve écrite, mais, par une raison différente, c'est qu'ils émanaient de personnes autres que celles désignées dans l'art. 324.

Dans ces différentes hypothèses, sauf cependans l'une d'elles sur laquelle statua la Cour de Toulouse, l'acte de naissance, qui ne pouvait constituer un commencement de preuve, eût dû, d'après les principes que nous avons développés aux n°s 62 et suiv., faire preuve complète de la filiation. La désignation de la mère, quoique erronée, était, en effet, suffisante pour qu'aucun doute sur l'identité ne fût possible. Quant à la fausse indication du père, nous savons qu'elle est ici sans influence ; la paternité légitime dépendant toujours, quoi qu'on ait pu faire ou dire, de la présomption légale posée par l'art. 312.

123. — Un acte de naissance irrégulier, soit parce qu'il a été inscrit sur une feuille volante, soit parce qu'il a été reçu sur une déclaration tardive, pourrait, cependant, par exception, servir de commencement de preuve par écrit jusqu''à l'inscription de faux, si le déclarant était au procès l'adversaire de l'enfant. Il est, en effet, le véritable auteur de l'acte de naissance ; c'est de lui seul dont il émane, l'officier de l'état civil se bornant à constater sa déclaration sous la garantie des témoins.

124. — Les lettres missives peuvent-elles servir de commencement de preuve par écrit ?

Marcadé (t. 2 art. 324, n° 2) enseigne la négative. Les lettres missives ne lui semblent rentrer dans aucune des expressions : *titres de famille*, *registres*, papiers *domestiques*, *actes* employées par l'art. 324, dont l'énumération lui paraît limitative, ce que nous avons d'ailleurs également reconnu.

MM. Dalloz (v° *Paternité*, n° 271) enseignent cependant que Marcadé est plus tard revenu sur cette première opinion. Nous croyons, en effet, qu'elle n'était pas admissible. Sans doute l'énumération de l'art. 224 est limitative ; elle l'est, assurément, en ce qui concerne les auteurs des écrits désignés ; qu'elle le soit également quant à la nature même de ces écrits, j'en veux bien convenir encore, mais les lettres missives rentrent précisément dans la classe des *actes privés*, expressions des plus larges. et telles qu'il était impossible de mieux désigner les lettres missives, à moins de faire pour elles une disposition spéciale et d'en inscrire le nom dans l'article. L'art. 1447 définit également le commencement de preuve par écrit en matière d'obligation ; « tout *acte* par écrit. » Or là, pas de doute, ce mot acte comprend les lettres missives, chacun est d'accord à cet égard, et. sous l'ancienne jurisprudence, Pothier citait déjà ces lettres comme exemple de commencement de preuve par écrit (n° 768, *Traité des obligations*). Comment comprendre que cette même expression, employée dans des circonstances identiques, toujours pour définir le commencement de preuve par écrit, puisse avoir dans ces deux articles une signification différente? Comment expliquer surtout que l'art. 324 soit en ce point plus sévère que l'art. 1347, et procrive l'emploi les lettres missives, tandis que, par des motifs que nous connaissons déjà, il se montre beaucoup plus favorable que lui à l'admission de cette preuve, puisqu'il élargit, avec raison, la série des personnes dont ces actes peuvent émaner, et qu'il autorise même à remplacer les actes par des présomptions? Aussi bien, nous est-il impossible d'apercevoir en législation les raisons qui auraient pu faire proscrire les lettres. En quoi, le cahier, le brouillon sur lequel les parents ont inscrit le paiement des mois de nourrice, rend-il la demande plus vraisemblable que les lettres écrites à la nourrice, au maître de pension, à l'enfant? Quel motif aurait-on de les préférer? (Demolombe, t. 5 n° 246; Massé et Vergé, t. 1er p. 309, note 21; Aubry et Rau, t. 4, § 544, note 27; 5 juillet 1843, Recueil de Caen, t. VII, p. 438).

125. — Dans un arrêt du 4 décembre 1822, (Dal. Alph., v° *Paternité*, n° 275, note 1,) la Cour d'Angers refuse d'admettre à titre de commencement de preuve par écrit une lettre que le réclamant présente comme adressée à lui par sa prétendue sœur, son adversaire au procès, sous prétexte que celle-ci, contestant la sincérité de cette pièce, une vérification d'écriture est devenue nécesssaire pour que la justice puisse la

prendre en considération. Considérant, porte l'arrêt, que « l'appelant produit une lettre de la dame Delaunay, du 11 décembre 1799, qu'il en demande la vérification, qu'ainsi ce n'est pas un fait constant ; que tous les faits qu'il présente comme constants, devroient l'être avant toute vérification préalable, avant l'admission d'une preuve testimononiale, qu'ils devraient être tels qu'on pût en induire dores et déjà des présomptions et des indices graves, etc. »

Nous ne saurions acquiescer à cette doctrine qui nous semble renverser toute l'économie de la loi sur la production en justice des actes sous seings privés. Comment à ce compte se procurer un commencement de preuve par écrit qui puisse donner ouverture à l'enquête, non-seulement dans les questions d'état, mais encore en toute autre matière où la loi subordonne l'audition des témoins à cette condition préalable ? Le commencement de preuve par écrit consiste presque toujours dans un acte sous seing privé ; or peut-on admettre qu'il suffise d'en contester, en dépit de l'évidence, l'écriture ou la signature pour le destituer immédiatement de tout effet ? Autant vaudrait dire que la loi, toutes les fois qu'elle impose aux plaideurs l'obligation de fournir un commencement de preuve par écrit, leur refuse, par là même, tout moyen de faire valoir leur droit et de se faire rendre justice. Car enfin, comment supposer que leurs adversaires puissent négliger une exception si commode! Qu'exige du reste le législateur? Un acte émané de certaines personnes, afin, si cette expression se peut employer, de servir de caution à la preuve testimoniale. Or cet acte nous le présentons. Libre à vous de contester sa provenance et de nous contraindre à en démontrer la véracité! Mais vous ne sauriez, par une simple dénégation, échapper aux présomptions qu'il vient jeter dans le débat. La vérification une fois faite, c'est à votre tour de répondre, puisque nous avons établi que l'acte dont nous sommes munis satisfait, en tous points, aux exigences de la loi. Examinons d'ailleurs à quelles conséquences bizarres conduirait, en matière d'obligation, le système que nous combattons; puisqu'enfin la théorie du commencement de preuve par écrit est la même dans les deux cas. J'ai en ma possession un écrit émanant de mon adversaire, d'où je prétends faire sortir la preuve complète de son obligation à mon égard. Le conteste-t-il, il est alors vérifié, et, s'il est reconnu sincère, l'obligation, par là même, est prouvée. Supposons maintenant que cet écrit, au lieu de contenir une preuve complète, contienne seulement une présomption en faveur de l'obligation, je l'invoque cette fois, non plus pour faire condamner mon débiteur sur sa présentation seule, mais uniquement pour être autorisé à faire rechercher par témoins la preuve de cette obligation. Et une dénégation pure et simple suffirait alors pour me faire échouer dans ma demande? Comment la vérification d'écriture à laquelle le commencement de preuve a été soumis en aurait-elle affaibli la présomption au point de rendre, désormais, inadmissible la preuve testimoniale, tandis qu'elle confirme, au contraire, la force probante de l'acte qui tend à établir, à lui seul, l'existence de l'obligation?

126. — Dira-t-on que, dans l'espèce, la lettre produite devant la Cour n'était pas signée? Eh qu'importe! Nulle part la loi n'exige que les actes invoqués à titre de commencement de preuve par écrit soient revêtus d'une signature. Ce qu'il faut, et ce qui suffit, c'est qu'ils soient émanés des personnes désignées dans l'art. 324. Si l'origine de l'acte est contestée, l'écriture la fera suffisamment connaître. La présence

d'une signature n'y ajouterait même absolument rien, car celui qui aurait pu supposer l'acte lui-même eût également pu contrefaire la signature. La loi, d'ailleurs, n'autorise-t-elle pas la production des registres domestiques (art. 324) et personne, je suppose, ne soutiendra que pour faire foi leurs mentions doivent être revêtues d'une signature.

127. — La Cour de cassation a rendu, à propos des lettres missives invoquées comme commencement de preuve, en matière de filiation, un arrêt de la plus haute importance. Ces lettres, décide-t-elle, sont la propriété de ceux à qui elles sont adressées et qui en sont dépositaires; en conséquence, elles ne peuvent être, même pour des questions d'état civil, produites en justice contrairement à leur volonté. Ont-elles été prêtées dans un but différent et viennent-elles à être réclamées pendant les débats, alors qu'elles ont été déjà soumises aux juges, mais avant le jugement, elles seront rendues, et le tribunal n'en tiendra aucun compte. (Cass. 12 juin 1823, Dalloz Alph., *Patern. et filiat.*, n° 621, note 4.)

128. — Que la Cour de cassation, cependant, ait entendu aller aussi loin que la Cour d'Amiens, dont elle confirmait l'arrêt, il est, ce me semble, permis d'en douter. Cette dernière Cour décide, en effet, qu'on ne pourrait produire

les lettres missives contre la volonté de ceux qui les ont écrites. Une telle doctrine ne rendrait-elle pas impossible, dans la plupart des cas, la production d'un commencement de preuve par écrit? Le commencement de preuve émane, en effet, régulièrement de la partie adverse (art. 324, 1347). Or, jamais celle-ci ne consentira à ce qu'on emploie contre elle des lettres qu'elle a pu imprudemment écrire.

Quant aux autres actes privés, registres émanés d'elle, c'est à un titre égal qu'ils sont sa propriété, aussi ne manquera t-elle pas de soulever, à leur égard, la même protestation. Remarquons-le bien, d'ailleurs, de tous ces écrits, les lettres seules sont, par leur nature, destinées à sortir des mains de leur auteur, les registres demeurent, au contraire, chez ceux qui les ont tenus et qui y ont mentionné les faits qu'on pourrait plus tard invoquer contre eux. Quoi qu'il en soit, il est, je crois, un point dès l'abord indiscutable, c'est qu'on ne pourra jamais, par une perquisition et une saisie, s'en emparer d'autorité. L'arrêt d'Amiens aboutit donc forcément à une sorte de déni de justice, puisque les enfants, d'après lui, ne pourraient pas même se servir des lettres écrites à eux personnellement par leur père et mère. Il consacre par là un scandale public, permettant aux parents, afin de priver plus sûrement leurs enfants de l'état qui leur appartient, de revendiquer effrontément entre les mains des magistrats des lettres dans lesquelles ils avouent leur parenté.

129. — Dans un arrêt du 29 mai 1813 (Voy. Dall. Alph.: *Patern. et filiat.*, n° 272, note 1), la Cour de Paris décide, avec raison, qu'un acte de notoriété ne peut servir de commencement, de preuve à l'effet d'autoriser l'enquête au profit d'un individu qui n'a ni titre ni possession d'état. Qu'est-ce, en effet, qu'un acte de notoriété, sinon l'attestation de l'accouchement et de l'identité, attestation que la loi refuse de prendre en considération, à moins qu'un aveu, écrit antérieurement à la contestation, par l'un des intéressés, ne vienne rendre ces faits probables. Eh! quelle preuve de sincérité cet acte ajoute-t-il au témoignage? Ceux qui, plus tard, déposeraient dans l'enquête sont précisément ceux qui, déjà, ont attesté les mêmes faits dans l'acte de notoriété, ou des individus qui, connaissant ces faits au même titre, n'offrent pas de garanties nouvelles. En quoi, dès lors, le témoignage écrit pourrait-il rendre probable la sincérité du témoignage oral qui le suivrait? Et en quoi, réciproquement, le témoignage oral pourrait-il confirmer la sincérité du témoignage écrit déjà fourni? Ainsi entendue, l'exigence de la loi ne serait plus que puérile. Et d'ailleurs n'avons-

nous pas déjà dit que l'énumération de l'article 324 était restrictive quant aux auteurs du commencement de preuvre par écrit? Or, cette proposition admise tranche forcément la question en notre faveur.

Dans l'espèce sur laquelle la Cour de Paris avait à statuer, l'acte de notoriété eût pu cependant faire admettre la preuve testimoniale non pas, il est vrai, à titre de commencement de preuve, mais comme constatant l'existence de présomptions graves et de faits déjà constants. Ce qu'il tendait à établir, ce n'était pas, en effet, l'accouchement et l'identité, c'était une possession d'état complète, dont l'existence peut très-bien être établie par le moyen d'un acte de notoriété. Bien que cette possession n'ait pas semblé aux juges suffisante pour prouver la filiation par sa seule force, les faits sur lesquels elle s'appuyait eussent pu donner ouverture à la preuve testimoniale. (Voy. *infra*, n° 137.)

Cet acte de notoriété affirmait, en outre, qu'un acte de baptême avait été dressé à Londres en 1780, dans les formes alors en vigueur, mais qu'il avait été détruit par un incendie avec tous les registres enfermés dans la même chapelle. Ces faits devaient rendre inutile le commencement de preuve par écrit, et je m'étonne que la Cour, si elle n'en jugeait pas les éléments suffisamment établis, n'ait pas, tout au moins, ordonné une enquête sur ce point. Peut-être, d'après un système que nous avons combattu au n° 108, croyait-elle avoir le droit de refuser la preuve testimoniale, même après que la perte des registres aurait été prouvée.

130. — Plusieurs fois déjà, comparant les articles 323 et 324 d'un côté avec l'article 46 de l'autre, nous avons fait remarquer que ce dernier, lequel autorise purement et simplement l'enquête sans exiger aucune condition préalable, était évidemment le plus favorable des deux à la prétention du réclamant. En un point, cependant, l'article 324 se montre plus large que l'article 46, puisqu'il permet de recourir aux papiers de toute personne engagée dans la contestation ou qui y aurait intérêt si elle vivait encore, tandis que l'article 48 ne permet de recourir qu'aux papiers des seuls père et mère. Cette différence s'explique facilement, si l'on considère que dans l'article 46 ces papiers font, à eux seuls, preuve entière de la filiation, au lieu que, dans l'article 324, leur importance est beaucoup moindre; ils servent uniquement alors d'introduction à la preuve testimoniale, de laquelle dépend la décision du procès. Il était permis d'être plus sévère; on devait même être plus prudent dans le premier cas que dans le second.

On a signalé un second point à propos duquel la sévérité semble plus grande dans l'article 46. Non-seulement, cet article restreint les réclamants aux papiers des père et mère, mais encore aux papiers des père et mère *décédés*. Cette différence nouvelle n'est rien qu'apparente. Nous avons expliqué, en effet, (n° 112), que, d'après l'opinion générale, le législateur n'avait pu viser ici que la seule hypothèse où les père et mère ne prenaient aucune part à la lutte et semblaient, par leur silence, favoriser l'enfant. Une collusion était alors à craindre; on l'a sagement prévenue. Les père et mère sont-ils, au contraire, les adversaires de l'enfant dans la réclamation, il est conforme à toutes les règles du droit et à l'intention du législateur de vaincre leur résistance par la production de leurs propres aveux. Ainsi, loin d'établir une antinomie entre ces deux textes, le mot *décédés*, introduit dans l'article 46, a pour but d'en rendre la disposition conforme à celle de l'article 324, qui ne permet de faire usage d'un titre que si la partie *interessée* dont il émane est engagée dans la contestation ou si elle est décédée. L'unique différence, celle que nous signalions plus haut, est donc que cet intéressé, engagé dans la contestation ou décédé, ne peut être, dans l'hypothèse prévue par l'article 46, autre que le père ou la mère.

131. — Il est une condition si naturelle que je n'aurais pas songé à la signaler spécialement ici, si tous mes devanciers n'avaient pas cru le devoir faire. Lorsqu'on invoque, à titre de commencement de preuve par écrit, un acte émané d'une personne décédée, il faut que l'intérêt de cette personne, si elle eût été vivante, eût dû être *contraire* à celui du réclamant. L'exemple qu'ils en donnent est celui-ci : *Joseph* et *Sophie* meurent, laissant pour héritier Pierre, leur fils légitime. Paul intente contre lui une réclamation d'état, tendant à se faire déclarer son frère germain, comme né également en légitime mariage de ce même Joseph et de cette même Sophie. Paul pourra faire admettre en sa faveur la preuve testimoniale s'il représente un acte émané de Jules, frère germain, aujourd'hui décédé, de Pierre, qui ne conteste point son état (Valette sur Proudhon, t. II, p. 90, note *a;* Demolombe, t. V, n° 248; Massé et Vergé, t. Ier, p. 309, note 22; Dalloz, Jurispr. génér., V° *Paternité*, n° 273).

132. — Si le réclamant n'a entre les mains aucun commencement de preuve par écrit, et qu'il ne puisse appuyer son action sur des faits déjà constants, la dernière ressource qui lui reste est d'obtenir de son adversaire, au moyen d'un interrogatoire sur faits et articles, un aveu qui, rendant la filiation au moins probable, ser-

vira plus tard de commencement de preuve par écrit. Rien ne s'oppose à ce que le tribunal accorde cet interrogatoire. Il devra même le faire presque toujours ; les inconvénients m'en semblent nuls et les avantages en peuvent être immenses. Tout différent, en effet, de la preuve testimoniale, il n'a pas pour but, comme elle, d'établir la filiation. C'est seulement un moyen de plus mis à la disposition des juges pour dégager la vérité des voiles qui l'environnent, un moyen à l'aide duquel le réclamant a chance de se procurer le commencement de preuve écrite qui, jusqu'ici, lui a fait défaut.

133. — Examinons maintenant quelles sont les qualités juridiques requises pour que les présomptions puissent, à défaut de commencement de preuve par écrit, autoriser l'admission de la preuve testimoniale.

Les faits sur lesquels elles s'appuient doivent être, dit l'art. 323, dès lors constants.

M. Bigot-Préameneux, dans l'exposé des motifs, nous fournit une explication précieuse : « Il ne serait pas nécessaire qu'il y eût un acte « par écrit, si le commencement de preuve dont « se prévaut l'enfant était fondé sur un fait dont « toutes les parties reconnaîtraient la vérité, « *ou* qui serait dès lors constant. » Il résulte de ces paroles, que l'aveu de la partie à laquelle on oppose un certain fait n'est pas indispensable pour que ce fait puisse donner ouverture à la preuve testimoniale. En effet, ajoute M. Demolombe : « Il ne saurait dépendre d'elle de nier « l'évidence et de méconnaître un fait d'ailleurs « certain et actuellement bien démontré. » Mais la portée des mots *dès lors constants*, reste toujours à fixer. Dans quels cas, les faits, bien que contestés, pourront-ils être de prime abord regardés comme constants? Ce serait, en premier lieu, et sans aucun doute, dans l'hypothèse où un acte public ferait mention de certains faits se rattachant à la filiation réclamée.

M. Demolombe (t. V, n° 251), en donne l'exemple suivant : « Un acte de naissance in- « scrit sur les registres de l'état civil porte « qu'un enfant nouveau-né a été présenté tel « jour, avec tels vêtements, avec tels effets dé- « signés, qu'il porte telle marque particulière et « distinctive, etc. (art. 58) ; et le réclamant re- « présente ces effets, et il porte cette même « marque corporelle que constate le titre par « lui représenté, etc. Qu'a-t-on besoin après cela « de l'aveu des adversaires? » Loin cependant d'être suffisants, à eux seuls, ces faits n'en laisseraient pas moins la question subsister tout entière ; car, après avoir ainsi démontré que le réclamant est bien l'enfant trouvé dans telle circonstance et présenté à l'officier de l'état civil, il faudrait que, de plus, on eût établi quelque fait tendant à faire au moins présumer que cet enfant se rattache réellement aux parents dont il se prétend issu. Jusque-là, la même incertitude continue à régner sur sa famille, et rien ne peut autoriser l'enquête. Cette dernière preuve, cependant, se trouvera faite, selon le vœu de la loi, par la production effectuée devant les juges, soit du linge qui enveloppait l'enfant, et dont la marque, bien caractéristique, se trouve être identiquement reproduite sur tout le linge de la famille, soit d'un titre émané du père ou de la mère et contenant des renseignements suffisamment précis, ce qui nous fait revenir alors au commencement de preuve par écrit.

134. — Quelques jurisconsultes regardent encore comme constants, dans le sens de l'article 323, les faits relatifs à la naissance, relatés dans un acte sous seing privé, dont l'auteur, décédé avant le procès, prétend avoir assisté à l'accouchement. On en donne comme exemple la mention d'un accouchement clandestin, trouvée sur les registres d'un médecin décédé, ainsi que cela eut lieu en un procès resté célèbre dans les annales de notre ancienne jurisprudence.

Cette doctrine me semble devoir être aujourd'hui rejetée sans hésitation. Rien ne prouve, en effet, la véracité de cette personne décédée ;

et l'on ne saurait soutenir que l'attestation émanée d'elle puisse, ainsi que le veut la loi, rendre à elle seule le fait qu'elle produit, *dès lors constant*, et tel qu'une démonstration nouvelle soit désormais inutile. S'il était d'ailleurs possible de baser sur un acte de cette nature une présomption qui pût, aux termes de l'article 323, donner ouverture à la preuve testimoniale, l'économie de la loi serait détruite, et les conditions rigoureuses imposées par le législateur au commencement de preuve par écrit deviendraient illusoires. A quoi bon, en effet, spécifier qu'un acte, rendant probable la filiation, ne peut servir de commencement de preuve par écrit, et faire admettre l'enquête, que dans le cas où il émane de certaines personnes déterminées, si l'on peut arriver au même résultat, faire admettre l'enquête, avec un acte émanant d'individus autres que ceux limitativement désignés, et cela, à la seule condition de l'invoquer, non plus à titre de commencement de preuve par écrit, mais à titre de présomption grave.

135. — Mais ne peut-on jamais recourir à la preuve testimoniale *à propos* de ces faits, impudemment contestés, bien qu'évidents, et qui, venant à l'appui de la réclamation, donneraient ouverture à la preuve testimoniale ? Telle paraît être l'opinion de tous ceux qui ont écrit sur

cette matière, et je la crois, d'ailleurs, conforme aux principes qui ressortent des différents arrêts. Sans attaquer ouvertement une doctrine qui réunit à de très-fermes bases, une si imposante unanimité de suffrages, je me permettrai cependant d'exposer quelques doutes.

135. — M. Demolombe (t. V, n° 250) déclare «qu'une décision juridique qui admettrait une preuve testimoniale pour établir préalablement les faits eux-mêmes, devrait, en général, être cassée pour violation de l'art. 323. » C'est ici qu'une distinction pourrait, ce me semble, intervenir avec avantage. Si les faits étaient incertains, qu'un nombre limité de personnes en pût seul avoir connaissance, qu'une enquête enfin fût nécessaire pour mettre en lumière la vérité, il est hors de doute que cette enquête ne pourrait pas être accordée, puisque la demande même qui en serait faite prouverait que ces faits ne sont pas actuellement constants, ainsi que l'exige la loi. Mais si ces faits sont, au contraire, d'une évidence parfaite et de notoriété publique dans la commune, dans le canton qu'ont toujours habité l'enfant et sa famille présumée, et que, par conséquent, il s'agisse uniquement d'établir devant le tribunal cette évidence, cette notoriété publique, je ne vois pas sur quelle base on se pourrait alors de fonder pour repousser la preuve testimoniale.

Si évident, si constant que puisse être un fait de cette nature, il le sera seulement dans le cercle où se sont passés les événements, et ce n'est que dans des cas exceptionnels qu'il pourra, de prime abord, l'être également pour les juges qui ne connaissent rien par eux-mêmes ; or, pour porter ce fait à leur connaissance, il n'y a matériellement que trois moyens : l'*aveu*, le *titre*, le *témoignage*.

Quelque confiance que puisse inspirer la bonne foi des plaideurs, l'aveu, il faut le reconnaître, n'interviendra le plus souvent que dans le cas où le réclamant se trouvera en possession d'un autre mode de preuve pouvant le rendre inutile.

Quant aux titres, si nous laissons de côté ceux qui, satisfaisant aux conditions exigées par l'art. 324, et contenant, eux aussi, un aveu, rentrent, non pas dans la classe des présomptions, mais dans celle des commencements de preuve par écrit, nous nous trouvons forcément restreints aux actes authentiques dont les clauses pourraient constater certaines circonstances relatives à la filiation réclamée. Or, n'avons-nous pas vu de quel rare et faible secours peuvent être de pareils actes? Pour ce qui est des écrits privés émanés de personnes vivantes non engagées dans le procès, ce sont de pures et simples attestations qui constituent, non des preuves complètes, mais de simples présomptions des faits par eux énoncés, et sont, par conséquent, non recevables. — Ainsi, d'après la théorie reçue, on exige pour l'admission de la preuve testimoniale un commencement de preuve par écrit, ou des faits établis, soit par un aveu, soit par un acte authentique. Mais, n'est-ce pas aller précisément contre l'esprit qui a dicté la loi? « L'enfant, disait le tribun Duveyrier, est presque toujours victime innocente et sans défense du délit le plus répréhensible. Un sot orgueil, des divisions de famille, la jalousie, l'avidité l'ont dépouillé de son état. Le crime n'a du négliger aucune des précautions qui devaient assurer son impunité; et lorsqu'il dénonce le crime, pour l'admettre seulement à être écouté, vous lui demandez précisément les écrits que le crime lui a enlevés (V. Locré, t. VI, p. 306).

Croit-on que ceux qui ont pris soin de priver l'enfant de tout ce qui pouvait déceler sa filiation, acte de naissance et commencement de preuve par écrit, auront laissé subsister un acte authentique compromettant, ou viendront aujourd'hui aider d'un aveu sa réclamation d'État? Exiger de l'enfant cet aveu ou cet acte authentique, c'est donc, presque toujours, le mettre dans l'impossibilité de revendiquer utilement son droit. Tout ce que veut la loi, Duveyrier nous le dit encore : c'est que « ces présomptions ou indices résultent de faits déjà non contestés ou *incontestables.* » Pourquoi, plus sévères que la loi, exigerions-nous que cette évidence fût établie devant les juges, par écrit, et non autrement? La crainte de la corruption, qui a fait proscrire la preuve testimoniale pour la *recherche* de la vérité, n'a plus aucune raison d'être lorsqu'il s'agit uniquement de sa *constatation.* Le grand nombre de témoins parmi lesquels on est libre de choisir permet de ne recourir qu'à ceux dont l'honorabilité ne peut laisser aucun doute; de plus, chacun d'eux ne dépose pas d'un fait dont la connaissance lui soit personnelle, il n'est autre chose devant le juge que l'organe d'un pays tout entier qui contrôle et confirme sa déposition, excluant par cette surveillance jusqu'à la possibilité matérielle d'une fraude. Ce système peut donc se résumer ainsi : Toute décision judiciaire qui, en l'absence d'un commencement de preuve par écrit, aura admis la preuve testimoniale pour établir un fait de la nature de ceux dont il est parlé dans l'art. 323, devra être cassée comme contraire aux dispositions de ce même article; elle devra, au contraire, être respectée si l'enquête avait pour but unique de porter à la connaissance du tribunal ce fait, dès avant indiscutable pour quiconque avait vécu dans un certain pays, et que les adversaires ne contestent que par une insigne mauvaise foi.

Les faits pourraient, ce me semble, être considérés comme suffisamment certains s'ils étaient consignés dans un acte de notoriété, signé par les principales autorités du pays.

Peut-être, dira-t-on, que ce système laisse l'opinion publique juge de faits souvent très-délicats, et qui, pour être connus sous leur vrai jour, nécessiteraient une enquête minutieuse, conduite à la fois avec adresse, tact, et prudence. C'est vraiment là le côté faible de notre doctrine, nous ne cherchons pas à nous le dissimuler.

Sans doute, il suffira quelquefois qu'un fait ait été habilement exploité pour qu'il acquiert une apparence différant essentiellement de sa portée véritable; ce fait peut même avoir été supposé dans toutes ses parties, puis mis en circulation, grâce à de secrets auxiliaires, il peut égarer l'opinion publique qui manque de moyens sérieux d'investigation, et qui, sur de telles matières, saisit avec empressement pour leur donner un corps les rumeurs les plus hasardées et les plus vagues.

Bien que ce point de vue puisse faire naître quelques hésitations, il ne me semble pas toutefois trancher la question sans appel. Les tribunaux resteront, en effet, toujours libres de décider si, par sa nature, le fait, avec les circonstances qui l'accompagnent, est tel que l'opinion publique ait pu être juge de son existence, ou si, au contraire, malgré l'unanimité des témoignages, il ne peut être regardé comme constant, aux termes de l'art. 323.

137. — Quoiqu'il en soit, MM. Demolombe, Dalloz, Vallette sont contraints d'admettre dans certains cas spéciaux la preuve testimoniale pour établir des faits qui, une fois constants, donneront ouverture à une nouvelle enquête portant, cette fois, sur la filiation même.

L'hypothèse qu'il faut supposer pour cela est, de toutes, la plus naturelle et la plus simple. L'enfant invoque la possession d'état ; une partie des faits sur lesquels il se fonde sont établis par lui, quelques-uns seulement restent dans le doute. Si ces derniers eussent pu être également prouvés, la possession eût été constante et eût emporté, à elle seule, la preuve complète de la filiation. Si toutefois, telle qu'elle est, elle manque de l'énergie nécessaire pour prouver ainsi cette filiation, elle la rend, au moins, on ne peut plus probable, et donne forcément, par là même, ouverture à la preuve testimoniale, afin qu'elle puisse suppléer les rares éléments de certitude qui lui manquent pour enlever la conviction des juges.

Mais, si les faits articulés sont tels que, même en les supposant prouvés, ils ne puissent constituer une possession d'état assez puissante pour prouver la filiation, les juges pourront-ils, néanmoins, autoriser l'enquête, dans le but d'établir ces faits *aujourd'hui contestés*, et de baser ensuite sur eux la preuve par témoins de l'accouchement et de l'identité?

Les savants auteurs que je viens de citer répondent encore à cette proposition par l'affirmative, si contraire qu'elle puisse paraître au texte de l'art. 323, qu'ils respectent en toute autre occasion avec un si religieux scrupule. Les faits qu'on invoque sont, disent-ils, des faits constitutifs de la possession d'état; le but qu'on se propose est d'établir cette possession qui, pour être incomplète, pour manquer quelque peu d'énergie, n'en demeure pas moins par son essence une vraie possession d'état. Or, ne savons-nous pas que la possession d'état peut être valablement établie par témoins? La volonté du législateur est scrupuleusement respectée, puisque, d'après le tribun Duveyrier, la société est satisfaite pourvu que la preuve testimoniale ne soit pas introduite avec légèreté. Peut-on donc dire que, dans notre espèce, elle soit légèrement reçue? Qui ne voit, au contraire, que la possession, même incomplète, est la présomption la plus forte qui puisse s'élever en faveur de l'état, et qu'elle sollicite plus encore qu'elle ne l'autorise la preuve testimoniale qui, dissipant tous les doutes, confirmera le réclamant dans les droits qui lui appartiennent. (Val. S. Proud., t. II, p. 91, note *a*; Demol., t. V, n° 252; Dal., *Jurispr. gén.*, v° *Paternité*, n° 277.)

En quoi ce système diffère-t-il de celui que nous soutenons au n° 136? Peut-être n'en est-il qu'une appplication inconsciente? L'élément essentiel, primordial de la possession d'état, celui qui renferme tous les autres, et sans lequel elle ne saurait exister, c'est l'opinion où chacun est que vous appartenez à telle famille, parce que vous vous conduisez envers elle, et que vous êtes en retour traité par elle comme un de ses membres. L'enquête porte donc moins sur le détail des faits que sur la notoriété publique qu'il s'agit de faire connaître au tribunal; et c'est pour ce motif que les juges, après en avoir pris connaissance, peuvent s'appuyer sur elle pour rechercher par témoins l'existence de l'accouchement et l'identité.

138. Nous avons décidé que, pour qu'elle pût faire preuve de la filiation, la possession d'état devait s'être exercée tant à l'égard de l'un des époux qu'à l'égard de l'autre. Lorsque cette présomption n'est plus, au contraire, invoquée, qu'au seul titre de présomption grave pouvant donner ouverture à la preuve testimoniale, il suffit, croyons-nous, que les faits de possession rattachent l'enfant à sa prétendue mère, sans

qu'il soit nécessaire d'en invoquer aucun à l'égard du mari. La différence des principes qui régissent ces deux modes de preuve est, en effet, fondamentale. La possession d'état prouvant directement la paternité du mari, doit, de toute nécessité, s'être exercée entre lui et l'enfant qui l'invoque. Et que pourrait prouver, même à l'égard de la femme, cette possession dont les éléments ne se rapporteraient qu'à elle seule? Assurément, ce ne pourrait être une filiation légitime, la présomption qui en résulterait y serait plutôt contraire. Prouverait-elle, au moins, une filiation naturelle? c'est ce dont nous n'avons point à nous préoccuper ici, et ce qui divise, au reste, profondément les plus éminents jurisconsultes. Bien différente est la preuve testimoniale; par elle, on ne recherche nullement la paternité du mari, puisqu'aux yeux de la loi elle existe toujours, par cela seul que la maternité de la femme mariée est reconnue. Le point sur lequel porte l'enquête, ainsi que nous l'expliquons plus bas (n° 143), c'est l'accouchement, et subsidiairement l'identité de l'enfant. Or, pour rendre ces faits probables et permettre leur recherche à l'aide de témoins, les éléments de possession d'état qui rattachent cet enfant à une certaine femme suffisent amplement, et nous n'aurions que faire d'une possession quelconque à l'égard du mari; c'est en vertu de la maternité de la mère prouvée dans l'enquête, et non en vertu de cette possession, que sa paternité pourra être établie. Le mari d'ailleurs ne saurait se plaindre de cette décision. La loi n'a-t-elle pas sauvegardé ses intérêts en l'autorisant, lorsque la maternité de sa femme n'a été établie que par la preuve testimoniale, à repousser la présomption *is est pater* hors des cas et des modes tracés pour le désaveu? Les juges alors ont latitude pleine et entière; ils peuvent admettre toutes raisons, quelles qu'elles soient, si elles leur semblent suffisamment probantes; ils pourront même, afin de donner plus de poids à des arguments d'une autre nature, tenir compte de la différence qui a toujours existé entre les relations de la femme et du mari à l'égard de l'enfant. Dans cet ordre d'idées apparaît l'unique utilité que puisse offrir pour l'enfant en question sa possession d'état incomplète vis-à-vis du mari de la femme que l'enquête vient de lui attribuer pour mère. Cette possession, constituant un aveu plus ou moins énergique et plus ou moins répété, suivant les circonstances, rendra, en fait, les juges plus ou moins exigeants sur la preuve que l'art. 325 met à la charge du mari.

139. — B. Il ne suffit pas que le commencement de preuve par écrit et les faits constants dont s'occupent les art. 323 et 324 satisfassent

aux caractères juridiques que nous venons d'exposer, il faut, de plus, qu'ils fassent naître, en faveur de la filiation prétendue, un degré de probabilité suffisant pour justifier l'admission de la preuve testimoniale. On comprend qu'une règle fixe soit impossible à tracer ici, et que la question doive être, suivant les circonstances de la cause, décidée souverainement par les juges d'appel.

Inutile d'ajouter que le même pouvoir souverain appartient aux juges sur l'existence matérielle des faits graves ; eux seuls peuvent décider si ces faits doivent être ou non considérés comme constants; leur décision, à cet égard, ne saurait être soumise au contrôle de la cour de cassation.

Voyez, en ce qui touche le commencement de preuve par écrit, (Demol., t. V, n° 249. Cass. 25 août 1812, Sirey 1812, I, 405; Cass. 11 avril 1826, Sirey 1826, I, 336; Cass. 17 avril 1830, Sirey 1830, I, 175; Cass. 6 août 1839, Sirey 1839, I, 562). Ce dernier arrêt déclare qu'un acte émané d'une simple légataire ne peut, par suite des moyens de captation employés à son égard, servir de commencement de preuve par écrit, bien que cette légataire soit au procès l'adversaire du réclamant. Mais il faudrait bien se garder de généraliser en droit cette décision, et de rejeter un commencement de preuve par écrit, sur ce seul motif qu'il émane d'une personne intéressée seulement comme simple légataire particulier, soit des père et mère, soit de tout autre membre de la famille. Bien faible, sans doute, est, en de telles matières, l'autorité d'une personne dont l'intérêt purement pécuniaire peut être aisément détruit par une indemnité équivalente; la corruption vis-à-vis de lui n'est pas moins aisée à pratiquer que vis-à-vis des témoins. La loi, cependant, est formelle et ne distingue en aucune sorte.

D'après l'art. 324, un acte émané d'un adversaire, quel que soit son intérêt dans le débat, suffit pour introduire la preuve testimoniale, pourvu qu'il contienne des énonciations suffisamment précises en faveur de la filiation réclamée. Pour repousser un acte de cette nature, il faudrait que des circonstances de fait vinssent jeter un doute sur la sincérité des énonciations qu'il contient; et c'est seulement alors que l'intérêt uniquement pécuniaire de celui dont il émane pourrait être invoqué à l'appui de ces faits, afin de fortifier les soupçons éveillés déjà d'autre part.

Parmi les arrêts que nous venons de citer, celui rendu le 11 avril 1826 par la Cour de cassation mérite également une mention spéciale. Malgré la production d'un commencement de preuve par écrit, émané de la prétendue sœur très-précis en faveur de la filiation, et dont la sincérité n'est pas contestée, cet arrêt refuse d'admettre la preuve testimoniale, parce qu'aux yeux des magistrats, l'auteur de l'acte invoqué était, en l'écrivant, victime d'une erreur de fait.

Pour ce qui regarde les présomptions graves, voyez Cass. 19 mai 1830, Sirey 1830, I, 216.

140. — Un arrêt de la chambre des requêtes du 20 mars 1838, cité par MM. Dalloz, n° 285, dispose que la preuve testimoniale peut être rejetée, lorsque les circonstances frappent d'une telle invraisemblance les faits articulés par le demandeur, que cette invraisemblance peut être assimilée à une impossibilité de prouver. Il est, en effet, de principe que, dans toute matière, les juges sont libres d'accorder ou de refuser l'enquête qui leur est demandée. La règle posée par l'art. 253 du C Pr. est générale; elle domine tous les cas spéciaux et régit toute enquête, quel qu'en puisse être l'objet. Inutile de faire observer que les juges devront user de ce droit avec la plus grande circonspection, l'enquête n'étant autre chose qu'un moyen de rechercher la vérité, si difficile à saisir en pareille matière, la refuser serait le plus souvent refuser de s'instruire.

Au premier abord, cependant, cette faculté

qui appartient aux juges se comprend mal lorsqu'il s'agit de rechercher la filiation. De deux choses l'une, peut-on dire, ou le jugement déclare qu'il n'existe en faveur de la demande ni commencement de preuve ni présomptions suffisantes, et ce n'est point alors la faculté, mais le devoir, qu'a le tribunal de refuser l'enquête; car s'il l'ordonnait en de telles circonstances son jugement tomberait nécessairement sous la censure de la cour de cassation ; ou bien, au contraire, statuant sur le commencement de preuve ou les présomptions qui lui sont soumises il en reconnaît la valeur : comment comprendre alors qu'il puisse refuser d'entendre les témoins?

Un commencement de preuve par écrit est non-seulement un acte satisfaisant à certaines conditions juridiques, mais, de plus et surtout, rendant probable la filiation réclamée. Après avoir ainsi proclamé qu'il existait en faveur de la demande une probabilité suffisante, comment les juges pourraient-ils la déclarer tellement invraisemblable qu'elle ne méritât même pas d'être soumise à la preuve testimoniale? Cette contradiction apparente s'explique aisément. Les écrits fournis d'abord pouvaient présenter, en droit et en fait, le caractère de sérieux commencements de preuves : mais, depuis, les adversaires ont rapporté d'autres titres, appelé l'attention sur d'autres faits déjà constants qui sont venus renverser les présomptions tirées de l'acte primitivement produit. Ou bien encore, l'acte rend probable la filiation même, mais le réclamant, égaré dans ses investigations, ne demande l'enquête que sur des faits complétement invraisemblables, ou dont la preuve paraît au tribunal impossible à fournir. C'est surtout en de telles circonstances qu'il convient de répéter que cette faculté laissée entre les mains du juge est un dangereux pouvoir, dont il est sage de ne presque jamais user. Que sont, en effet, les lenteurs et les frais d'une enquête, si on les compare à l'importance du résultat poursuivi, de la vérité mise en lumière sur une question d'état?

141. — Aux termes de l'art. 1353, les magistrats peuvent baser leurs décisions sur des présomptions graves, précises et concordantes, dans les cas où la preuve testimoniale serait admissible. Il est unanimement reconnu que ce n'est pas seulement lorsque la preuve testimoniale est reçue de prime abord, comme moyen normal, qu'elle peut être remplacée par l'autorité des présomptions : il en est encore ainsi lorsque, défendue en principe sur un certain fait, une circonstance particulière est venue en déterminer l'admission. Telle est, par exemple, l'hypothèse d'une obligation supérieure à deux

cents francs, et de laquelle on rapporte un commencement de preuve écrite. L'objet de l'obligation ne la rendrait pas susceptible d'être prouvée par témoins, mais le commencement de preuve permettant exceptionnellement de recourir à cette preuve, autorise par là même, les juges à tenir compte des présomptions de l'homme.

N'en doit-il pas être ainsi de la filiation, et lorsqu'un commencement de preuve a été soumis aux magistrats, ne peuvent-ils pas achever la preuve aussi bien à l'aide des présomptions, qu'à l'aide des témoins? Pourquoi non, dira-t-on, l'art. 1353 pose une règle générale, qui s'applique à toutes les hypothèses, pour lesquelles il n'y a pas été expressément dérogé. Et, où trouver une dérogation en matière de filiation légitime?

Cette dérogation, cependant, résulte implicitement des dispositions de la loi. Telle est l'importance vitale qui s'attache à l'état des personnes, tels seraient les dangers d'une preuve trop légèrement reçue, que le législateur a cru devoir organiser un système spécial et restrictif, dont il impose les règles à quiconque veut établir une filiation. On n'y peut parvenir qu'au moyen de l'acte de naissance, de la possession d'état, ou de la preuve testimoniale. Cette énumération est limitative; tout mode de preuve qui n'est pas spécialement autorisé est, par là même, défendu. Le rôle des présomptions, en cette matière, est d'ailleurs expressément tracé par l'art. 323. Placées à côté du commencement de preuve par écrit, quoiqu'au second rang, elles servent, aussi bien que lui, à introduire la preuve testimoniale. Mais, à cela doit se borner leur usage, elles ne peuvent après avoir donné ouverture aux témoignages, s'il font défaut, se substituer à eux, et, se constituant elles-mêmes caution de leur propre valeur, servir de base à la décision du procès. Et de même que possédant deux commencements de preuve par écrit on ne pourrait par l'un introduire l'autre pour faire à défaut d'enquête preuve de la filiation ; de même aussi, on ne peut au moyen des présomptions de l'homme, si constants et si graves que soient les faits d'où elles résultent, achever la preuve commencée par les registres ou les papiers domestiques. Ce serait en résumé deux fois la répétition de la même preuve, et non, comme l'a voulu le législateur, deux preuves superposées, se soutenant réciproquement, et augmentant par leur réunion l'autorité propre à chacune d'elles. Remarquons-le bien, d'ailleurs, parmi les moyens de preuve que la loi a mis à notre disposition pour établir la filiation, entre l'acte de naissance et la preuve testimoniale, se trouve indiquée la possession d'état.

Or, qu'est-ce que la possession d'état, si non la réunion de certaines présomptions de l'homme? Mais si toutes les présomptions eussent pu être invoquées en vertu de l'art. 1353, qu'était-il besoin de spécifier que la réunion de celles-ci ferait preuve de la filiation. D'autant plus que chacun s'accorde à ne pas regarder comme limitative l'énumération qui en est faite par l'art. 321, et que les juges du fait conservent sur la conséquence à en tirer leur pouvoir souverain (n°s 75et 76) Ces présomptions, résultat des faits qu'on a coutume de résumer par cette formule ; *nomen tractatus fama*, étant les plus fortes de toutes en faveur de la filiation, se fussent imposées d'elles-mêmes et avant toutes les autres à la conscience des magistrats. Quelle que soit, en effet, la possession d'état qu'on veuille supposer, deux éléments essentiels s'y rencontrent de toute nécessité : 1° L'enfant porte le nom du père auquel il prétend appartenir ; 2° il passe dans le monde pour être membre de telle famille. Ces faits, toujours constants avant le procès, eussent, dans le système que nous repoussons, suffi pour donner ouverture à la preuve testimonale. Puis, à défaut de cette preuve, et en vertu de l'art. 1353, on eût invoqué soit les autres présomptions données comme exemple par l'art. 1321, soit des présomptions différentes.

En faisant de la possession d'état un mode spécial de preuve, la loi indique donc de la façon la plus nette que l'art. 1353 ne saurait être appliqué aux réclamations d'état.

142. — D'après Marcadé (§ 3 sur l'art. 324), l'enquête ne serait nécessaire que dans l'hypothèse où les titres privés, émanés de l'adversaire, ne suffiraient pas à former la conviction du juge. Les énonciations que renferment ces titres sont-elles, au contraire, suffisamment précises ; qu'a-t-on, dès lors, besoin de recourir à la preuve testimoniale pour compléter ce qui est par soi-même achevé ?

Je ne puis admettre cette opinion qui, jusqu'ici, n'a, que je sache, ni essuyé aucune attaque, ni recueilli aucune adhésion. Depuis quand un aveu de l'adversaire pourrait-il décider une question d'état à laquelle est intéressée la société tout entière, comme il ferait d'une obligation pécuniaire dont l'objet est susceptible de transaction ? Si formel que soit l'aveu, il ne saurait, en cette matière, constituer autre chose qu'une simple présomption, mais jamais une preuve complète. Comment, d'ailleurs, expliquer le soin qu'a pris le législateur de tracer ces règles minutieuses qui subordonnent la filiation à la preuve écrite, sous la forme d'un acte de naissance, et à défaut de cet acte à la possession d'état, puis à la preuve testimoniale, si les magistrats, libres de s'en affranchir, pouvaient se contenter d'une simple reconnaissance par acte sous seing privé?

A ceux qui, ainsi que nous le faisons nous-même (n° 106) appliquent l'art. 46, non-seulement à la preuve de la *naissance*, mais encore à celle de la *filiation*, un rapprochement de textes montrera mieux encore le vice du système enseigné par Marcadé. Les art. 323 et 324 qui s'occupent de la non-inscription d'un enfant, les registres existant d'ailleurs, offrent comme *unique* moyen de preuve, le *témoignage*, et s'ils parlent des actes privés, des titres de famille, ce n'est point en tant que preuves distinctes, mais uniquement comme donnant ouverture à l'enquête. L'art. 46, au contraire, dispose que dans le cas de perte des registres, la preuve de la *naissance* (nous lisons *filiation*), pourra être faite *tant* par titres *que* par témoins. Ici, sans doute, les titres et les témoins, sont mis sur la même ligne; chacun d'eux peut être invoqué sans le secours des autres, et suffit à prouver la filiation. Mais c'est précisément là une faveur exceptionnelle motivée par le défaut de registres, l'art. 46 lui-même prend soin de nous le dire, et sa disposition n'aurait plus de raison d'être si les facilités accordées par lui dans ce cas étaient également offertes dans les hypothèses prévues par les articles 323 et 324, hypothèses dans les quelles la négligence ou la mauvaise foi contraignent l'enfant à recourir au troisième mode de preuve. Dira-t-on que la forme dérogatoire, employée par le législateur dans les termes de l'art. 46, s'explique suffisamment par ce seul motif qu'il autorise la réception de la preuve testimoniale sans conditions préalables, mais que là se borne la dérogation qu'il introduit au droit commun ; que, pour ce qui regarde l'usage des registres ou papiers, il s'en refère aux dispositions des articles 323 et 324 ? Cette objection tombe d'elle-même si on examine la rédaction de l'art. 46. Ce qu'il met en relief, ce n'est pas que l'enquête pourra être, dans cette hypothèse spéciale, reçue de prime abord, non ! C'est, au contraire, que la filiation pourra être prouvée TANT par les *registres et papiers* émanés des *père et mère décédés* QUE par l'audition des témoins. Elle concède à ces titres et papiers la même autorité qu'aux témoignages. Qu'on oppose maintenant à ces termes explicites et formels ceux des articles précités.

143. — Lorsque la preuve de filiation se fait par la possession d'état, elle est unique et simple ; la preuve de l'identité se confond avec elle. Il est bien certain, en effet, que ces relations de parenté qui ont existé entre vous et telle famille, et dont vous venez de justifier, s'appliquent à vous et non à un autre. Lorsque,

pour établir votre filiation, vous recourez à la preuve testimoniale cette preuve, au contraire, est complexe; elle doit porter directement et spécialement sur deux faits distincts, l'*accouchement* et l'*indentité*. Après avoir prouvé que la femme dont il se prétend issu est accouchée à telle époque, le réclamant doit prouver, de plus, qu'il est bien l'enfant dont elle est alors accouchée.

144. — Nous avons, sous le n° 67, discuté la question de savoir si la preuve de l'identité, alors que l'accouchement se trouvait établi par un acte de naissance, était subordonnée à la production d'un commencement de preuve par écrit. Semblable controverse ne saurait s'élever ici : ce que l'art. 323 subordonne au commencement de preuve par écrit, c'est, en effet, la preuve testimoniale de la maternité tout entière, dont l'identité est l'un des deux éléments. L'un et l'autre ont une importance égale; il n'y a pas plus de raison de dispenser l'un que l'autre de ce préalable exigé par la loi, d'autant plus que la preuve de l'accouchement laisse intacte la question d'identité. Ainsi, les tribunaux ne devront autoriser la preuve testimoniale sur l'accouchement que lorsqu'il résultera des commencements de preuve écrite et des présomptions graves à eux fournies, non-seulement la probabilité que la femme dont il s'agit est accouchée,

mais encore la probabilité que le réclamant est bien l'enfant auquel elle a donné naissance.

145. — Les adversaires de l'enfant peuvent, sans aucun doute, contester chacun des faits desquels il prétend faire résulter la preuve, soit de l'accouchement, soit de l'identité. Ils peuvent même, lorsqu'ils ne sont pas parvenus à renverser directement et individuellement chacun de ces éléments de preuve, s'attaquer à la maternité déjà assise sur eux, et démontrer qu'elle est inconciliable avec certains autres faits, de l'existence desquels ils sont en mesure de justifier. C'est là une conséquence nécessaire de la liberté de défense, principe non moins sacré en droit civil qu'en droit criminel (art. 256 C. pr.).

De ce même principe il résulte encore que la preuve contraire peut être administrée sans aucun commencement de preuve par écrit. Cette faculté est, d'ailleurs, consacrée par l'art. 325. « La preuve contraire pourra se faire par tous les moyens propres à établir que le réclamant n'est pas l'enfant de la mère qu'il prétend avoir. »

146. — La possession d'état embrasse dans une seule et même preuve la filiation paternelle et maternelle. Nous avons vu que la preuve testimoniale s'appliquait, au contraire, uniquement à la maternité. Il s'agit, maintenant, de savoir à l'aide de quels moyens, l'enquête nous ayant

ainsi fait découvrir la mère, nous parviendrons à déterminer le père de l'enfant. La présomption de l'art. 312 est-elle applicable ici, aussi bien que dans l'hypothèse où l'acte de naissance constate la maternité?

Oui, sans doute, lorsqu'à l'aide de la preuve testimoniale on sera parvenu à établir ainsi la maternité d'une femme mariée, la paternité de son mari en sera la conséquence. L'art. 312 est général. « L'enfant conçu pendant le mariage a pour père le mari. » La loi qui en décide ainsi n'a point restreint sa disposition au cas où la naissance est prouvée par un acte de l'état civil, elle n'a même fait aucune allusion à un tel acte. La naissance est établie par un mode légal; la conception pendant le mariage l'est par là même; donc nul autre que le mari ne peut être le père de l'enfant. Il est d'autant plus nécessaire d'appliquer ici la présomption légale, qu'on ne saurait autrement fixer la paternité. L'application de l'art. 312 à notre espèce est d'ailleurs supposée par l'art. 325, qui indique comment on en peut combattre la présomption. Elle ressort également d'une réponse du premier Consul à M. Boulay, lors de la discussion au Conseil d'État (Locré, t. VI, p. 80).

147. — Si la présomption *is est pater* s'applique à la maternité prouvée à l'aide de l'enquête aussi bien qu'à celle dont la preuve est consi-

gnée dans un acte de naissance, son énergie n'est cependant pas la même dans les deux cas, en ce sens que, dans le premier, on peut en combattre l'autorité sans être renfermé dans les règles étroites du désaveu.

Tel est, au moins à notre point de vue, le sens de l'article 325 : « La preuve contraire « pourra se faire par tous les moyens propres à « établir que le réclamant n'est pas l'enfant de « la mère qu'il prétend avoir, ou même, la ma- « ternité prouvée, qu'il n'est pas l'enfant du mari « de la mère. »

Si clairs que soient les termes de cet article, les travaux préparatoires ont cependant, en ce qui les concerne, fourni matière à une controverse que nous devons exposer.

Premier système. — La force probante de la présomption légale posée par l'art. 312 est toujours la même; elle ne varie pas suivant qu'on a pris telle ou telle voie pour établir la maternité.

C'est la généralité de l'art. 312 qui, tout à l'heure, nous conduisait à appliquer la présomption qu'il édicte, aussi bien au cas où la mère a été déterminée par la preuve testimoniale, qu'à celui où la filiation maternelle a été constatée par un acte de naissance; c'est encore cette généralité qui nous oblige à l'appliquer de la même façon dans les deux cas. Les dispositions qui règlent le désaveu sont générales, elles aussi. Elles indiquent limitativement les moyens à l'aide desquels la présomption peut être combattue, sans distinguer entre ceux qui ont servi à la fonder; elle ne s'en occupe même pas. Et de quel droit viendrions-nous estimer la force probante qui s'attache à différentes filiations d'après les modes de preuve qu'on a employés pour les établir?

Sans doute la preuve testimoniale n'est autorisée qu'à défaut d'acte de naissance, mais une fois qu'un jugement basé sur elle a consacré la maternité, cette maternité est aussi certaine et aussi indiscutable que si elle avait été prouvée par un autre moyen : nous ne saurions, sans un texte formel, en restreindre en quoi que ce soit les effets.

Vainement prétendrait-on trouver ce texte dans l'art. 325 : « La preuve contraire pourra se faire par tous les moyens. » Cet article, ainsi que nous le prouve l'historique de sa rédaction, vise un hypothèse spéciale, décide une question de chose jugée. Il suppose que la réclamation d'état n'a été formée que contre la mère ou ses héritiers, sans que le père ou les siens aient été mis en cause. Dans ce cas il décide que, malgré le jugement qui a consacré la maternité, ces derniers ne seront pas assujettis aux formalités, ni aux conditions du désaveu, qu'ils pourront renverser la présomption de paternité par tous les moyens qui s'offriront à eux. Lors, au contraire, que le mari ou ses héritiers ont été mis en cause, la présomption légale conserve toute sa force probante, toute son énergie; ils doivent, s'ils veulent l'attaquer, prendre la voie du désaveu. Notre article 325 avait été soumis à la section de législation avec une rédaction autre que celle qu'il a définitivement revêtue. Voici en quels termes s'exprime à cet égard le rapporteur de la section (Locré, t. VI, p. 177) : «D'après les diverses observations résultant de l'examen de cet article, la section a pensé que l'unique objet de la disposition était de changer la jurisprudence actuelle sur un cas particulier facile à prévoir. On cite un exemple : un individu qui n'a ni possession ni titre réclame contre une famille à laquelle il prétend appartenir. Que fait-il d'abord? Il demande que sa réclamation soit jugée relativement à la personne qu'il dit être sa mère, et dont il soutient être né durant le mariage. Si le jugement de la maternité ne lui est point favorable, il ne va pas plus loin : il sait que par là tout est décidé. Car, dès qu'il n'est point l'enfant de la femme, il ne peut l'être du mari. Il ne serait, tout au plus, que bâtard adultérien. S'il parvient, au contraire, à faire juger que cette femme est sa mère, il lui suffit, d'après la jurisprudence encore existante, d'opposer, par rapport au père, la maxime *pater is est quem nuptiæ demonstrant*. Cependant il peut arriver que les parents de la femme, soit par négligence, soit par collusion avec le réclamant, aient laissé accueillir une réclamation très-peu fondée, et que les parents du mari se trouvent lésés au dernier point par un jugement dont on prétend conclure que le réclamant était l'enfant du mari, quoiqu'il n'eût été question au procès que de savoir s'il était enfant de la femme. L'article du projet a pour but de parer à cet inconvénient grave. La section ne peut qu'approuver un si juste motif. Mais elle pense en même temps que, pour ne rien laisser à désirer sur la clarté du sens et sur la facilité de l'application, la disposition doit être conçue en ces termes : (*Suit l'art.* 325 *tel qu'il a été inséré dans le Code Napoléon.*)

Cette rédaction nouvelle fut acceptée sans discussion ; de telle sorte qu'on doit interpréter l'article conformément au sens qui lui est donné dans le rapport de la section. La distinction par lui faite entre le cas où la famille du mari a été appelée en cause et celui où on a omis de le faire est, du reste, fort rationnelle ; car cette omission est, à elle seule, un grave indice de négligence, sinon de collusion frauduleuse (Maleville sur l'art. 335). Je ne saurais comprendre, sur cette question, la doctrine de Proudhon qui, cependant, a reçu la haute adhésion de M. Valette (t. II, p. 75, note 2). D'après ces jurisconsultes, l'article 325 s'applique uniquement au cas où le mari n'a pas été mis en cause, il n'est qu'une application pure et simple de l'article 1351. D'un autre côté, cependant, ils conviennent que le mari peut, lors même qu'il a été mis en cause, combattre par tous moyens la présomption qui pèse sur lui. Mais comment arriver à ce résultat sans un texte précis qui déroge aux articles 312 et suivants? Les deux propositions me semblent inconciliables.

148. — *Deuxième système.* Il y a dans l'historique de l'article 324 un inexplicable malentendu qui diminue beaucoup l'autorité des travaux préparatoires sur le point qui nous occupe. La section déclare, tout d'abord, qu'elle n'entend, au fond, rien changer à la disposition qui lui est soumise, qu'elle se borne à en modifier les termes; or cette disposition était ainsi conçue : « La famille à laquelle le réclamant prétend appartenir sera admise à combattre sa réclamation par tous les moyens propres à prouver, non-seulement qu'il n'est pas l'enfant du père, mais encore qu'il n'est pas l'enfant de la mère qu'il réclame. » Cet article supposait bien que la famille paternelle était en cause; c'est d'elle qu'il s'occupait prin-

cipalement, puisqu'il l'autorise à prouver *non-seulement* que le réclamant n'est pas l'enfant du père, *mais encore* qu'il n'est pas l'enfant de la mère qu'il réclame. Or, ce que le projet présente comme une autorisation plus étendue, le droit de contester la filiation maternelle, eût été au contraire de soi s'il se fût agi de la famille maternelle; l'autorisation eût alors été superflue.

Un autre motif nous fait encore repousser cette interprétation donnée à l'article 325, c'est qu'il serait alors, non pas seulement une superfétation, en ce sens qu'il reproduirait purement et simplement les règles de la chose jugée, mais que, de plus, il serait en contradiction formelle avec elles. Dans le système que nous combattons, l'article 325 supposerait la maternité établie et le mari ou ses héritiers n'ayant plus qu'à repousser la présomption qui en résulte. Or ceci serait le renversement de tous les principes juridiques. Si la famille du mari n'a pas été mise en cause, le jugement intervenu sur la réclamation d'état ne lui est pas plus opposable au point de vue de la maternité qu'au point de vue de la paternité. Le mari ou ses héritiers répondront à l'enfant qui leur opposera la présomption *is est pater* : « Avant d'invoquer l'article 312, il vous faudrait prouver que vous êtes réellement issu de la femme que vous faites passer pour votre mère; or vous n'avez pas encore fait cette preuve à notre égard, la décision que vous avez obtenue est, pour nous, *res inter alios judicata*, reprenez l'instance *ab initio*, et nous verrons ce que nous aurons à vous répondre. »

Il résulte de tout ce que nous venons de dire, que l'article 325 s'applique précisément à la famille du mari *lorsqu'elle a été mise en cause*, et que la légitimité peut être, *dans ce cas*, contestée par elle en dehors des règles du désaveu, *par tous les moyens propres à établir que le réclamant n'est pas l'enfant du mari de la mère.*

Certains jurisconsultes tentent, à la vérité, d'expliquer autrement ces expressions : *le mari peut repousser la présomption de paternité par tous les moyens propres à établir qu'il n'est pas le père ;* cela signifie, disent-ils, par tous les moyens légaux, c'est-à-dire par ceux dont l'usage est réglé dans les articles 312 et suivants, par ceux dont la mise en œuvre constitue la procédure de désaveu.

Mais cette explication ne saurait subsister en présence de la construction de notre texte. Il rassemble dans une même disposition la preuve de la maternité et la preuve de la paternité, et déclare qu'on pourra les repousser par tous les moyens. Ces moyens sont donc les mêmes pour la paternité que pour la maternité, c'est-à-dire tous les moyens absolument, employés sans distinction, sans restrictions, sans conditions.

Cette doctrine est d'ailleurs fort raisonnable; l'absence de titre et de possession est bien propre à faire naître les soupçons, et on ne saurait, dans ces circonstances insolites où la présomption, quoi qu'on en dise, perd naturellement une partie de sa force, être aussi sévère pour le mari que quand tout s'est passé d'une façon régulière.

Il ne s'agit pas enfin d'une demande en désaveu dans laquelle le mari prend l'initiative, et cherche à dépouiller l'enfant d'un droit qui, déjà, lui est acquis. Le mari est ici défendeur et doit jouir de tous les priviléges attachés à cette situation.

Qu'il se défende loyalement c'est tout ce qu'on peut exiger de lui, on n'a pas à lui demander compte des moyens qu'il emploie.

(Duranton, t. III, n° 137; Marcadé, art. 325; Demolombe, t. V, n° 259; Dalloz, v° *Paternité*, n°s 290 et suiv.; Aubry et Rau, t. IV, § 544, note 31.

Bordeaux, 13 février 1838; Sirey, 1838, 2, 406; Bordeaux, 28 avril 1841; Dalloz, *Jurispr. gén.*, t. XXXV, p. 254, note 1; Cass., 1er mai 1849, D. P, 1849, 1, 198.)

149. — Faudra-t-il, dans l'hypothèse qui nous occupe, deux instances, deux enquêtes distinctes

deux jugements séparés? Faudra-il, après que la maternité aura été reconnue existante, qu'une nouvelle instance soit engagée par le mari afin d'établir qu'il n'est pas le père de l'enfant?

Je crois, au contraire, que ces questions ne sont que deux épisodes d'un même procès, qu'elles doivent, par conséquent, être soumises à une instruction unique, et tranchées par un seul jugement.

Le réclamant, en effet, n'intente pas deux actions; son action ne se décompose même pas: il ne cherche pas à prouver directement sa filiation, en premier lieu à l'égard de la mère, en second lieu, à l'égard de son père. Il poursuit uniquement la preuve de la maternité, et, s'il a pris soin de mettre le mari en cause, il suffira du silence de celui-ci pour que sa paternité résulte de la maternité même, non-seulement sans instance nouvelle, mais sans conclusions spéciales à cet égard.

Supposons maintenant que le mari use du droit que lui confère l'article 325, la question n'en reste pas moins la même au point de vue qui nous occupe. Loin d'intenter une action nouvelle, il entre comme défendeur dans l'instance précédemment ouverte. Jusqu'alors il s'était borné à y assister, le voilà qui y prend aujourd'hui une part active, et sa protestation n'a d'autre but que de restreindre les effets du jugement à intervenir. Les termes de l'article 325 confirment d'ailleurs cette interprétation. Il en résulte que la preuve de non paternité sera fournie, sous forme de *preuve contraire* aux preuves positives faites par l'enfant c'est-à-dire de *contre-enquête* opposée à son enquête, de *défense* à sa réclamation. La construction du texte qui semble rassembler dans une même contre-enquête entreprise par les mêmes parties, la preuve contraire opposée aux faits de maternité et aux faits de paternité, ajoute à cette interprétation une force plus grande encore. Les paroles du premier consul devant le conseil d'Etat viennent également l'appuyer : « L'enfant prouve qu'il est né de la femme ; les héritiers prouvent que cependant il n'appartient pas au mari : les deux actions marchent simultanément. » Malgré cette expression vicieuse : *les deux actions* la pensée ne peut faire l'objet d'aucun doute, (en ce sens M. Demolombe et l'arrêt de Caen par lui cité.) Outre l'économie de temps et de frais, il y a, d'ailleurs, un avantage à ne pas consacrer la maternité par un premier jugement avant avoir entendu le mari. Lorsque toutes les preuves sont rassemblées dans une même instance, si le tribunal s'aperçoit que les divers éléments du procès, en se combinant, convergent vers la preuve d'une filiation adultérine, il peut se refuser à proclamer la maternité (Cass : 1er mai 1849 DP 49,1,198.)

En pratique, il est vrai, ce système peut conduire à des résulats infiniment regrettables dont ses adversaires ne manquent pas de se prévaloir. Si le mari combat la présomption de paternité avant que la maternité soit encore entièrement établie, beaucoup des faits qu'il révélera, des preuves qu'il fournira seront peut-être invoquées par l'enfant. Il viendra ainsi, malgré lui, en aide à la reclamation, et donnera à cet individu les moyens d'établir qu'il est fils adultérin de sa femme. Mais voici qui est plus grave encore. Si la réclamation échoue à l'égard de la mère, le mari n'en aura pas moins été contraint d'attaquer sans ménagements la conduite de sa femme dans la crainte d'endosser la paternité de l'enfant s'il venait à triompher. On reconnaîtra que la femme n'a jamais eu d'enfant, mais il sera trop tard ; les allégations outrageantes nécessitées par le premier procès en engendront fatalement un second, un procès en séparation de corps.

Il y a, dans cette situation, quelque chose qui pourrait faire hésiter ; mais M. Demolombe indique parfaitement le remède. Sans doute l'instance ne se scinde pas de plein droit, elle est, par sa nature, une et simple ; mais rien ne s'oppose a ce que le mari en demande la division au tribunal, qui l'accordera le plus souvent, car, le plus souvent aussi, ce sera l'unique moyen de donner à sa défense la liberté nécessaire.

S'il ne veut pas subir la paternité il doit se hâter et poser ses conclusions au cours de l'instance, car s'il laissait écouler les délais d'appel il serait inévitablement forclos. (Demolombe t. V, nº 261 ; Dalloz, Jurispr. générale, vº *Paternité*, nº.)

157. — Des explications que nous venons de donner sur l'article 325, il résulte que les tribunaux peuvent, reconnaissant la maternité de la femme, et admettant en même temps la protestation de son mari, consacrer ainsi l'existence d'une maternité adultérine. (Cass.; 11 avril 1854. D. P.; 54, 1. 93.)

C'est là la dérogation la plus directe à l'article 342, puisque, dans ce cas, la preuve de la filiation adultérine est la conséquence d'une réclamation d'état.

Cette hypothèse est l'une de celles qui permettent d'appliquer l'article 762 du Code Napoléon.

151. — Les juges, cependant, ne sont pas contraints de reconnaître ainsi une maternité adultérine. Ils ont à cet égard un pouvoir discrétionnaire, et peuvent, ainsi que nous l'avons

déjà dit (n° 149) rejeter entièrement la demande si les allégations apportées par l'enfant leur semblent, en même temps qu'elles établissent la maternité de la femme, démentir la paternité de son mari. (Cass. 13 février 1839; Cass. 22 janvier: Sirey. 40, 1,110-122; Cass. 22 février 1843, Sirey 43, 1, 180; Cass. 1er mai 1849, D. P., 49, 1, 100.)

152. — Le droit que donne l'article 325 de contester, au cours de la réclamation d'état, la légitimité de l'enfant, est, sous tous les rapports, distinct du désaveu, et n'est soumis à aucune des règles spéciales qui régissent cette action. De même qu'on peut, en vertu de notre article, constester la paternité du mari hors des cas prévus par les articles 312, 313, 314, de même aussi on peut le faire hors des délais fixés par les articles 316, 317 et 318. (Caen 17 mars 1847, D. P 48, 2, 57.

Mais il faut aller plus loin et décider que la contestation de légitimité, au lieu d'être, comme l'action en désaveu, réservée au mari ou à ses représentants, peut-être exercée par tout intéressé et du vivant même du mari. Ainsi l'héritier de la femme, son légataire, contre lequel l'enfant intente la réclamation d'état peut, dans le silence du mari, invoquer l'article 325 et rejeter le réclamant dans la classe des enfants adultérins. Les motifs qui ont dicté l'article 327, la généralité des termes qu'il emploie, la façon dont il réunit dans une même disposition et assimile la preuve contraire aux faits de paternité et aux faits de maternité autorisent cette interprétation.

153. — Ces dispositions ont donné lieu en pratique à la difficulté suivante. Deux époux vivant séparés de fait, la femme accouche d'un enfant qui est inscrit sur les registres de l'état civil comme né de parents inconnus. Puis un tiers, par un acte authentique, se reconnaît père de cet enfant. Si celui-ci parvient à se procurer un commencement de preuve par écrit ou des présomptions graves il pourra, à l'aide de la preuve testimoniale, établir sa filiation légitime, sauf le droit appartenant au mari de combattre à toute époque la paternité en vertu de l'article 325. Comme cet article n'est autre chose qu'une défense à la réclamation d'état, qu'un moyen d'en restreindre les effets (v. n° 149) il est hors de doute que le mari ne pourra pas prendre les devants et s'en armer contre l'enfant qui jusqu'ici a gardé le silence. Et cependant les preuves qui assureraient aujourd'hui le triomphe du mari peuvent s'affaiblir ou même disparaître absolument ; c'est peut-être pour laisser à ce résultat le temps de se produire que l'enfant diffère son action. Le mari devra-t-il rester à la merci

de ses adversaires ? N'a-t-il pas quelque ressource ? Ne pourra-t-il au moins prendre la voie du désaveu ? Cette question est des plus délicates et des plus intéressantes, mais l'étude en serait mieux placée dans un traité du désaveu. Nous nous bornerons à faire connaître l'état de la jurisprudence irrévocablement fixée aujourd'hui, et qui accorde au mari le droit d'intenter l'action en désaveu dans les circonstances que nous avons supposées. (Ve Cass. 14 févr. 1854, D. P., 54, 1, 89 ; Cass., 9 mai 1864, D. P. 64, 1, 409. On trouvera dans ces arrêts et dans les réflexions qui les accompagnent tous les éléments de cette question).

154. — Il résulte de l'économie du chapitre II de notre titre, de la place qu'y occupe l'art. 325, des motifs qui l'ont inspiré, que sa disposition n'est applicable qu'à la réclamation d'état. Pour savoir s'il peut être invoqué comme défense à telle ou telle action, il faut donc se demander si cette action constitue une vraie réclamation d'état. Appliquons ces principes à l'hypothèse prévue par l'article 46. Un individu, après avoir prouvé l'inexistence des registres, veut suppléer à son acte de naissance au moyen de la preuve testimoniale. Après que la maternité aura eté ainsi prouvée le mari pourra-t-il combattre la présomption de paternité en dehors des règles du désaveu ? Nous répondrons néga-

tivement, car nous ne regardons pas la preuve de la filiation faite en vertu de l'art. 46 du Code Napoléon, comme une réclamation d'Etat (v. n° 178). Le principal motif qui sert de fondement à l'art. 325 fait d'ailleurs défaut dans l'espèce; on ne peut pas dire que l'absence de titre et de possession d'Etat rende suspecte la filiation réclamée ; puisque l'inexistence des registres rend impossible la production d'un titre.

155. — Nous n'autoriserions pas davantage le mari à invoquer l'art. 325 dans le cas où l'enfant cherche à prouver son identité avec un enfant désigné dans un acte de naissance. On ne peut confondre la réclamation d'état qui a lieu *à défaut de titre* et de possession constante, avec la preuve de l'identité qui suppose l'existence d'un titre que l'enfant prétend avoir été dressé pour constater sa filiation. Nous avons déjà, par application de cette idée, permis à l'enfant de prouver par témoins son identité, en l'absence de tout commencement de preuve par écrit et de toute présomptions graves (n° 67), et nous nous refuserons aussi, sous le n° 196 à appliquer à cette hypothèse les articles 329 et 330. Comment, d'ailleurs, comprendre ici l'application de l'art. 325 ? Lorsque l'identité aura été établie ce n'est pas la preuve testimoniale qui aura prouvé la maternité, mais l'acte seul, et il s'appli-

quera à l'enfant, exactement comme si aucun doute ne s'était élevé sur l'identité. Nous nous retrouverons, par conséquent, dans l'hypothèse du désaveu, ce qui exclura l'application de l'article 325.

CHAPITRE VI.

PAR QUI ET DANS QUEL DÉLAI L'ACTION EN RÉCLAMATION D'ÉTAT PEUT-ELLE ÊTRE FORMÉE?

Sommaire.

156. — Qu'est-ce que la réclamation d'état?

157. — Dans quels cas y a-t-il lieu à réclamation d'état?

158. — Les règles qui régissent la réclamation d'état ne sont-elles pas différentes suivant que l'action est considérée dans la personne de l'enfant lui-même ou dans celle de ses successeurs?

§ 1er. — *De l'action en réclamation d'état dans la personne de l'enfant.*

159. — L'action alors a deux objets, l'un principal, l'autre accessoire.

160. — L'action est imprescriptible, inaliénable; l'enfant ne peut y renoncer ni transiger sur elle.

161. — Le désistement donné par l'enfant au cours d'une procédure ne fait pas obstacle à ce qu'il reprenne plus tard l'action. — L'acquiescement au jugement qui le condamne ne lui enleverait pas les voies de recours.

162. — Ces diverses décisions sont inapplicables aux droits pécuniaires qui dépendent de l'état.

163. — Les créanciers de l'enfant peuvent-ils exercer en son nom l'action en réclamation d'état?

164. — Suite.

165. — Les créanciers pourraient-ils, au moins, réclamer incidemment l'état de leur débiteur, comme moyen à l'appui d'une pétition d'hérédité précédemment intentée?

166. — Les créanciers peuvent cependant défendre incidemment à une contestation d'état.

167. — Ils ne peuvent intervenir dans une instance en réclamation d'état intentée par leur débiteur.

168. — Les descendants de l'enfant pourraient-ils, de son vivant, intenter l'action.

§ 2. — *De l'action en réclamation d'état après le décès de l'enfant.*

169. — Division.

170. — A. De l'action en réclamation d'état dans la personne des héritiers de l'enfant autres que ses descendants. 1° Dans quels cas peut-elle être intentée.

171. — Les deux exceptions insérées dans l'art. 330 *in fine* doivent-elles être étendues à l'hypothèse prévue par l'art. 329 ?

172. — Suite.

173. — Suite.

174. — La péremption d'instance doit être prononcée par le tribunal.

174 *bis.* — Le désistement doit avoir été accepté.

175. — Les héritiers de l'enfant décédé après vingt-six ans ne seraient pas admis à prouver que l'enfant n'a jamais connu son état.

176. — L'art. 329 ne peut être opposé aux héritiers qui demandent simplement à prouver que leur auteur avait à son décès possession d'état d'enfant légitime.

177. Doit-on appliquer les articles 329 et 330 à la preuve de l'identité quand un acte de naissance est soumis au tribunal ?

178. — L'hypothèse prévue par l'art. 46 constitue-t-elle une réclamation d'état ? Doit-on opposer les art 329 et 330 aux héritiers qui demandent à prouver, par cet article 46, la filiation de leur auteur ?

179. — 2° Quelle est la nature de la réclamation d'état entre les mains des successeurs de l'enfant?

180. — 3° A qui appartient l'action en réclamation d'état après le décès de l'enfant?

181. — Dans les art. 329 et 330 l'expression *héritiers* est prise d'une façon générique. L'action peut être exercée par les successeurs irréguliers, les légataires ou donataires à titre universel.

182. — Elle peut l'être par le curateur à la succession vacante, les créanciers, les légataires ou donataires à titre particulier.

183. — La réclamation d'état devient prescriptible lorsqu'elle passe entre les mains des héritiers de l'enfant.

184. — Elle devient également aliénable.

185. — B. L'action en réclamation d'état est-elle soumise aux mêmes règles entre les mains des descendants de l'enfant. Doit-on, au contraire, les distinguer des autres héritiers?

186. — Suite.

187. — Les créanciers des descendants de l'enfant peuvent-ils intenter l'action au nom de leur débiteur?

156. — La réclamation d'état est l'action au moyen de laquelle on revendique, par devant tribunaux, un état dont on a, par suite d'une circonstance quelconque, perdu la possession. Il ne faudrait pas croire que cette action soit purement et simplement la mise en œuvre des moyens offerts à l'enfant dans les art: 319 à 330. pour établir sa filiation. Il n'y a, en effet, à proprement parler, de réclamation d'état que lorsqu'on a recours au troisième mode de preuve, à la preuve testimoniale. Quand le moyen invoqué pour établir la filiation est la possession, il ne saurait y avoir lieu à réclamation d'état, car on ne revendique pas ce qu'on possède. Il n'y a pas davantage réclamation d'état, quand un individu invoque à l'appui de sa filiation un acte de l'état civil qu'il prétend avoir été dressé au moment

de sa naissance. Dans ce cas, en effet, il soulève simplement une question d'identité laquelle est soumise à des règles différentes de celles qui régissent la réclamation d'état. (V. n°s 67 et 177).

157. — Il y a toujours, disons-nous, réclamation d'état dans l'hypothése où on a besoin de recourir à la preuve testimoniale, telle qu'elle est réglée par les art : 323 è 325 pour prouver sa filiation ; et, à l'inverse, il n'y a jamais réclamation d'état que dans cette hypothèse. Afin de ne pas nous répéter nous renvoyons au n° 102, où nous avons énuméré les quatre cas dans lesquels il y a lieu de recourir à la preuve testimoniale pour établir sa filiation. On connaîtra ainsi les cas dans lesquels la réclamation d'état peut être intentée.

158. — L'action en réclamation d'état diffère et dans son principe, et au point de vue des règles qui la régissent, suivant qu'on l'envisage dans la personne de l'enfant, ou entre les mains de ses successeurs. Nous allons l'examiner successivement sous ces deux aspects.

§ 1er. *De l'action en réclamation d'état dans la personne de l'enfant.*

159. — Dans la personne de l'enfant la réclamation d'état a deux objets, ou, pour mieux dire, un objet principal et direct et un objet accessoire, car le second n'est que la conséquence du premier.

L'objet principal et direct, c'est l'état lui-même, le rapport de filiation qui rattache l'enfant à tel père et à telle mère, et, par eux, à la société.

L'objet accessoire, ce sont les droits pécuniaires, successions ou autres, qui sont inhérents à cet état.

Ces deux objets étant d'une nature essentiellement différente, sont soumis à des règles différentes elles aussi ; et les principes qui régissent la réclamation d'état varieront eux-mêmes, suivant que cette action s'appliquera à l'un ou à l'autre de ces deux objets.

Ainsi, en ce qui concerne l'état, la réclamation est imprescriptible, l'enfant n'y peut renoncer.

Quant aux droits pécuniaires qui y sont attachés, l'enfant peut y renoncer ; il cesse même de pouvoir les invoquer au bout d'un certain laps de temps.

160. — « L'action en réclamation d'état est imprescriptible à l'égard de l'enfant. » (art : 328). Les principes eussent suppléé cette règle si elle n'avait pas été formellement énoncée par le législateur. Aux termes de l'art : 2226 la prescription ne s'applique, en effet, qu'aux choses qui sont dans le commerce, et l'état qui certes ne fait pas partie de ces choses n'est pas plus susceptible de se perdre que de s'acquérir par ce moyen.

Bien que la loi ne se prononce pas sur ce sujet, on doit, par le même motif, refuser à l'enfant le pouvoir de renoncer à son état, et, par conséquent, à la réclamation qui lui donne le moyen de le recouvrer lorsqu'il l'a perdu. On ne dispose valablement que des choses dont on est le maître absolu, or, sur ce point, l'intérêt de la société limite le droit de chacun de nous. La nature et la loi se réunissent pour nous imposer un état que nous ne pouvons jamais répudier.

Nous en dirons autant de la transaction qui, pour être accomplie, exige le pouvoir d'aliéner, (art : 2045) du compromis, expressément défendu sur les question d'état par l'art : 1004 du Code de procédure. (Orléans 6 mars 1841, Dalloz Jurispr. Gén. : t 35 p : 285 note 1)

L'aveu de la partie ne produit aucun effet contre elle, dans les questions sur lesquelles la transaction n'est pas permise, il en résulte que l'enfant pourrait toujours intenter une action en réclamation d'état où la poursuivre lorsqu'elle a été précédemment formée, bien qu'il ait reconnu n'avoir aucun droit à la filiation que maintenant il réclame.

161. — On a vainement argumenté de l'art : 330 pour soutenir que le désistement donné par l'enfant au cours d'une procédure en réclamation d'état, faisait obstacle à ce qu'il reprît plus tard son action. Delvincourt qui professe cette opinion et cite à l'appui un arrêt rendu par la Cour de Paris le 3 juillet 1812, (Sirey 1814, 2, 42) n'a été suivi par personne. L'art : 330 ne s'occupe pas des droits de l'enfant lui-même, il règle seulement la transmission à ses héritiers de l'action en réclamation d'état. On a fait remarquer que l'arrêt de Paris avait statué dans une hypothèse de filiation naturelle, mais cela n'a aucune importance : les mêmes principes s'appliquent, à cet égard, aux deux espèces de filiations.

Il résulte de tout ce qui précède, que l'acquiescement exprès donné par l'enfant au jugement qui le condamne ne lui enlèverait pas le droit d'employer contre ce jugement les voies de recours ordinaires. Il va de soi, cependant, qu'il pourrait y acquiescer d'une manière indirecte en laissant s'écouler les délais auxquels sont soumis ces recours. Dans ce cas, en effet, ce n'est pas son acquiescement qui rendrait le jugement inattaquable, mais la présomption indiscutable de vérité qui s'attache à toute décision passée en force de chose jugée. (Proudhon et Valette, t. II, p. 116; Marcadé, art. 328, n° 1; Demolombe, t. V, n° 280; Dalloz, Jurispr. gén., V° *Paternité*, n° 347).

162. — Les droits pécuniaires qui font l'objet indirect de la réclamation, comme conséquence de l'état, sont, au contraire, dans le commerce, et, par conséquent, susceptibles d'être aliénés ou prescrits. Toutes les décisions que nous venons de donner dans les lignes qui précèdent leur sont donc inapplicables. Il n'est pas douteux, par exemple, que si, lors du triomphe de l'enfant dans son action en réclamation d'état, des biens dépendant de l'état recouvré sont possédés par des tiers depuis plus de trente ans, ils les auront acquis par prescription.

163. — Les créanciers de l'enfant peuvent-ils exercer en son nom l'action en réclamation d'état?

Lorsqu'aucun droit pécuniaire né et actuel ne se trouve attaché à l'état qu'il s'agit de revendiquer, que le seul intérêt moral est en jeu, la question ne saurait être douteuse. La presque totalité des interprètes refuse aux créanciers ce droit essentiellement personnel.

Lors, au contraire, qu'un droit pécuniaire, par exemple une succession déjà ouverte, dépend de la filiation, doit-on autoriser les créanciers à exercer, en vertu de l'art. 1166, l'action en réclamation d'état, afin de faire entrer le droit pécuniaire, la succession, dans le patrimoine de leur débiteur?

Premier système. Dans ces circonstances, et en ce qui concerne les créanciers, l'action en réclamation d'état est, en tout, semblable aux autres actions pécuniaires dont on n'a jamais songé à leur contester l'exercice. Pour eux, en effet, comme pour les successeurs de l'enfant, le but unique, c'est l'émolument, ce sont les biens sur lesquels il s'agit de faire porter leur gage tacite. La réclamation d'état n'est que le moyen d'arriver à ce but. Il importe d'autant plus de mettre ce moyen à leur disposition, qu'ayant, de par l'art : 788, le droit d'accepter les successions qui viennent à échoir à leur débiteur, ils ne peuvent être arrêtés par son inaction dans l'exercice de ce droit. Il serait vraiment trop commode pour l'enfant de paralyser ainsi le droit de ses créanciers, tandis que de secrets arrangements de famille le feraient bénéficier à leurs dépens des avantages matériels attachés à son véritable état. Les fraudes ici seraient faciles, les prévenir vaut mieux que les déjouer. Qu'on ne dise pas que la réclamation d'état est exclusivement attachée à la personne de l'enfant, et que, par conséquent, c'est l'art : 1166, lui-même, qui s'oppose à la prétention des créanciers. La non-transmissibilité a toujours été le caractère de ces sortes de droits, et nous voyons l'action en réclamation d'état passer, non-seulement à tous les héritiers du sang, mais encore aux simples légataires. Si l'on insiste, si on prétend que le Code, en ne donnant pas le critérium auquel on peut reconnaître les droits exclusivement attachés à la personne, a voulu laisser aux tribunaux le pouvoir de décider souverainement cette question dans chaque cas particulier, nous consentons à l'admettre. Mais, dans ce cas, précisément, la loi n'a-t-elle pas dicté elle-même notre solution en distinguant ces deux éléments qui se réunissent dans la réclamation d'état : l'un purement moral et vraiment personnel à l'enfant, l'autre matériel, et dont l'usage peut, en conséquence, s'étendre par son entremise jusqu'à ses ayants cause. Ne faudrait-il pas un texte formel pour prêter au législateur une doctrine si immorale ? Comment, l'action en réclamation serait à ce point personnelle, que je ne pourrais pas, en empruntant à quelqu'un, en profitant d'une partie de son patrimoine, lui en céder l'exercice afin de l'indemniser éventuellement, par une juste réciprocité, et, d'un autre côté, elle serait si peu personnnelle, qu'en faisant une libéralité, si minime qu'elle soit, à un individu auquel je ne devrais rien, je lui donnerais par là même le droit de l'exercre après moi ! Comment croire que le législateur, tandis qu'il traitait si favorablement ceux pour qui tout est bénéfice, se soit montré si rigoureux pour ceux qui ne demandent qu'à reprendre ce qui leur appartient, à rentrer dans leurs avances, à recouvrer ce que la mauvaise gestion de leur débiteur a compromis, si non tout à fait perdu. Cette doctrine est d'ailleurs conforme aux précédents historiques, elle est professée par d'Aguesseau dans son sixième plaidoyer; elle a donc la possession en sa faveur et rien ne montre que le Code ait entendu rompre avec elle. (Toullier t. VI p : 372. Valette S; Proudh. t. 2 p: 122 note *a* ; Marcadé sur l'art. 1166 : Dalloz Jurispr. Gén. V° *Paternité*, n° 350 ; Massé et Vergé t. 1er p. 288 et 289 notes 8 et 9).

164. — *Deuxième système.* — Les partisans de la première opinion sont contraints de le reconnaître, la réclamation d'état, en tant qu'elle a un but purement moral, qu'elle poursuit la consécration d'un rapport de filiation est essentiellement personnelle à l'enfant, nul ne peut l'exercer pour lui. Si aucun droit pécuniaire né et actuel n'y est attaché, la controverse ne s'élève même pas. Or, durant la vie de l'enfant cette action est une et simple, on ne saurait la dédoubler en deux actions ayant pour objet, l'une l'état, l'autre les droits pécuniaires. Il n'y a, au contraire, qu'une seule réclamation d'état dont l'objet direct et unique est la constatation de la filiation, filiation de laquelle des droits matériels dépendent *comme accessoires*. Mais l'accessoire suit toujours le sort du principal, comment pourrait-on l'en distinguer pour le réclamer individuellement ! Comment surtout lui

donner la prédominance, et, reléguant l'état au second plan, en poursuivre la consécration, pour ainsi dire, d'une façon incidente! Ce qu'il y a d'indiscutable, toutefois, c'est que l'enfant lui-même ne pourrait pas agir ainsi. Pour lui l'intérêt moral, le lien de famille prend une telle importance, qu'il absorbe et fait pour ainsi dire disparaître le côté matériel de la question. Il n'a personnellement qu'une seule action, la réclamation d'*état*. Si de l'état réclamé dépendent des droits pécuniaires, et qu'il triomphe, il les acquerra par la force des choses, mais il n'a sur eux aucun droit direct, et, en conséquence, pas même le germe d'une action spéciale. La question dès lors est résolue. Les créanciers ne peuvent faire plus ni autrement que leur débiteur; n'ayant par eux-mêmes aucune action, ils sont contraints d'emprunter la sienne; ils doivent par conséquent s'en servir de la même façon qu'il s'en fût servi lui-même, et lui conserver le caractère qu'elle avait en sa personne: or, il est clair que si cette action, telle qu'il l'eût exercée, était exclusivement personnelle, les créanciers qui ne peuvent s'en armer dans des conditions différentes seront incapables de s'en prévaloir. Qu'on n'invoque pas la transmission aux héritiers de l'action en réclamation d'état pour prouver qu'elle n'est pas exclusivement attachée à la personne. Cette transmission n'a réellement pas lieu. L'action qu'eût exercée l'enfant s'est éteinte avec lui, mais ses héritiers, qui ont un droit propre, puisent dans ce droit une action d'une nature particulière que la loi a organisée pour eux. L'existence de cette action spéciale résulte des art. 329 et 330. Si c'eût été l'action de l'enfant qui fût passée à ses héritiers, elle eût porté directement sur l'état, et, par conséquent, elle eût été également imprescriptible ; par elle les héritiers eussent pu réclamer les biens dépendant de cet état, tant qu'une possession suffisante n'en eût pas fait prescrire l'usage aux tiers détenteurs. Le soin qu'a pris la loi de régler et de restreindre l'action en réclamation lorsqu'elle devait être intentée par les héritiers de l'enfant prouve que, dans sa pensée, lui seul est apte à l'exercer dans toute sa plénitude; si donc elle eût voulu permettre à ses créanciers de l'introduire à sa place, elle n'eût pas manqué d'en régler et d'en restreindre également l'exercice en leur personne. Il eût été par trop illogique de refuser la véritable réclamation d'état aux descendants de l'enfant, qui, en réclamant l'état et les droits de famille de leur père, réclament leur propre état et leurs propres droits de famille, qui eussent eu à garder envers cette famille les mêmes ménagements que lui, et de l'accorder au contraire à des créanciers irrités, qui n'y voient qu'une question d'argent, et qui ne reculeront peut-être devant aucun scandale pour atteindre cette succession, seul objet de leurs désirs. On parle de fraudes et de collusions possibles ; je les crois moins à craindre que les dangers auxquels le législateur a voulu parer. Les créanciers de l'enfant pourront, en effet, exercer de son chef et malgré lui l'action en pétition d'hérédité, toutes les fois que sa filiation sera établie par une possession d'état. Ils le pourront, même en l'absence de toute possession d'état, quand ils invoqueront un acte de naissance à l'appui du droit de leur débiteur. Dans ce cas, en effet, on devra les autoriser à faire, même par témoins, la preuve de l'identité qu'il ne faut pas confondre avec celle de la filiation elle-même. Reste le cas extrêmement rare où l'absence du titre se joint au défaut de possession d'état. Ces circonstances rendent si improbable la filiation prétendue, que le législateur n'a pas cru devoir, pour sauvegarder éventuellement quelques intérêts purement pécuniaires, risquer le trouble infiniment grave que des réclamations d'état trop légèrement intentées pourraient jeter dans les familles. (Duranton t. III n° 170, et t. X n° 563 ; Demolombe t. V n° 283).

165. — Nous n'admettrions pas davantage les créanciers qui ont originairement intenté, au nom de leur débiteur, une pétition d'hérédité ou une demande en partage à poser incidemment la question d'état lorsqu'on leur demande les titres de celui qu'ils représentent. Après ce que nous venons de dire, cette solution est la seule rationnelle, et le système que nous avons soutenu au numéro précédent n'aurait plus de raison d'être s'il suffisait aux créanciers, pour revendiquer l'état de leur débiteur, d'exercer leur action sous un autre nom, et d'introduire la réclamation d'état par des conclusions posées le lendemain. Cette action, soit principale, soit incidente, a toujours les mêmes caractères, est toujours la même action, et les motifs que nous invoquions tout à l'heure pour en refuser l'exercice aux créanciers militent, dans les deux cas, avec une égale autorité.

Nous sommes ici fort étonné de voir M. Demolombe, qui a défendu plus vigoureusement qu'aucun autre la doctrine que nous avons adoptée plus haut, faire une concession à nos adversaires communs (t. V n° 284). Il autorise les créanciers à poser et à discuter incidemment la question de filiation, comme tous autres moyens à l'appui de leur demande, pourvu qu'il n'y ait sur ce sujet aucune conclusion spéciale de part ni d'autre. « Cette question n'est pas engagée, si les parties la discutent, si même les motifs du jugement la décident, les conclusions des parties ne la posent pas et le dispositif du jugement ne pourra la trancher. Il n'y aura là, quoi qu'en ait dit Toullier, rien de jugé sur la question d'état elle-même. » M. Demolombe permet de *soulever la question de filiation comme un moyen à l'appui de la demande en pétition d'hérédité*, parce que les créanciers ne peuvent réussir qu'à la condition d'établir préalablement le droit de leur débiteur. A-t-il entendu dire par là qu'ils pourraient, ainsi que nous le leur avons accordé nous-même, prouver sa filiation au moyen de la possession d'état ou de son acte de naissance ? Mais ce ne serait plus la question, puisque ces deux manières d'établir la filiation ne constituent pas une réclamation d'état, bien qu'employées directement par l'enfant lui-même, et que nous recherchons, uniquement, si les créanciers qui ne peuvent exercer la réclamation d'état au nom de leur débiteur, comme action principale, pourraient, au moins, le faire d'une manière incidente. L'éminent jurisconsulte a-t-il voulu leur permettre, au contraire, de prouver par témoins la filiation de leur débiteur, alors que l'absence de titre et de possession d'état rend leur prétention on ne peut plus suspecte, et que l'enfant devrait pour triompher, s'il agissait personnellement, exercer l'action en réclamation d'état? Dans ce cas nous ne pourrions le suivre, car de deux choses l'une ; ou les tribunaux recevront *de plano* la preuve testimoniale de la filiation et ils se mettront alors en opposition avec l'esprit qui a dicté l'art. 327. Le législateur a craint que les faits prouvés devant la justice répressive n'exerçassent trop d'influence sur le jugement de la question d'état ; combien n'en exerceraient-ils pas davantage, si la preuve en était faite devant ces mêmes juges civils, qui, plus tard, connaîtront de la question d'état? Lorsque cette action sera portée devant eux, ils seront conduits à admettre trop aisément comme suffisamment graves et constants, aux termes de l'art. 323, les faits qui leur seront proposés par l'enfant à l'appui de sa demande d'enquête, eux qui, dans leur premier jugement, ont indirectement reconnu l'existence de la filiation réclamée. Ou bien les tribunaux exigeront un commencement de preuve par écrit pour admettre cette enquête sur la question incidente. Il y aura alors quoi qu'on fasse, et *dans tous les cas*, une réclamation d'état déguisée et introduite à l'abri d'une demande en partage ou d'une pétition d'hérédité. Quand l'enfant voudra plus tard faire reconnaître sa filiation, on n'aura qu'à ajouter un dispositif conforme aux considérants du premier jugement.

166. — Il est un cas, cependant, dans lequel je ne comprendrais pas qu'on refusât aux créanciers le droit de plaider incidemment sur l'état lui-même. C'est quand, à leur action en pétition d'hérédité, ou à leur demande en partage, les défendeurs répliquent en contestant l'état du débiteur, et alors même qu'ils poseraient à cet égard des conclusions formelles. La défense à une action quelconque n'est pas, en effet, une faculté qu'on puisse accorder ou refuser au plaideur, c'est une nécessité qui s'impose à lui. Voici l'hypothèse qu'il faut supposer. Les créanciers intentent l'action en partage, en vertu

de l'art. 1166, les défendeurs, déniant la qualité de l'enfant, leur demandent de l'établir (*actori incumbit onus probandi*), ce qu'ils font par la production d'un acte de naissance ou en invoquant la possession d'état. Les défendeurs originaires, prenant l'offensive à leur tour, cherchent à les repousser en intentant l'action en contestation d'état. Ils soutiennent, soit que la possession est démentie par des preuves contraires, soit que la déclaration consignée dans l'acte de naissance, est erronée, soit que le débiteur n'est pas né de la femme que cet acte désigne comme sa mère. Les copartageants ont assurément ce droit, car, d'une part, tout défendeur a le droit de répondre par une demande reconventionnelle, et de l'autre, il suffit pour intenter la contestation d'état d'avoir un intérêt (V. n° 218) et d'apporter à l'appui de son action un commencement de preuve par écrit. (V. n° 216) Quant aux créanciers, demandeurs originaires, va-t-on leur interdire de défendre à cette action reconventionnelle ? Eh quoi ! Ils seraient forcés de battre en retraite et d'abandonner leur droit, parce qu'il a plu à leurs adversaires d'intenter une contestation d'état ! Ce serait vraiment trop commode, et si cette doctrine triomphait les défendeurs à toute demande en partage, intentée par des créanciers ne manqueraient jamais d'employer ce moyen pour faire échouer les prétentions les mieux fondées. Qu'on ne dise pas que les tribunaux sauront toujours discerner une contestation d'état sérieuse, d'une qui ne le serait pas. La vérité pourra souvent être très-difficile à découvrir, et, pour la connaître, il deviendra nécessaire de plaider la question au fond. Supposons même l'action intentée avec la plus entière bonne foi. Si, cependant, les circonstances sont telles qu'elle doive échouer, que l'acte de naissance produit soit réellement inattaquable, les choses devront se passer comme si la demande reconventionnelle n'avait pas été soulevée, et la succession devra être attribuée aux créanciers ; mais pour cela il faudra qu'ils puissent combattre les moyens qu'on met en avant contre eux, on ne peut les laisser désarmés en présence des attaques dont ils sont l'objet, surtout si l'on considère que la preuve qu'ils ont dû faire au début de l'instance met toutes les présomptions en leur faveur. Il est bon de remarquer qu'en pratique la question perdra toujours une grande partie de son intérêt, car les créanciers ne manqueront pas de mettre en cause leur débiteur, et celui-ci, selon toute probabilité, défendra lui-même son état. (V en sens contraire Demolombe t. V, n° 284).

167. — Nous n'admettons pas les créanciers à intervenir dans une action en réclamation d'état intentée par leur débiteur, soit principalement, soit d'une façon incidente. L'intérêt, en effet, est purement moral ou, pour mieux dire, ce côté de la question en absorbe le côté matériel. Si cependant ils soupçonnaient quelque fraude de la part de leur débiteur, les magistrats pourraient, exceptionnellement, autoriser leur intervention. La mauvaise foi de leur débiteur qui, lorsqu'il a contracté avec eux, s'est implicitement engagé à agir toujours avec loyauté, leur donne alors le titre qui leur manquait.

168. — Les enfants de l'enfant pourraient-ils, de son vivant, exercer contre leur aïeul l'action en réclamation d'état? En d'autres termes ont-ils cette action de leur propre chef, réclament-ils leur état à eux, invoquant seulement celui de leur père comme un moyen, comme un intermédiaire obligé ? Nous allons examiner sous les n°s 185 et 186 cette question éminemment délicate, et dont la solution nous a fait longtemps hésiter.

§ 2. *De l'action en reclamation d'état après le décès de l'enfant.*

169. — Nous allons, d'abord, examiner la transmission de cette action dans la personne des héritiers de l'enfant, autres que ses descendants; puis nous rechercherons si les mêmes règles sont applicables à ceux-ci, ou si on ne doit pas plutôt leur reconnaître une situation spéciale.

Il nous faut voir : 1° Dans quels cas l'action en réclamation d'état survit à la personne de l'enfant ; 2° quelle est alors sa nature ; 3° par qui elle peut être exercée.

170. — A. De l'action en réclamation d'état considérée dans la personne des héritiers de l'enfant autres que ses successeurs.

1° Dans quel cas peut-elle être intentée ?

Elle peut l'être dans deux cas.

Lorsque l'enfant qui n'a pas réclamé est décédé mineur ou dans les cinq années après sa majorité, c'est-à-dire avant d'avoir vingt-six ans accomplis (art. 329).

Lors même que l'enfant est décédé après cet âge, s'il avait commencé l'action ; pourvu, toutefois, qu'il ne s'en fût pas désisté formellement.

ou qu'il n'eût pas laissé passer plus de trois ans ans à compter du dernier acte de procédure (art. 330).

171. — On s'est demandé si les deux exceptions insérées dans l'art. 330 *in fine* doivent être restreintes à l'espèce prévue par cet article, où si elles doivent, au contraire, être étendues à l'art. 329. En d'autres termes, les héritiers d'un enfant décédé avant d'avoir commencé sa vingt-sixième année peuvent-ils réclamer l'état de leur auteur, bien que celui-ci, ayant introduit lui-même l'action, s'en soit plus tard formellement désisté, ou ait laissé passer trois années sans poursuites à compter du dernier acte de procédure ?

Je regarde ces exceptions comme s'appliquant uniquement à l'art. 330 dans lequel elles sont insérées, et comme ne pouvant être étendues au cas où l'enfant est mort avant vingt-six ans révolus.

Avant de développer cette décision et de déterminer le sens que j'y attache, je vais exposer le système contraire.

L'art. 329, a-t-on dit, autorise les héritiers de l'enfant décédé avant vingt-six ans, à intenter l'action lorsqu'il *n'a pas réclamé* : il en résulte que lorsqu'il a réclamé, l'art. 329 n'est plus applicable. Mais que décider alors? Quel est le texte qui régit cette hypothèse? Ce ne peut-être que l'art. 330, le seul avec l'art. 329 qui s'occupe de la transmission de l'action. L'esprit qui a dicté ces articles impose, d'ailleurs, cette solution. Si l'on permet aux héritiers de l'enfant, décédé avant vingt-six ans, de réclamer l'état de leur auteur, c'est qu'on suppose que celui-ci eût réclamé lui-même s'il eût vécu. On accorde ce délai de cinq années parcequ'il semble nécessaire à l'enfant devenu majeur pour s'enquérir de son état, découvrir la vérité, rassembler les preuves qui lui serviront à la manifester, et décider la conduite qu'il doit tenir. S'il a laissé passer ce délai sans agir, son silence est interprété comme une renonciation, aussi l'action ne passe-t-elle pas à ses héritiers. Toutefois, cette déchéance n'étant fondée que sur une renonciation tacite, le législateur devait, pour être conséquent avec lui-même, accorder l'action aux successeurs de l'enfant, quand celui-ci, par sa conduite, avait protesté contre l'abandon de son droit: c'est ce que fait l'art. 330 dans le cas où il a intenté lui-même l'action ; la preuve contraire vient alors détruire cette présomption de renonciation. Une nouvelle exception était ici nécessaire, et l'article a pris soin de la poser : si après avoir introduit l'instance il reconnaît le mal fondé de sa prétention et s'en désiste, ses héritiers ne peuvent la reprendre après son décès. Mais l'article va plus loin, il admet encore ici la renonciation tacite, et la fait résulter de ce que trois années se sont écoulées sans aucune poursuite à compter du dernier acte de procédure. Comment, dès lors, ne pas appliquer également cette disposition à l'hypothèse prévue par l'art. 329 ? Si l'on permet aux héritiers d'intenter l'action l'orsque l'enfant est mort avant vingt-six ans, c'est qu'on suppose qu'il a pu ignorer le droit, qu'il avait besoin de réfléchir avant de se prononcer ; mais quand il a intenté lui-même l'action cette présomption d'ignorance a été détruite, et toutes les autres ont disparu également lorsqu'il s'est désisté d'une façon formelle. Quant au fait d'avoir laissé passer trois années sans poursuites, cela équivaut, sans aucun doute, au désistement exprès ; la loi ne peut l'interpréter ainsi dans un cas et lui donner dans l'autre une signification différente.

172. — J'ai déjà annoncé que je croyais de-

voir restreindre l'exception introduite par l'art. 329 *in fine* à l'hypothèse même prévue par cet article.

Il est cependant impossible de répondre purement et simplement par *oui* ou par *non* à l'argumentation du système contraire, telle qu'elle vient d'être exposée.

Une distinction est ici indispensable.

Si le désistement dont parle l'art. 330 doit s'entendre d'une renonciation au fond du droit, je ne doute pas que ce désistement ne soit opposable aux héritiers, même dans l'hypothèse prévue par l'art. 329. Sans doute la renonciation serait sans effet à l'égard de l'enfant lui-même, et ne l'empêcherait pas de revendiquer plus tard la filiation prétendue ; l'état étant hors du commerce ne peut être modifié par les conventions des hommes. Mais l'action ne passe à ses héritiers qu'à l'état de droit pécuniaire, ils pourraient donc transiger sur elle, y renoncer, et ce qu'ils peuvent faire à cet égard leur auteur peut le faire valablement pour eux. Je n'hésiterais donc pas, je le répète, à débouter de leur prétention les héritiers de l'enfant qui a renoncé expressément à la filiation prétendue, lorsqu'ils viendraient à la réclamer sous prétexte qu'il est mort avant vingt-six ans révolus.

Le fait d'avoir laissé passer trois années sans poursuites à compter du dernier acte de procédure est mis par l'art. 330 sur la même ligne que le désistement formel. Or, si le désistement formel, dans l'esprit des rédacteurs du Code, s'applique au fond du droit le désistement tacite à la même portée, et, d'après ce que nous avons dit, il fait obstacle à l'action des héritiers lors même que l'enfant est mort avant l'âge de vingt-six ans.

173. — Mais, au lieu de porter sur le fond du droit, le désistement dont parle l'art. 330 *in fine* s'applique uniquement à la procédure. En effet l'interruption de procédure constitue une péremption d'instance, ce qui laisse intact le droit lui-même, et n'éteint que la procédure ; (art. 401, C. pr.) et cette péremption mise sur la même ligne que le désistement formel suffirait à déterminer le sens de celui-ci, si l'art. 403 du même Code ne disait pas déjà que le désistement met les choses *au même état qu'elles étaient avant la demande*. C'est avec raison que le législateur a fait cette distinction relativement aux deux hypothèses prévues par les art. 329 et 330. Lorsque l'enfant est mort après vingt-six ans, le droit de réclamer sa filiation ne devrait pas appartenir

à ses héritiers, c'est seulement l'existence d'une instance déjà intentée qui le leur donne; il en résulte que si la procédure est anéantie par un désistement exprès ou par un désistement tacite, c'est-à-dire par une péremption d'instance, les choses sont remises dans le même état que si aucune demande n'avait été intentée par l'enfant lui-même. Dans le cas prévu par l'art. 339 les héritiers pouvaient, au contraire intenter l'action indépendamment de toute réclamation antérieure faite par l'enfant. Si cependant il en a introduit une, et qu'il se soit plus tard désisté de le procédure, cela ne peut avoir aucune influence sur leur droit. Ici encore le désistement à remis les choses *au même état qu'elles étaient avant la demande*. Tout ce qu'il faut, c'est que l'enfant n'ait pas renoncé au droit lui-même, et la péremption, pas plus que le désistement, ne doit faire supposer cette renonciation ; s'il a abandonné l'instance c'est peut-être qu'il a trouvé le moment mal choisi pour faire triompher sa prétention, qu'il a voulu se donner le temps de vaincre des résistances individuelles qui se rencontraient sur son chemin, qu'il a senti la nécessité de recueillir de nouvelles preuves. (Demolombe, t. 5, n°s 289, 290, 291).

174. — Puisque nous voyons dans la disposition finale de l'art. 330, non pas une prescription, mais une péremption d'instance, nous devons, en l'absence de toute disposition spéciale, lui appliquer les règles qui régissent cette matière, nous devons décider qu'elle ne s'opère pas de plein droit, qu'elle n'existe qu'à la condition d'avoir été demandée par les adversaires. (Art. 399 et 400 du Code proced., Marcadé sur l'art. 330, n° 5, Demolombe, t. 50, n° 292, Aubry et Rau, t. 4, § 544, note 6).

174 *bis*. — Quant au désistement la controverse n'existe même pas, chacun s'accorde à reconnaître qu'il doit être accepté dans notre hypothèse aussi bien que dans toutes les autres (art. 403, Code pr.). On conçoit difficilement comment les mêmes auteurs appliquent au désistement les régles du droit commun et veulent en affranchir la péremption d'instance.

175. — On s'accorde également à reconnaître que les héritiers de l'enfant décédé après vingt-six ans ne seraient pas reçus à prouver qu'il a, jusqu'à sa mort, ignoré l'état qu'ils prétendent lui avoir appartenu. La présomption de la loi est *juris et de jure*. Elle repose, non-seule-

ment sur cette supposition que l'enfant qui a laissé s'écouler sans agir cinq années à compter de sa majorité, a tacitement reconnu le mal fondé d'une réclamation ou reculé devant des considérations d'honneur dont il est seul juge, mais encore sur le danger qu'il y aurait à tenir ainsi indéfiniment suspendue au-dessus des familles cette menace d'action. Cette considération est d'autant plus grave qu'il s'agit dès lors de droits simplement pécuniaires, moins importants par conséquent, et dont l'excercice tombe fréquemment dans des mains peu soucieuses du repos et de la dignité de la famille. (Duranton, t. 3, n° 151 ; Demolombe, t. 5. n° 294).

176. — L'art. 329 ne peut être opposé aux héritiers de l'enfant décédé après vingt-six ans, lorsqu'ils demandent simplement à prouver que celui-ci avait à son décès possession d'état d'enfant légitime. Les art. 329 et 330 s'appliquent uniquement à la réclamation d'état, or il ne s'agit pas ici d'intenter une action de ce genre, mais de *défendre* à une contestation. Ils ne cherchent pas à prouver la filiation, mais simplement à faire vérifier un fait tout différent de l'accouchement et de l'identité et

duquel il résulte simplement qu'on doit apporter contre eux la preuve d'une filiation différente. (Demolombe, t. 5, n° 295 ; Aix, 17 août 1808; Sirey 1809, 2, 272 ; Pau, 9 mai 1829 ; Sirey, 1830, 2, 57).

177. - Doit-on appliquer les art. 329 et 330 à l'hypothèse où les héritiers représentent un acte de naissance et où il s'agit uniquement de savoir si leur auteur est bien l'enfant qui s'y trouve désigné

Je ne crois pas que ces articles soient alors applicables. Il résulte, en effet, de l'enchaînement des textes, d'un côté, qu'ils n'ont trait qu'à la réclamation d'état, de l'autre, qu'il n'y a réclamation d'état qu'à défaut de titre et de possession. Que le système de la loi soit bon ou mauvais, nous n'avons pas à nous en préoccuper, notre conclusion résulte de l'ensemble de ses dispositions, nous ne devons rien examiner de plus. Elle est d'ailleurs la seule qui ne contredise pas les décisions que nous avons précédemment formulées aux n°s 67 et 68 ; les principes que nous avons développés à cette occasion nous dispensent même d'entrer ici dans de plus grands détails. L'objection la plus sérieuse qu'on ait soulevée contre ce système, est puisée dans les motifs qu'on suppose avoir inspiré les articles 329 et 330. La loi, a-t-on dit, regarde l'enfant qui a laissé passer cinq ans sans agir comme ayant reconnu l'incertitude de cette prétendue filiation, et comme ayant renoncé à la réclamer; or, cette présomption qui existe de la même façon et pour les mêmes motifs dans notre hypothèse, nous contraint à décider dans le même sens. Cette objection ne m'arrête pas. Je ne saurais admettre que l'enfant pût valablement renoncer, même en ce qui concerne ses héritiers, à une filiation constatée par son acte de naissance. Les héritiers, dans ce cas, n'ont pas à rechercher l'état. Le titre est là qui le prouve, à la seule condition d'établir l'identité. (V. cependant, en sens contraire, Demolombe, t. V, n° 237.)

178.—Doit-on appliquer ces articles lorsque les héritiers demandent à prouver l'absence de registres dans la commune natale de leur auteur, et à reconstituer ensuite son acte de naissance en suivant la voie ouverte par l'art. 46 ?

Nous donnons la même solution que dans l'hypothèse précédente, et, pour le même motif, l'action intentée par les héritiers n'est pas une réclamation d'état, et c'est sur cette différence que nous nous sommes déjà fondé pour refuser, en pareil cas, au mari le bénéfice de l'art. 325. (V. n° 154.)

C'est avec raison que le législateur n'a pas soumis l'action qui nous occupe aux règles sévères qui régissent la réclamation d'état. Pouvait on logiquement mettre sur la même ligne l'enfant qui vient d'établir la destruction ou la disparition des registres dans la commune qu'il a toujours habitée, où, selon toute probabilité, doit se placer sa naissance, et l'enfant qui, en présence de registres régulièrement tenus, est contraint d'avouer ce fait insolite, qu'aucun acte de naissance n'a été dressé pour constater sa filiation. Non-seulement la situation du premier s'explique, et l'absence de l'acte de naissance n'inspire, en ce qui le concerne, aucune défiance, mais il lui est même impossible de présenter un titre, et cela par suite de circonstances indépendantes de sa volonté et de celles des siens. Son sort est le sort commun dans cette commune: un événement extraordinaire a fait à ses habitants une situation exceptionnelle, ils sont hors du droit commun. Quant au second enfant, sa demande est suspecte, l'absence de possession jointe à l'absence de titre que rien ne justifie, nécessite les précautions dont la loi a entouré les réclamations d'état. Le législateur, cela n'est pas douteux, a voulu, en édictant l'art. 46, éviter que l'enfant ne fût victime du défaut de registres ; aussi avons-nous, en toute occasion, admis que la preuve résultant de cet article devait suppléer entièrement pour lui l'acte de naissance, le mettre dans la même situation que si les registres existaient. On doit donc, en pareil cas, lui donner pour faire cette preuve toutes les facilités possibles ; une restriction, quelle qu'elle puisse être, serait contraire au but que la loi s'est proposé d'atteindre. Nous ne sommes pas exactement dans les termes de l'art. 323, d'après lequel il y a lieu à réclamation d'état à défaut de titre et de possession d'état. Dans notre espèce il n'y a pas, en effet, absence certaine de titre, puisque la loi permet de le reconstituer, et qu'une fois la preuve fournie, la filiation reposera sur cet acte suppléé au moyen de l'art. 46, et non sur le troisième mode de preuve, sur la preuve testimoniale, régie par l'art. 323. La position de l'art. 46, au titre des actes de l'état civil, prouve bien qu'il ne s'agit pas là d'une recherche ordinaire de la filiation, et que cette hypothèse ne doit rien emprunter aux règles édictées par le législateur dans le chap. II, titre VII, pour les hypothèses différentes qui y sont prévues. Qu'on ne nous oppose pas la différence de rédaction qui existe entre l'art. 194, d'un côté, lequel, déclarant que le mariage se prouve par les actes de l'état civil, réserve formellement l'hypothèse prévue par l'art. 46, et de l'autre, l'art. 319 qui ne mentionne pas cette exception en ce qui touche la filiation. Dans l'art. 194 la réserve était superflue, c'était une faute que le rédacteur de l'art. 319 a bien fait de ne pas reproduire. Reste donc l'absence de possession d'état qui, selon nos contradicteurs, rendrait suspecte la filiation réclamée. Nous ferons ici encore la même réponse, et cette base unique de notre système qui résiste à toutes les attaques, de quelque part qu'elles viennent, est un argument de plus en sa faveur. L'absence de possession d'état, disons-nous, n'est pas ici plus grave, plus suspecte, que dans le cas où l'enfant a un acte de naissance, et la loi a voulu le replacer dans la position où il se fût trouvé si le cas fortuit, si la négligence des agents de l'autorité ne l'eussent pas privé de ce titre.

179. — 2° Quelle est la nature de la réclamation d'état entre les mains des successeurs de l'enfant ?

Inutile de nous étendre sur ce sujet ; de l'ensemble des dispositions de la loi, des articles 328, 329 et 330, des explications que nous en avons déjà données, il résulte que l'action ne passe entre les mains des successeurs de l'enfant qu'à titre de droit purement et simplement pécuniaire. Nous avons déjà tiré plusieurs conséquences de la nature de cette action ainsi transformée, nous allons avoir à l'invoquer encore pour déterminer les personnes auxquelles elle doit appartenir.

180. — 3° A qui l'action en réclamation d'état est-elle transmise après le décès de l'enfant?

A *ses héritiers*, nous disent les articles 329 et 330. C'est un droit pécuniaire qu'ils trouvent dans sa succession, il en résulte qu'elle ne peut être exercée que par ceux qui ont accepté cette succession.

181. — Le code Napoléon, nous le savons, a rejeté la distinction faite par les lois romaines entre les héritiers du sang et les simples successeurs aux biens, à moins d'une exception formellement exprimée, elle les comprend tous sous la désignation générique d'héritiers. Nous en devons conclure que ces héritiers auxquels passe l'action en réclamation d'état après le

décès de l'enfant, sont tous ceux qui, à un titre quelconque, recueillent une partie de sa succession. Elle appartient, par conséquent, à l'enfant naturel, au conjoint, à l'état, aux donataires et légataires à titre universel ou particulier. Le caractère purement pécuniaire qu'a revêtu l'action en quittant la personne de l'enfant, explique et justifie cette disposition (Duranton, t. 3, n°s 158 et 159; Marcadé, t. 2, art. 330, n° 3; Demolombe, t. 5, n° 297).

182. — Les mêmes motifs nous conduisent également à en accorder l'exercice au curateur à la succession vacante (Demolombe, t. 5, n° 298). Aux créanciers (Demolombe, t. 5, n° 301; V. en sens contraire Duranton, t. 3, n° 160). Aux légataires à titre particulier de l'enfant. Ils ont ce droit au même titre que les créanciers.

183. — Un autre résultat de ce caractère exclusivement pécuniaire que prend la réclamation d'état en passant aux héritiers de l'enfant, c'est qu'elle devient prescriptible. Ceci résulte, d'ailleurs, *a contrario* de l'art. 328 qui la déclare imprescriptible à *l'égard de l'enfant*.

La loi ne l'ayant pas soumise à une prescription spéciale, nous en devons conclure qu'elle se prescrira par trente ans (art. 2262). Les héritiers pourront se trouver privés au bout d'un temps moindre des droits et actions attachés à l'état en question si la prescription en a commencé du vivant de l'enfant. Bien qu'à son égard l'état soit imprescriptible, les droits pécuniaires qui en dépendent se prescrivent néanmoins d'une façon individuelle.

184. — Les héritiers de l'enfant peuvent aliéner l'action qui leur est transmise, transiger sur elle, y renoncer.

185. — B. Les règles que nous venons d'exposer sont-elles applicables aux descendants de l'enfant, ou ne doit-on pas plutôt faire à cette classe d'héritiers une situation spéciale, les mettre sur la même ligne que l'enfant lui-même?

L'affirmative a trouvé dans Marcadé un éloquent interprète.

Lorsque je me prétends fils légitime d'un individu, je ne revendique pas uniquement le rapport de filiation qui me rattache à lui, ma prétention est plus générale, elle porte plus loin, je réclame mon état à l'égard de tous ses ascendants, de toute sa famille. C'est là précisément le caractère de la réclamation d'état en matière de filiation légitime; ce qu'on demande à faire reconnaître, c'est qu'on est membre de telle famille. On s'adresse uniquement à son père pour simplifier la revendication, et parce-qu'il est le chaînon qui vous rattache à tous les autres parents, mais les droits que vous fera acquérir votre filiation, si elle est reconnue, vous ne les lui emprunterez pas, c'est en votre propre personne qu'ils résideront.

De même, quand ma filiation étant établie à l'égard de mon père, je revendique l'état de celui-ci à l'égard du sien, de mon grand père à moi, c'est mon propre état que je revendique, je me prétends son petit-fils, et si je mets en jeu le rapport de filiation qui existe entre mon père et lui, c'est uniquement comme moyen, c'est parce que ce rapport constitue l'un des degrés que je dois franchir pour parvenir à mon but, la preuve que je suis membre de telle famille. Invoquant mon droit, je ne puis donc être mis sur la même ligne que celui qui trouve l'action dans le patrimoine d'autrui et l'exerce comme droit d'empruut. Revendiquant mon état, chose incorporelle, en dehors du commerce, but de toutes mes aspirations, et me souciant fort peu des intérêts pécuniaires qui peuvent en être l'accessoire, mon action ne saurait être soumise aux mêmes règles, aux mêmes déchéances que celle du légataire, dont le but est purement matériel, et consiste dans un intérêt pécuniaire qui lui a été transmis.

Ma réclamation d'état est donc imprescriptible, inaliénable. Je puis l'exercer à quelque âge que mon père soit mort, alors même qu'il y aurait expressément renoncé. Je puis l'intenter de son vivant et malgré lui. Je ne réclame pas son état, je réclame le mien, et nul n'a le droit d'y mettre obstacle. Voyez quel inqualifiable système les partisans de la doctrine opposée prêtent au législateur. Le père qui ne peut abdiquer son propre état, pourrait trafiquer de l'état de son fils ! D'Aguesseau, dont les théories en matière de filiation légitime, ont été si souvent consacrées par le législateur n'a-t-il pas dit que les parents pouvaient bien conserver l'état de leurs enfants, mais qu'ils ne pouvaient jamais le détruire ! Moins monstrueuse était la loi romaine, qui, en vertu de la *patria potestas*, autorisait le père à aliéner la liberté de son fils et lui permettait jusqu'à trois mancipations successives. Aujourd'hui qu'un pouvoir de protection a pris la place de cette *patria potestas*, le père pourrait ravir à jamais l'état de son enfant, lui interdire l'entrée de sa véritable famille ! Il lui suffirait pour cela de garder cinq ans le silence au sortir de sa majorité. Pour me contraindre à m'incliner, tout en protestant, devant de tels résultats, il faudrait un texte formel exempt de toute équivoque, car pour peu que j'en puisse découvrir une, mon devoir est d'en faire profiter les principes, le bon sens et la raison. Examinons maintenant quels sont ces textes qu'on nous oppose : ce sont d'abord des articles qui, tous, supposent la question posée entre le père et l'enfant, sans jamais parler des descendants de ce dernier. Comme si dans maints sujets la loi n'employait pas d'une façon générique ce mot d'enfant, quand elle veut parler de tous les descendants. Si jamais on a quelque motif de l'entendre en ce sens, c'est bien dans l'hypothèse qui nous occupe. Et puis la loi statue ici sur le *plerumque fit ;* et puis, lors même qu'on réclame son état à l'égard de son aieul, on est contraint de rattacher le chaînon, là où il fait défaut, le débat porte sur le rapport de filiation contesté, on cherche à renouer le lien entre le grand père et son fils ; c'est là une nécessité *de fait* qui explique le langage uniforme dont la loi fait usage. On invoque enfin les art. 329 et 330 qui règlent la transmission de l'action entre les mains des successeurs de l'enfant. Eux aussi, dit-on, ils parlent des héritiers sans distinguer entre ces héritiers. Ici encore la réponse est bien simple; réglant la transmission de l'action, ils parlent uniquement de ceux qui trouvent l'action dans le patrimoine du défunt, mais n'ont point à s'occuper de ceux à qui elle n'est pas transmise, de ceux qui l'ont en eux-mêmes et dès leur naissance, qui l'avaient avant le décès de l'enfant, concurremment avec lui et au même titre. Il est à remarquer que parmi les auteurs qui combattent ce système, plusieurs autorisent les enfants à invoquer l'art. 197, pour prouver la légitimité de leur père, le mariage de leur aieul ou aieule. Il y a contradiction entre ces deux décisions, car, non-seulement l'art. 197 ne parle pas plus des petits-enfants que les art. 329 et 330, mais encore il rattache comme eux le mot enfant aux mots père et mère (Marcadé sur l'art. 330, n° 3; Ducaurroy, Bonnier et Roustaing, t. 1er, n° 470).

186. — Le système que je viens d'exposer est incontestablement le seul juridique, le seul

conforme au grand principe qui domine toute cette matière, au principe que l'état n'est pas dans le commerce, et qu'on n'en peut être privé par son propre fait, encore moins par le fait d'autrui. Je dois avouer, cependant, qu'il n'a pas prévalu. Je le regrette, car sous tous rapports ses avantages compensent largement ses inconvénients. Si, a-t-on dit, le mot enfant peut quelquefois s'entendre des descendants, ce n'est jamais quand il est ainsi mis en corrélation avec les mots père et mère qui le limitent au premier degré. Puis, la loi oppose l'enfant dont la filiation est contestée à ses héritiers, or les héritiers auxquels la loi a dû penser en première ligne ce sont les descendants; ce sont même les seuls parmi les héritiers du sang qui se présentent sans hypothèses particulières et sans que leur qualité d'héritiers dépende du procès même en réclamation d'état. (Duranton, t. II, n° 151; Demolombe, t. V, n°s 304 et 305. Cass. 9 janvier 1854, D. P. 54, 1,185; Dalloz, jurisp. gén. n° 362.

181. — Les créanciers des descendants de l'enfant peuvent-ils intenter au nom de leurs débiteurs l'action en réclamation d'état? Pour nous qui avons refusé ce droit aux créanciers des

autres héritiers, mais l'avons accordé aux créanciers personnels de l'enfant, en nous fondant sur la nature différente des deux actions, la solution de la question doit dépendre du système qu'on adopte sur la difficulé qui précède. Ceux qui soumettent l'action des descendants aux mêmes règles que celle des autres héritiers devront permettre à leurs créanciers de l'intenter en vertu de l'article 1166. Il s'agit, en effet, d'un droit pécuniaire et placé dans le commerce, puisqu'il est prescriptible, puisque leur auteur aurait pu y renoncer pour eux, même tacitement, rien qu'en laissant s'écouler sans agir cinq années après sa majorité. D'un autre côté on ne peut considérer comme attaché à la personne un droit qui, à leur défaut, eût passé à l'héritier du sang le plus éloigné, et que la volonté de l'enfant eût pu attribuer à un légataire ou donataire même particulier. Ceux qui assimilent les descendants à l'enfant lui-même, qui regardent l'état, droit hors du commerce, comme formant le but principal de leur action, tandis que les droits pécuniaires n'en sont que l'accessoire, n'en doivent pas plus permettre l'exercice aux créanciers des descendants qu'à ceux de leur auteur.

Je ne puis comprendre par quel motif M. Demolombe qui applique aux descendants les art. 329 et 330, comme aux autres héritiers, peut refuser à leurs créanciers l'exercice de l'action. Je ne vois pas un seul mot qui permette d'arrêter ici l'assimilation des descendants aux autres successeurs : ou elle n'existe pas ou elle est absolue. Les art. 329 et 330 sur lesquels M. Demolombe la fondait tout à l'heure ne contiennent pas un mot d'où puisse résulter la distinction qu'il veut maintenant introduire.

CHAPITRE VII.

DEVANT QUELS TRIBUNAUX DOIT ÊTRE PORTÉE L'ACTION EN RÉCLAMATION D'ÉTAT ?

Sommaire.

188. — Les réclamations d'état sont déférées aux tribunaux civils.

189. — Les tribunaux de commerce et les juges de paix ne pourraient statuer sur elles, même d'une façon incidente.

190. — Lorsqu'un même fait peut donner lieu, à la fois, à une action civile et à l'action publique, comment concilie-t-on, leur exercice d'après les règles du droit commun? Les mêmes règles sont-elles applicables en matière d'état?

191. — Les tribunaux de répression ne peuvent statuer incidemment sur les questions d'état.

192. L'art. 327, C. N., déroge à la règle que le criminel tient le civil en état.

193. — L'action publique contre un délit de suppression d'état est-elle suspendue alors même qu'aucune réclamation n'a encore été portée devant les tribunaux civils?

194. — La théorie du Code est criticable sur ce point, on pouvait autrement atteindre le même but. Des législations étrangères l'ont fait avec avantage.

195. — L'article 327 doit être appliqué toutes les fois que le jugement criminel pourrait préjuger en quoi que ce soit la question d'état. — Décisions diverses.

196. — Suite.

197. — Les art. 326 et 327 ne s'appliquent pas à toute espèce de question d'état, mais seulement aux questions de filiation.

198. — Ils sont inapplicables à la preuve du mariage.

199. — On ne doit pas, à cet égard, distinguer entre la preuve du premier mariage et celle du second.

200. — On accorde cependant aux tribunaux de répression le droit de statuer sur les questions de filiation qui leur sont soumises à titre de questions préjudicielles. — Leur décision est alors relative.

201. — Les tribunaux criminels ne sont pas compétents pour décider, même à titre de question préjudicielle, l'existence d'un filiation sur laquelle repose une demande en dommages-intérêts.

202. — Quand la preuve de la filiation se fait ainsi devant les tribunaux criminels, elle peut être fournie par tout moyen, sans distinction.

203. — *Quid*, si, en fait, une poursuite criminelle a été intentée en violation de l'art. 327?

188. — La réclamation d'état est une action réelle, elle tend à faire reconnaître une propriété *sui generis* et de la plus haute importance : elle devait donc être, comme elle l'a été, en effet, déférée aux tribuaux civils (art. 326). Parmi ces tribunaux c'est devant celui qui siége au domicile du défendeur qu'elle devra être portée. *Actor sequitur forum rei.*

189. — Bien qu'en principe le juge saisi de l'instance principale ait le droit de statuer sur toutes les questions incidemment soulevées, alors même qu'elles excéderaient les limites de sa compétence habituelle, les juges de paix et les tribunaux de commerce ne pourraient, en pareil cas, s'occuper d'une question d'état. Cette prohibition se trouvait déjà formellement énoncée dans l'ordonnance de 1673. Autorisant les tribunaux de commerce à connaître des questions incidentes aux affaires de leur compétence, elle ajoutait: *pourvu qu'il ne s'agisse pas de l'état ou qualité des personnes*. (Cass., 13 juin 1808, Merlin, t. 10, v° Questions d'état, § 2, Demolombe, t. 5, n° 265 et 266).

190. — Le plus souvent c'est par suite d'un crime ou d'un délit que l'enfant a été privé de la filiation qui lui appartient et que la réclamation d'état est devenue nécessaire. Quelles seront, en pareil cas, les règles de compétence? Comment conciliera-t-on l'action publique et l'action civile?

Pour répondre à cette question nous allons examiner, d'abord, quelles seraient d'après le droit commun les règles applicables à cette hypothèse. Nous rechercherons ensuite si la loi a modifié ces règles en ce qui touche la réclamation d'état, et quelles sont les modifications qu'elle y a apportées.

Lorsqu'un fait, constituant un crime ou un délit, a causé à un particulier un dommage matériel ou moral, à côté de l'action publique dont l'exercice est confié au ministère public, naît une action civile en réparation du dommage causé. Le particulier lésé par le fait délictueux, a le choix de porter son action, soit devant les juges de répression, accessoirement à l'action introduite par le ministère public, soit devant les tribunaux civils.

Trois règles sont, à cet égard, formulées par les art. 3 et 4 du Code d'instruction criminelle. Nous allons transcrire ces articles en entier :

1° Art. 3, § 1er. « L'action civile peut être poursuivie en même temps et devant les mêmes « juges que l'action publique. »

2° Art. 3, § 2. « Elle peut aussi l'être séparément ; dans ce cas l'exercice en est suspendu « tant qu'il n'a pas été prononcé définitivement « sur l'action publique intentée avant ou pendant l'exercice de l'action civile. »

3° Art. 4. « La renonciation à l'action civile

« ne peut arrêter ni suspendre l'exercice de « l'action publique. »

Nous allons voir que ces trois règles sont précisément inapplicables lorsqu'il s'agit d'un crime ou d'un délit donnant ouverture à une question d'état.

Reprenons-les individuellement.

191. — 1° Il est certain que l'art. 326 du Code Napoléon déroge à l'art. 3 du Code d'Instr. crim. « Les tribunaux civils seront *seuls* compé- « tents pour statuer sur les réclamations d'état. » Les tribunaux criminels ne pouvant pas, d'après les principes établis, être saisis directement des actions d'état, l'art. 326 n'a certainement pas eu pour but de leur enlever ce droit qui ne leur a jamais appartenu. La seule portée qu'on puisse lui supposer, c'est de les priver du pouvoir de statuer incidemment sur l'action civile portée devant eux comme accessoire de l'action publique.

La loi, par cette disposition, a voulu prévenir le retour de certains abus, très-fréquents sous notre ancienne législation. Ceux qui manquaient du commencement de preuve par écrit nécessaire pour donner ouverture à la preuve testimoniale, employaient leur crédit à faire porter le fait originaire, sous la qualification de crime ou de délit, devant la juridication répressive. Comme devant elle l'enquête était admise sans aucune condition préalable, ils obtenaient, grâce à ce moyen détourné, et par la fragile autorité de quelques témoignages, la consécration d'un état qu'ils eussent vainement poursuivi devant les tribunaux civils.

192. 2° L'art. 327, C. N., déroge en ces termes à l'art. 3, § 2 Instr. crim : «L'action criminelle contre un délit de suppression d'état ne « pourra commencer qu'après le jugement « définitif sur la question d'état. » La loi attache une telle importance à ce que les tribunaux civils soient seuls à connaître des questions d'état, et à ce que les faits qui s'y rattachent ne puissent, à aucun titre, être soumis à la preuve testimoniale en l'absence d'un commencement de preuve par écrit ou de présomptions graves, qu'elle fait exception à la règle : *Le criminel tient le civil en état.* Elle a craint que si l'enquête, ouverte de prime abord sur les faits délictueux, amenait la preuve de certaines circonstances relatives à la filiation, le souvenir des débats criminels ne vînt à influencer les

juges civils devant lesquels la question d'état serait ensuite portée.

193. — 3° Ici commence la controverse. On a soutenu que la règle posée par l'art. 4, Instr. Crim., restait intacte malgré l'art. 327, C. N., que ce dernier article de s'appliquait qu'au seul cas où la réclamation d'état avait été déjà introduite au civil. Il est impossible, a-t-on dit, qu'un particulier puisse, par son inaction et l'abandon de son droit, lier les mains au ministère public, le contraindre à laisser un crime impuni. Cette doctrine est scandaleuse et subversive de l'ordre social ; elle met les magistrats du parquet à la remorque d'un simple citoyen et les contraint, s'il n'agit pas, à rester spectateurs silencieux d'un crime évident. (Merlin, Quest. de droit, t. 5, § 2 ; Marcadé, t. 2, art. 327, n° 2 ; Richefort, t. 1er, nos 24 et 151).

Cette opinion a été repoussée par la jurisprudence et par la majorité des auteurs.

Nous devons pour décider cette question nous en tenir au motif principal qui a dicté les deux articles 326 et 327 qui se complètent l'un l'autre et forment une seule et même disposition. Non-seulement il ne fallait pas qu'on pût arriver indirectement à la preuve de la filiation en dehors des règles limitativement tracées par le législateur, mais il fallait, de plus, éviter qu'aucun fait relatif à ces questions ne fût, pour quelque motif que ce soit, soumis à la preuve testimoniale avant le jugement sur la question d'état, dans la crainte que les témoignages recueillis n'exerçassent sur lui quelque influence. Mais, si tel est l'esprit de la loi, peu importe que la réclamation d'état ait été ou non introduite. Il suffit qu'elle puisse l'être un jour pour qu'on n'autorise pas les juges de répression à soulever un seul coin du voile : telle est la considération supérieure à laquelle toutes les autres ont été sacrifiées. Les termes de l'art. 327 sont d'ailleurs absolus. L'action criminelle ne pourra commencer qu'après le jugement définitif sur la question d'état. Que veut-on de plus général ? Si le législateur avait voulu borner sa disposition à l'hypothèse où l'action civile était déjà intentée il n'aurait pas manqué de s'expliquer à cet égard. « Que serait-il arrivé, dit M. Demolombe, « si les tribunaux criminels avaient pu prononcer sur le délit de suppression d'état avant « que les tribunaux civils eussent statué sur « l'état lui-même ? De deux choses l'une : ou la « chose jugée au criminel n'aurait pas eu d'in-

« fluence sur le procès civil ; et alors on aurait « pu voir un individu condamné par la justice « répressive, expier par un châtiment redoutable « un prétendu crime dont la justice civile « l'aurait ensuite déclaré innocent ! Ou, au con- « traire, la chose jugée au criminel sur la sup- « pression d'état aurait préjugé le civil, la « question d'état elle-même, ainsi que l'exigent « les vrais principes, et alors le ministère public « agissant le premier, devant la juridiction cri- « minelle, aurait fait constater au profit de tous « les intéressés, et par la seule preuve testimo- « niale, la filiation elle-même. Ce danger eût été « d'autant plus sérieux, qu'il eût suffi à la « partie privée d'éveiller indirectement la vigi- « lance du ministère public, afin de le pousser « à la poursuite sans se mettre elle-même en « scène. » (Cass. 2 mars 1809, Sirey 1809, 1.300 ; Cass. 30 mars 1812, Sirey 1813, 1,239 ; Cass. 24 juillet 1823, Sirey 1824, 1,135 ; Cass. 9 juin 1838, Sirey 1838, 1,1008 : Toullier, t. II, n. 903 et t. IX, n. 151 ; Proudhon et Valette, t. II, p. 93-96. — Bonnier. Traité des preuves, n. 153. — Demolombe, t. V, n. 270 ; Dalloz, Jurisp. gén., v° Paternité, n. 368).

194. — Les auteurs que nous venons de citer

et qui interprètent l'art. 327 dans ce sens absolu, sont loin, cependant, d'en approuver la disposition. Une modification proposée, dès cette époque, et qui, depuis, a été adoptée par les codes Hollandais et Belge aurait concilié tous les intérêts. On aurait autorisé le ministère public à intenter l'action en suppression d'état, à la condition de fournir un commencement de preuve par écrit ou des indices graves ; et cela seulement dans le cas où les parties intéressées garderaient le silence. M. Valette a même proposé de laisser la chambre des mises en accusation juge de la question de savoir si ce commencement de preuve écrite ou ces indices graves existent réellement. Par ce moyen la matière des questions d'état se fût trouvée en harmonie avec le principe qui domine partout ailleurs dans nos lois, savoir que le juge de l'action est en même temps juge de l'exception. Principe logique et sage, dit M. Demolombe, « qui prévient la multiplicité et l'inextricable involution des procédures, avec une grande économie de temps et de frais. Ce système si simple, consistant à appliquer à la preuve du fait devant les juges de répression les règles qui en eussent régi la preuve devant le tribunal civil a d'ailleurs été adopté par la jurisprudence pour tous les cas où on a besoin de faire la preuve d'un contrat comme base, comme élément d'un délit. Nous allons, toujours d'après M. Demolombe, en citer un seul qui présente une analogie parfaite avec l'hypothèse qui nous occupe. La violation de dépôt suppose un dépôt, or, comme la preuve du dépôt ne peut, au-dessus de 350 fr., être faite par témoins, les juges correctionnels exigent que le dépôt soit établi devant eux d'après les règles du droit civil avant de permettre l'audition d'aucun témoin sur le fait de sa violation. Sans cette sage précaution, les parties eussent éludé les restrictions apportées par les art. 1341, 1923, 1970, et eussent, incidemment à la poursuite correctionnelle, prouvé le dépôt par témoins. En décidant ainsi qu'ils ont fait à l'égard de la filiation les rédacteurs du Code observaient la tradition des idées dont on retrouve les traces dans un réquisitoire de l'avocat général Gilbert de Voisin prononcé lors de la fameuse réclamation d'état de Mlle de Choiseul.

195. — Les motifs qui ont dicté l'art. 327 nous conduisent à l'appliquer toutes les fois que le

jugement criminel pourrait préjuger, en quoi que ce soit, la question d'état.

Nous l'appliquerions, par conséquent, au crime de supposition de part, car la poursuite a pour effet réel de contester à l'enfant la filiation qui lui a été attribuée. (Cass. 24 juillet 1823, Sirey 1724, 1,135 ; id 9 juin 1838; Sirey 1838, 1,1008; Paris 10 janvier 1851. D. P. 51, 2, 27).

Nous l'appliquerions à la poursuite contre un individu, accusé d'avoir altéré les registres de l'état civil, afin de procurer à un enfant une filiation qui ne lui appartenait pas, ou de changer en filiation légitime sa filiation naturelle. (En ce sens Demolombe, t. V, n. 274 ; Dalloz, Jurisp. gén. v° *Paternité*, n° 365 ; Cass. 1813 ; Sirey 1813, 1,239. V. *Contra* Bonnier, Traité des preuves, n° 155).

L'art. 327 a même été appliqué par la Cour de Paris dans un arrêt du 20 février 1810 (Dalloz, Jurisp. gén., t. XXXV, page 276, note 1) à l'action civile en dommages-intérêts. Elle a repoussé une action de cette nature formée par un individu contre les héritiers de ceux qu'il prétendait l'avoir incrit sous de faux noms.

L'art 327 est inapplicable, toutes les fois qu'on peut prouver la filiation sans avoir recours à la réclamation d'état proprement dite, à la preuve testimoniale. Je prends des exemples. Un officier de l'état civil a inscrit un acte de naissance sur feuille volante, on devra, si l'enfant n'a pas de possession, attendre pour intenter la poursuite conformément à l'art. 192 du Code pénal qu'un jugement soit intervenu sur la question d'état. L'enfant a-t-il, au contraire, la possession d'état, on pourra poursuivre immédiatement. — Supposons encore qu'un individu ait falsifié les registres de l'état civil, il faudra attendre la réclamation d'état pour le poursuivre, à moins qu'une expédition de l'acte de naissance n'ait été délivrée avant la falsification. Il y aurait alors un titre, la réclamation d'état serait inutile. La poursuite pourrait encore être intentée immédiatement si pour recouvrer sa filiation on n'avait à faire qu'une simple preuve d'identité.

196. — L'art. 327 ne s'applique pas toutes les fois qu'il y a, non pas suppression de l'état civil, mais, si nous pouvons nous exprimer ainsi, suppression de la personne ; par exemple dans le délit d'enlèvement. (Locré, t. VI, p. 264 ; Cass. 26 septembre 1823, Sirey 1824, 1, 107 ; Cass. 8 mai 1828. D. 28,1,238 ; Cass. 10 août 1836, Sirey 36, 1, 545 ; Cass. 7 avril 1831. D. P. 31,1,176 ; Cass. 10 octobre 1842. D, P. 1842,

1,417; Demolombe, t. V, n. 275; V. en sens contraire Nougarède, p. 261).

L'art. 327 n'est pas non plus applicable à la poursuite en faux intentée contre un individu accusé d'avoir déclaré comme vivant un enfant mort né. Dans ce cas la question de filiation n'est pas en jeu, il s'agit seulement de savoir si l'enfant est né mort ou vivant. (Cass. 8 juillet 1824).

Enfin l'art. 327 cesserait d'être applicable dans le cas où la réclamation d'état cesserait, elle aussi, de pouvoir se produire. Le ministère public recouvrerait encore sa liberté d'action si l'enfant était mort sans héritiers. Nous ne parlons pas de l'hypothèse où les héritiers de l'enfant auraient laissé prescrire l'action, car la prescription de cette action s'accomplit par un laps de temps plus long que celle de l'action en répression des délits et même des crimes.

197. — La place qu'occupent nos articles 326 et 327, situés dans le chapitre *des preuves de la filiation des enfants légitimes*, aussi bien que les motifs qui les ont inspirés, nous commandent d'en restreindre l'application aux seuls procès qui soulèvent des questions de filiation. Ils s'appliquent uniquement aux questions d'état dont la

preuve ne peut être faite que par les moyens indiqués dans les art. 319 à 325.

198. — Ainsi nous ne les appliquerons pas aux procès criminels qui supposent faite la preuve du mariage, bien qu'une question d'état soit par là incidemment soulevée. Non-seulement, en effet, le mariage peut être établi par témoins sans conditions préalables, mais encore l'art. 198 dispose expressément que la preuve en peut être acquise au cours d'une procédure criminelle.

De telle sorte que la cour d'assises, saisie d'une question de bigamie, est compétente pour prononcer la nullité ou la validité du mariage.

199. — La Cour de cassation, cependant, tout en admettant cette théorie, en ce qui touche le second mariage, celui qui a donné lieu à l'accusation de bigamie, exige que si la validité du premier est contestée, le sursis soit prononcé et la question renvoyée devant le tribunal civil, seul compétent pour la trancher (Cas., 16 janv. 1826; D. 1826, 1,217; Mangin, *de l'action publique et de l'action civile*, t. I, p. 194; Faustin Hélie *théorie du Code pénal*, t. I, p. 289; Grenoble, 9 décembre 1822).

Cette distinction me paraît arbitraire. Toute

décision sur la validité ou la nullité d'un mariage tranche une question d'état, aussi bien celle qui prononce sur le second mariage que celle qui prononce sur le premier. Il pourrait se faire en effet, que le seul mariage valable fût le second; il serait, dans ce cas, valable tant à l'égard des époux qu'à l'égard des enfants qui en seraient issus. Pourquoi, dès lors, soustraire l'un des mariages à la juridiction criminelle si elle est compétente pour statuer sur l'autre. Mais elle est compétente à l'égard de tous deux, car, nous l'avons déjà dit, la preuve du mariage peut être le résultat d'une procédure criminelle (art. 198). — Autre chose est la preuve de la légitimité, autre chose est la preuve de la filiation même légitime. La preuve du mariage, fondement et source de la légitimité, est réglée par les articles 194 à 202, au chap. IV du titre V; c'est seulement après qu'elle a été admise, qu'on peut aborder la preuve de la filiation légitime, réglée dans les art. 319 à 330 sous le chap. II du titre VII. Loin que ces deux preuves se confondent, l'une est, au contraire, le préliminaire, la condition à laquelle l'autre est soumise. Les règles qui régissent ces deux matières sont différentes, on n'a jamais songé à les transporter de l'une dans l'autre; or, les art. 326 et 327 placés au tit. VII chap. II.

s'appliquent uniquement aux instances qui mettent en œuvre les art. 319 à 330 et nous ne pouvons les étendre aux art. 194 à 202. De ces considérations, il résulte qu'on ne doit nullement se laisser toucher par cette objection que l'arrêt tranchera en même temps, quoique d'une façon indirecte, la filiation des enfants. Leur légitimité soit, mais leur filiation restera dans tous les cas ce qu'elle était auparavant. La même objection s'éleverait aussi en ce qui concerne les enfants nés du second mariage qui seront ou non légitimes suivant que ce mariage, le premier ayant été annulé, aura été, lui au contraire, déclaré valable, suivant ce qu'il aura été ou non contracté de bonne foi par l'un des époux. Cette fois, cependant, l'objection n'a arrêté personne, et c'est d'ailleurs avec raison, puisque l'art. 198 tranche la question pour tous les esprits non prévenus, en déclarant formellement que le mariage dont la preuve résulte d'une procédure criminelle produit ses effets, tant à l'égard des époux, qu'à l'égard des enfants qui en sont issus.

200.—Dans d'autres hypothèses, au contraire, la Cour de Cassation restreint autant que possible l'application de ces articles.

Lorsqu'une question de filiation se présente

devant un tribunal de répression incidemment à une poursuite qui ne dépend pas de ce rapport de filiation, qui, sans lui, eût été tout de même entreprise, la Cour de Cassation autorise les juges du fait délictueux à prononcer sur la question de filiation. Leur décision alors sera toute relative, elle ne la tranchera que dans ses rapports avec le débat criminel, elle sera, au-delà, destituée de toute autorité.

Cette théorie, il faut bien l'avouer, est loin d'être en harmonie avec l'esprit qui a dicté l'art. 327, mais elle a été imposée à la cour de Cassation par le bon sens et les nécessités de la pratique. Il ne fallait pas songer à interrompre en pareil cas le cours de la justice répressive, et si l'accusé devait être reconnu innocent, le sursis en pareil cas eût entraîné des longueurs qui lui eussent été préjudiciables. Quelquefois même l'impossibilité d'obtenir une solution eût été absolue. Il s'agit, je suppose, d'un témoin qui est reproché à raison de sa parenté avec l'accusé. Cette parenté déniée, on surseoit jusqu'à ce que la question d'état ait été jugée par les tribunaux civils. Mais voici la difficulté qui se présente; comment contraindra-t-on le témoin à soumettre sa filiation aux tribunaux civils?

Impossible de sortir de cette impasse; et cependant le sort de l'accusé ne peut être à la merci du témoin! L'unique moyen était de trancher immédiatement la question, tout en limitant la décision à l'objet du procès. (Mangin, t. I, n° 190; Leseyllier, *Droit criminel*, t. IV, n° 1511; Bonnier, *Traité des preuves*, n° 150; Demolombe, t. V, n° 276 *ter*.)

201. — La même solution est donnée dans le cas où la qualité d'ascendant ou de descendant de la victime est invoquée comme circonstance aggravante (art. 299 et 333, C. pén. Voy. en ce sens Mangin, Demolombe, *loc. cit.*, un arrêt de rejet du 15 juin 1818, cité par MM. Mangin et Dalloz, jurispr. gén., t. XXXV, p. 288, note 2.)

Elle l'est encore, par les mêmes auteurs, lorsqu'on conteste à la partie civile sa qualité d'enfant de la victime, qualité en vertu de laquelle elle agit. Je ne puis aller jusque là, car, dans ce cas, l'action est basée précisément sur ce rapport de filiation, la justice n'en peut être saisie qu'en supposant cette filiation prouvée, et sous la condition de la reconnaître au cours du débat. De plus, cette action n'est pas un épisode essentiel de la poursuite criminelle, son rejet ne l'entravera en rien. Nous ne rencontrons donc pas ici les motifs puissants qui, pour les deux premières hypothèses, nécessitaient cette exception à la règle posée dans l'art. 327, si contraire qu'elle pût être à l'esprit qui l'avait dicté. Que l'enfant fasse donc juger sa filiation par les tribunaux civils, et qu'il reprenne alors devant eux son action en dommages-intérêts !

Nous devons le faire remarquer, cependant, les auteurs qui produisent cette solution supposent qu'il s'agit d'un enfant naturel. Nous n'examinerons pas la question de savoir si l'art. 327 s'applique à la filiation naturelle ; mais, quand bien même la négative serait adoptée, ce serait toujours à tort qu'on assimilerait l'hypothèse dont il s'agit aux deux hypothèses précédentes. On ne peut présenter comme exception à l'art. 327 un cas de filiation naturelle si cet article, dans la pensée de ses auteurs, n'a jamais dû se rapporter qu'à la filiation légitime.

202. — Il semble qu'en pareil cas la preuve de la filiation devrait être, devant les tribunaux de répression, soumise aux mêmes règles que devant les tribunaux civils. Si elle pouvait y être plus facilement admise, quel spectacle révoltant ne serait-ce pas de voir un homme subir une aggravation de peine à cause d'un

lien de paternité ou de filiation reconnu par la juridiction répressive, et quand, plus tard, lui ou ses héritiers voudraient revendiquer ce même état devant les tribunaux civils, ceux-ci, recherchant la vérité par des procédés différents, déclarer qu'il ne lui a jamais appartenu.

C'est cependant la doctrine contraire qui a prévalu.

La justice criminelle, le jury, souverain juge du fait, à le droit de rechercher l'existence matérielle de tous les éléments constitutifs du crime qui lui est déféré. On n'a pas à lui demander compte des procédés qu'il emploie pour former sa conviction. L'existence des rapports de paternité et de filiation sera, par conséquent, une question de fait que le jury décidera par la possession d'état. Il n'aura, pour ainsi dire, aucune recherche à faire ; il s'en rapportera à des faits publics, connus de chacun. Cette remarque fait disparaître le danger que nous signalions tout à l'heure, les tribunaux civils, en pareil cas, n'eussent pu, eux aussi, se refuser à consacrer l'état ainsi possédé, si quelqu'un eût voulu le contester à son possesseur. (Lesseyllier, t. IV, p. 224; Cass., 19 sept. 1839; *Bulletin crim.*, 1839, n° 301 ; Cass., 25 mars 1843, *Bull. crim.*,

1843, n° 70; Cass., 23 mars 1844, *Bull. crim.*, 1844, t. V, n° 116; Demolombe, t. V, n 276)

203. — Dans un arrêt du 10 janvier 1851 (D. P., 51, 2, 27) la Cour de Paris a décidé que toutes les fois qu'une poursuite criminelle pour délit de suppression d'état aurait été intentée avant le jugement définitif sur la question d'état la procédure devrait être annulée, et les accusés mis en liberté.

Si, cependant, la chambre des mises en accusation a rendu un arrêt de renvoi et que cet arrêt n'ait pas été attaqué la cour d'assises pourra-t-elle surseoir ? La question a été résolue diversement par la jurisprudence.

Tandis qu'un arrêt rendu le 27 nov. 1829, par la Cour d'assises de Maine et Loir refuse le sursis (V. Dal., Alph. v° *Paternité*, n° 378, note 1); un arrêt de la cour d'assises de la Haute-Garonne, du 12 mars 1823. (Dal. Alph, v. Paternité, n° 369), surseoit au contraire.

M Magnin (Act. publ., t. I, n° 189) conclut à ce que le sursis soit accordé sur la demande de l'accusé, mais il refuse à la Cour d'assises le droit de le prononcer d'office. Je n'admets pas cette distinction ; ce n'est pas dans l'intérêt de l'accusé que l'art. 327 a été édicté, c'est dans l'intérêt de la justice civile, dans l'intérêt des familles et de la société. Si le sursis peut être prononcé, il peut donc l'être d'office. Quant à la question de savoir si les Cours d'assises ont jamais ce pouvoir, elle est des plus délicates.

J'inclinerais plutôt à le leur refuser. La Cour d'assises ne peut réformer les arrêts de la chambre des mises en accusation. Dira-t-on qu'elle se borne à ordonner un sursis? Mais il est bien certain qu'elle ne pourra mettre l'accusé en liberté (V. Dalloz, juris. gén., v° Paternité, n° 378) or, s'il plaît à celui auquel appartient la réclamation de ne pas l'intenter, l'accusé restera en prison préventive pendant toute sa vie. On devra donc passer outre; le verdict du jury et l'arrêt de la Cour d'assises qui le suivra, auront, il est vrai, été rendus contrairement aux prescriptions de la loi; mais ne voyons nous pas fréquemment des décisions illégales ou constituant des erreurs de fait acquérir force de chose jugée parce qu'on a laissé passer les délais auxquels étaient subordonnés les voies de recours? C'est là un inconvénient inévitable.

CHAPITRE VIII.

DE L'AUTORITÉ DE LA CHOSE JUGÉE EN MATIÈRE D'ACTION EN RÉCLAMATION D'ÉTAT.

Sommaire.

204. — Une théorie certaine ne fait-elle pas en notre matière exception aux principes de la chose jugée? — Bases de ce système.

205. — Quelle doit être à cet égard l'influence de l'indivisibilité de l'état?

206. — Certaines personnes ont-elles mandat de représenter la famille dans les réclamations d'état?

207. — Quels sont les contradicteurs légitimes du vivant du père ou de la mère?

208. — Quels sont-ils quand l'un deux, seulement, est décédé.

209. — *Quid*, quand tous deux sont décédés.

210. — Théorie du contradicteur légitime. — Motifs invoqués à l'appui.

211. — Cette théorie ne peut être admise, elle méconnaît le sens des textes romains qu'elle invoque.

212. — Lors même que cette théorie eût été vraie en droit romain nous ne devrions pas, pour cela, l'accepter: elle est contraire aux dispositions du Code.

204. — Suivant une certaine théorie longtemps accréditée, la chose jugée sur une action en réclamation serait régie par des règles particulières, et ne présenterait pas ce caractère purement relatif dont elle est revêtue d'après le droit commun (art. 1351 du C. N.). Elle aurait,

au contraire, une portée plus ou moins absolue et dépasserait de beaucoup les limites qui lui sont d'ordinaire assignées.

L'état des personnes est indivisible. Certains membres de la famille représentent tous les autres. Telle est la double base sur laquelle ce système repose.

205. — De ces deux idées, la première est certainement la plus faible.

En soi, l'état des personnes est, sans doute, indivisible; mais les conséquences pécuniaires de l'Etat ne le sont pas. Aussi, les jugements de rectification des actes de l'état civil n'ont d'effet qu'entre ceux qui y ont été parties ou qui y ont été représentés (art. 100 du C. N.). *A fortiori*, doit-il en être de même de ceux qui statuent sur une action en réclamation d'état.

206. — Au surplus, cette idée d'indivisibilité n'a jamais été poussée jusque dans ses dernières conséquences, et, pour en limiter l'application, on l'a combinée avec celle d'un mandat donné à certains membres de la famille pour représenter les autres. A vrai dire, la première a été absorbée par la seconde, qui a fini par être seule mise en relief.

Elle consiste à dire que certaines personnes,

dans la famille, sont constituées *contradicteurs légitimes* à l'action en réclamation d'état, et représentent la famille; de telle sorte que la chose jugée à leur égard, l'est *erga omnes.*

207. — On peut dire d'une manière générale, que ces personnes sont les premiers et principaux intéressés.

Le père et la mère vivent-ils encore, ils sont, à un titre égal, contradicteurs légitimes. Sans doute, ils ne se représentent pas l'un l'autre, puisqu'ils sont placés sur le même plan; mais chacun d'eux représente sa ligne. Pourtant, certains auteurs veulent excepter les enfants déjà nés, sans s'entendre entre eux sur l'époque à laquelle la naissance doit être placée à l'égard de la demande (Toullier, t. X, n° 223; Merlin, *Rép.*, t. XVII, v°; *Questions d'état*, § 3, art. 2, n° 3).

208. — Du père ou de la mère, l'un des deux est-il décédé, l'époux survivant ne représente pas la ligne de l'autre. Logiquement, il devrait représenter la sienne; toutefois, les mêmes auteurs exigent que ses enfants soient mis en cause (Toullier, t X, n° 221). Quant à la ligne du conjoint prédécédé, le mandat de plaider pour tous ceux qui la composent appartient aux

aux parents les plus proches qui, dès lors, sont contradicteurs légitimes pour le compte des autres nés ou à naître.

Les deux époux sont-ils décédés, aucune des deux lignes ne représente l'autre; mais chacune d'elles est représentée par les parents les plus proches qui lui appartiennent.

Telles sont les applications de la théorie dite du *contradicteur légitime*; en voici les arguments.

210. Dans le droit romain, quand il y avait litige sur la légitimité d'un enfant, le jugement rendu avait l'autorité de la chose jugée, non-seulement pour le mari de la mère qui avait soutenu le procès, mais encore pour les autres membres de la famille. *Placet enim ejus res judicem jus facere* (L. 3, pr. ff. *de Agnosc.*).

De même, lorsque l'ingénuité d'une personne était en question, et que le procès avait été soutenu par celui qui s'était prétendu le patron, l'autorité de la chose jugée était absolue (L.L. 25 ff. de stat. homin., 3 ff de *collus. deteg* ult. *C. de Liber. Cauv.*).

La tradition romaine avait été consacrée par notre ancienne jurisprudence. (D'Argentré, Avis sur les partages des nobles quest. 29, n° 7 et chap. 39, n° 6).

Non-seulement le Code Napoléon ne l'a pas abandonnée ; mais encore, il l'a reproduite, car les art, 323 et suivants supposent que l'action en réclamation d'état, est jugée une fois pour toutes, quand elle l'a été avec ceux qui avaient le premier et principal intérêt à la repousser.

Vainement objecterait-on que ces derniers vont alors pouvoir, au moyen d'une collusion frauduleuse, introduire des étrangers dans la famille, sans que les autres membres aient le droit de les empêcher. Il serait facile de répondre que la fraude ferait obstacle à la représentation légitime et ouvrirait aux autres intéressés la voie de la tierce-opposition.

Mais, en dehors de ce cas, peut-on adresser quelque reproche au réclamant qui a plaidé contre ceux dont l'intérêt était né et actuel ? N'a-t-il pas fait tout ce qu'il pouvait faire, et va-t-on l'obliger à mettre en cause tous les membres de la famille, quelque nombreux qu'ils soient ? Mais alors, comment s'y prendra-t-il pour remplir cette formalité vis-à-vis de ceux qui ne sont pas encore nés, ni même simplement conçus,

Telles sont les considérations à l'aide desquelles on cherche à justifier cette doctrine du contradicteur légitime?

211. – Malgré les précédents et l'autorité des jurisconsultes qui l'ont soutenue nous la répudions formellement.

D'abord la tradition romaine a été mal comprise. Il est bien vrai que le jugement rendu entre le mari de la mère et de l'enfant, sur la légitimité de ce dernier, faisait loi, pour nous servir des expressions employées par les jurisconsultes. Mais c'est bien mal à propos, qu'en matière de réclamation d'état, on invoque les textes qui formulent ce principe. Ils n'auraient d'autorité que s'il s'agissait d'une action en désaveu, et, en pareille circonstance, nous sommes les premiers à reconnaître que le mari ou ses héritiers sont contradicteurs légitimes et représentent la société tout entière, car la loi dit positivement, qu'à eux seuls appartient la faculté de désavouer l'enfant. Mais ne perdons pas de vue que nous sommes en présence d'une action en réclamation d'état, et que, par conséquent, la loi 3 Dig : *de ajnoscendis et alendis liberis* est étrangère à la question.

Quant à la contestation qui portait sur l'ingénuité d'une personne, il est encore vrai que le jugement rendu était opposable à quiconque ne se prétendait pas le patron. Mais pourquoi ?

C'est parce qu'en pareille occurrence, nul n'avait intérêt à décliner l'autorité de la décision rendue. Mais survienne un tiers qui, lui aussi, revendique des droits de patronage, le jugement ne pourra pas lui être opposé, et ici, il n'y a rien de spécial aux procès qui ont pour objet la qualité d'ingénu et d'affranchi ; la solution était la même quand il s'agissait de liberté ou d'esclavage, lois 9 et 50 D. *de liberali causa;* de telle sorte qu'on peut généraliser et affirmer que, dans le droit romain, les décisions que nous venons de faire connaître, s'appliquaient à toute question d'état.

Donc, loin de confirmer la doctrine du contradicteur légitime, le droit romain lui est contraire.

212.—On insiste cependant : c'est ainsi, dit-on, que nos anciens auteurs, à tort ou à raison, avaient interprété la tradition romaine. La théorie du *justus contradictor* était reçue dans l'ancien droit, et il n'est pas probable que les rédacteurs du Code aient voulu l'abroger. Nous répondons que leur intention, au contraire, a été de répudier ce système, et que leur volonté, à cet égard, se manifeste, et par les principes généraux, et par les applications spéciales qu'ils en ont faites en matière d'état. En effet, aux termes de l'art. 1351, pour que l'autorité de la chose jugée puisse avoir lieu, il faut que la demande soit formée entre les mêmes parties, par elles et contre elles en la même qualité. Telle est la règle. Y est-il fait exception dans les matières qui nous occupent? Loin de là. L'article 100 contient une application particulière du principe au jugement rectificatif des actes de l'état civil, et l'art. 322, en déclarant la filiation inattaquable dans le cas seulement où il y a conformité entre l'acte de naissance et la possession d'état, repousse, par là même, toute autre fin de non recevoir, quand bien même elle serait puisée dans un jugement, si d'ailleurs il s'agit d'une *res inter alios judicata*.

A quel titre d'ailleurs ceux qu'on se complaît à nommer des contradicteurs légitimes auraient-ils représenté les autres membres de la famille? En qualité d'auteurs? Mais il faudrait, pour celà, que les autres membres de la famille fussent considérés comme des ayant-cause, c'est-à-dire, comme tenant leur droit de leur prétendu représentant. Or, telle n'est pas leur situation. Sauf en ce qui touche la succession des parents plus proches qui ont figuré au procès, ils tiennent directement de la loi tout le reste et, par conséquent leur droit de famille. Auraient-ils été représentés parce qu'il aurait été impossible au réclamant de plaider contre eux, parcequ'il n'aurait pas eu qualité pour le faire? Le prétendre serait une erreur évidente. Si, par exemple, un tiers s'exprimant d'une manière générale a fait un legs aux enfants de telle personne, il est clair que celui à qui la qualité d'enfant serait contestée, aurait le droit d'agir directement en réclamation d'état contre les enfants dont la qualité n'est pas contestée sauf, bien entendu, à mettre en cause le père et la mère, art. 856 du Code proc.; et, d'une manière générale, il faut dire que dans tous les cas où le demandeur y aura intérêt, il aura le droit d'agir en réclamation d'état contre les parents plus éloignés en mettant en cause les parents plus proches. L'autorité absolue de la chose jugée ne saurait donc être la conséquence d'une absence de qualité pour plaider qui se rencontrerait chez les parents plus éloignés.

Mais, dit-on, lorsque l'intérêt de la réclamation d'état existe à l'encontre des parents plus proches le réclamant va donc être obligé de mettre en cause, les parents plus éloignés? Cette objection est plus théorique que pratique. Quand le réclamant aura triomphé des parents plus proches, en fait, les parents plus éloignés ne contesteront pas l'autorité du jugement et, en tout cas, à supposer qu'ils le fassent, il est presque certain que deux décisions conformes préviendront toute contestation ultérieure. Voilà pourquoi nous ne croyons pas devoir nous préoccuper de l'impossibilité matérielle dans laquelle le réclamant peut se trouver de mettre en cause les parents à naître; ceux-ci, pas plus que les parents déjà nés, n'auront l'idée de se soustraire en fait à l'autorité d'une décision qu'ils pourraient cependant méconnaître en droit.

Au surplus, la doctrine que nous combattons n'a-t-elle pas pour inconvénient majeur de forcer des personnes qui n'ont pas pu se défendre, à s'incliner devant un jugement qui, peut-être, aurait été tout autre si elles avaient été parties au procès ou si elles avaient pu s'y faire représenter.

En tout cas, le système que nous embrassons nous paraît être imposé par la loi, et, à supposer qu'il présente quelques embarras pratiques et quelques conséquences fâcheuses, ce n'est point au jurisconsulte qu'il appartient de le modifier. (Demolombe, t. V n° 37 à 327).

CHAPITRE IX.

DE L'ACTION EN CONTESTATION D'ÉTAT.

Sommaire.

213. — Qu'est-ce que l'action en contestation d'état?

214. - Quand cette action est-elle recevable?

215. — *Quid*, lorsque le demandeur à la contestation d'état produit un acte de naissance à l'appui de sa prétention

216. -- Les art. 323 et 324 sont applicables à la contestation d'état aussi bien qu'à la réclamation d'état.

217. — Les mêmes règles sont, d'ailleurs, applicables aux deux actions.

218. — Tout intéressé peut exercer l'action en contestation d'état.

219. — Les règles de compétence qui ont été appliquées à la réclamation d'état, et en particulier les art. 326 et 327 doivent être étendus à la contestation.

220. — La réclamation d'état est imprescriptible.

221. — Cette imprescriptibilité ne s'applique pas aux droits pécuniaires qui en dépendent.

222 — Peut-on renoncer, soit expressément, soit tacitement, à une action en contestation d'état?

223. — Suite.

224. - Les parties peuvent transiger sur les intérêts pécuniaires attachés à l'état.

225. — En admettant que la transaction soit valable sur l'état lui-même, peut-elle être tacite? — A quelles conditions est elle alors soumise.

213. — A côté de l'action en réclamation d'état par laquelle l'enfant se fait attribuer une filiation différente de celle qu'il possède, nous trouvons l'action en contestation d'état. A l'aide de cette action on fait prononcer par les tribunaux, soit purement et simplement que la filiation dont il est en possession n'est pas la sienne, soit que telle autre filiation lui appartenant réellement, il possède indûment celle dont il a joui jusqu'alors.

214. — La contestation d'état est donc, dans tous les cas, recevable si ce n'est lorsque l'enfant peut invoquer un acte de naissance et une possession d'état conforme à cet acte (art. 322). Nous avons examiné sous le chapitre IV les difficultés qui pouvaient s'élever à propos de cet article, il est donc inutile d'y revenir ici.

215. — Il importe toutefois de distinguer l'hypothèse dans laquelle on se borne à contester la filiation possédée par le défendeur, de celle où, produisant un acte de naissance, on demande à prouver que l'enfant dont il s'agit dans cet acte n'est autre que celui dont on conteste l'état. Dans ce dernier cas, en effet, il y a moins une contestation d'état qu'une demande en constatation d'identité, laquelle peut, croyons-nous, être admise purement et simplement, et sou-

mise sans conditions préalables aux modes de preuve du droit commun. (V. n° 67).

216. — Lorsqu'en l'absence d'un acte de naissance contredisant la posession de l'enfant, on demande à prouver par témoins que la filiation par lui possédée, n'est pas la sienne ou qu'une autre lui appartient, cette prétention n'est admissible que si elle est appuyée d'un commencement de preuve par écrit, ou si des faits déjà constants la justifient dans une certaine mesure. L'art. 323 qui soumet à cette condition la preuve testimoniale de la filiation ne distingue pas, en effet, entre le cas où cette preuve a été mise en jeu par l'effet d'une réclamation et celui où elle l'a été par une contestation d'Etat. On peut même invoquer un *a fortiori* pour appliquer cet article à la contestation d'Etat. Si la société est intéressée à ce qu'on ne puisse pas, sans garanties, suffisantes revendiquer un état différent de celui qui vous a été reconnu jusqu'alors, combien ne l'est-elle pas davantage à ce que le premier intéressé venu ne puisse, sous aucun prétexte, au gré de son caprice, de ses rancunes, contester à chacun de nous l'état dont il est en possession et le livrer aux hasards de la preuve testimoniale. Un semblable état de choses serait vraiment intolérable.

217. — La plupart des règles applicables à la réclamation d'état le sont, d'ailleurs, également à la contestation. Maintes fois, dans le cours de ce travail, nous avons eu l'occasion de faire allusion à cette action spéciale; aussi quelques courtes remarques suffiront-elles à en compléter l'étude.

218. — L'action en contestation d'état n'est pas limitée à une classe particulière de personnes; tout intéressé a qualité pour l'exercer; il n'est même pas nécessaire que l'intérêt soit matériel, un intérêt moral suffirait. Ainsi, je puis contester l'état d'un individu, soit pour l'exclure d'une succession dont sa présence m'éloignerait moi-même, soit pour le contraindre à abandonner le nom et les titres distinctifs de ma famille ou d'une famille dont je descends, et qui n'a plus de représentant mâle. (Demolombe, t. V, n° 325.)

219. — Les mêmes règles de compétence régissent les actions en réclamation et en contestation d'état. La composition des tribunaux civils, leur mode de procéder, a semblé offrir plus de garanties au législateur qui, à tort ou à raison, a voulu qu'ils s'occupassent exclusivement des questions d'état. Ce principe doit s'ap-

pliquer aux deux actions, puisqu'il n'y a aucun motif pour distinguer entre elles. Les art. 326 et 327 parlent *exempli gratiâ* de la réclamation d'état; mais ils s'appliquent nécessairement à toute question d'état, sans qu'on ait à se préoccuper de la forme sous laquelle elle a été portée devant les tribunaux, si elle a été introduite par l'enfant ou par ses adversaires. (Demolombe t. V, n° 327, Dalloz, *Jurispr*,. *génér.*, v° *Paternité*, n° 383.)

220. — L'art. 328 qui prononce l'imprescriptibilité de la réclamation d'état doit s'appliquer, lui aussi, à la contestation d'état. On pourra donc à toute époque contester l'état d'un enfant, et même diriger l'action contre les ayant cause après son décès. Il ne faudrait pas se laisser arrêter par les termes dont s'est servi le législateur. « L'action en réclamation d'état est « imprescriptible *à l'égard de l'enfant.* »

Ces mots ont pour but de marquer la différence existant entre cette disposition et celles des art. 329 et 330, lesquels fixent une durée à l'action en réclamation d'état quand, au lieu d'être exercée par l'enfant, elle l'est par ses héritiers. L'état étant hors du commerce ne peut pas plus se perdre par prescription qu'il ne pourrait s'acquérir par prescription (Demolombe t. 5 n° 328).

221. — Cette imprescriptibilité ne s'applique, bien entendu, qu'à l'état lui-même. Les droits pécuniaires qui pourraient en dépendre, sont soumis à la prescription du droit commun, à la prescription trentenaire.

Celui qui conteste l'état d'un enfant, dit M. Dalloz, ne pourrait réclamer en même temps les successions que cet enfant aurait recueillies à ce titre s'il les avait possédées pendant un laps de temps suffisant pour accomplir la prescription (Demolombe, t V, n° 330).

222. — Peut-on renoncer, soit expressément, soit tacitement, à une action en contestation d'état? Cette question est, assurément, la plus délicate de celle que renferme notre chapitre.

Nous avons déjà décidé n° 160 que nul ne pouvait, soit directement, soit indirectement, soit d'une façon absolue, soit à l'égard de certaines personnes, renoncer à l'état qui lui appartenait. Il n'y a pas à distinguer, à cet égard, entre le cas où l'enfant est en possession de cet état, et celui où il s'agit pour lui de se le faire

attribuer à l'aide d'une action en réclamation d'état

Cette doctrine est presque universellement admise.

Mais, parmi ceux là même qui la professent, beaucoup autorisent la renonciation expresse ou tacite à l'action en contestation d'état. « Quand la transaction, dit M. Troplong, est favorable à l'état de la personne, les principes ne sont plus les mêmes ; on peut toujours opposer aux auteurs de la transaction la reconnaissance qu'ils ont faite de cet état ; on peut se prévaloir contre eux d'une fin de non-recevoir insurmontable. » (Troplong, *des transactions*, sur l'art, 2045, nº 82), nous citerons à l'appui de ce système, (Bordeaux, 20 mars 1830, Sirey, 1830, 2, 208 ; Cass., 27 déc. 1831, Sirey, 1832, 1, 617 ; Cass., 27 févr. 1839 ; D. P., 1839, 1, 201 ; Limoges, 5 janv. 1842, Sirey, 1842, 2, 484 ; Code matrimonial, vº légitimation, t. II, p. 688 ; Demolombe, t. V, nº 332, Dalloz, jurispr. géné., vº *Paternité*, nº 386).

223. — J'ai vainement cherché une base juridique, sur laquelle on pût faire reposer cette distinction entre la réclamation et la contestation d'état. Il faut, sans doute, accorder les secours les plus étendus à l'enfant qui cherche

à recouvrer l'état qu'il a perdu, ou à se maintenir dans celui qu'il possède. Mais cette faveur qui s'attache à la légitimité, doit se renfermer de dans justes limites. Ce que demande ici l'enfant, ce n'est pas le moyen de manifester plus aisément la vérité, c'est, au contraire, l'autorisation de la dissimuler à tout jamais ; aussi, la société intéressée à la connaître, doit-elle repousser une prétention si impudente. L'état des personnes étant d'ailleurs hors du commerce est par là même, au-dessus des conventions, dès lors on ne peut pas plus l'acquérir que le perdre, le protéger que le compromettre par un accord de volonté. Vainement prétendrait-on que ce principe n'est pas absolu, et citerait-on la reconnaissance d'enfant naturel pour établir l'influence possible des conventions sur la filiation. Cette unique dérogation, consacrée expressément par le législateur, était l'une des nécessités de la matière éminemment délicate dont il devait alors formuler les règles ; elle s'imposait à lui ; aussi n'en peut-on tirer aucune conséquence à propos du sujet tout différent qui nous occupe aujourd'hui. Comment, enfin, la loi aurait-elle pu permettre la transaction sur les questions d'état quand elle repousse le compromis à cet égard (art. 1004 C. pr.) quand elle y attache une si majeure importance, qu'elle ne permet pas même aux juges correctionnels de statuer incidemment sur elles, qu'en pareille matière elle n'a confiance que dans les juges civils (Duranton, t. III, n° 102; Demolombe, t. V, n° 334. Dalloz, *Jurispr. gén.*, v° *Paternité.*)

224. — Il va sans dire qu'ici, comme en matière de réclamation d'état, nous reconnaissons aux parties le droit de transiger sur les intérêts pécuniaires qui dépendent de la qualité d'enfant, pourvu que ces intérêts soient nés, et acuellement existants à l'époque de la transaction;

225. — Ceux qui autorisent la transaction sur l'état lui-même l'admettent soit expresse, soit tacite.

Il faut, lorsqu'elle est tacite, ne la reconnaître qu'avec la plus extrême circonspection. La pratique des affaires apprend, en effet, combien il est aisé, dans toute instance en contestation d'état, de multiplier les fins de non recevoir.

M. Demolombe soumet les fins de non recevoir tacites à deux conditions qu'il formule ainsi :

Il faut : 1° Que les faits et actes desquels on prétend faire résulter une renonciation tacite émanent de la partie même à laquelle on oppose cette renonciation ;

2° Que ces faits et actes, même personnels à la partie à laquelle on les oppose, soient émanés d'elle à une époque où son droit de contester l'état de la personne était déjà ouvert.

Le fait de supposer à une personne une qualité qui ne lui appartient pas et de la traiter comme si cette qualité lui appartenait, ne constitue pas une fin de non recevoir qui puisse, plus tard, empêcher de la contester. Il faut pour renoncer, même tacitement, au droit de contester une qualité quelconque, savoir qu'on a ce droit, et manifester, par un acte non équivoque, l'intention de l'abdiquer.

TABLE DES MATIÈRES.

Paris. A. PARENT, imprimeur de la Faculté de Médecine, rue M^r-le-Prince, 31.

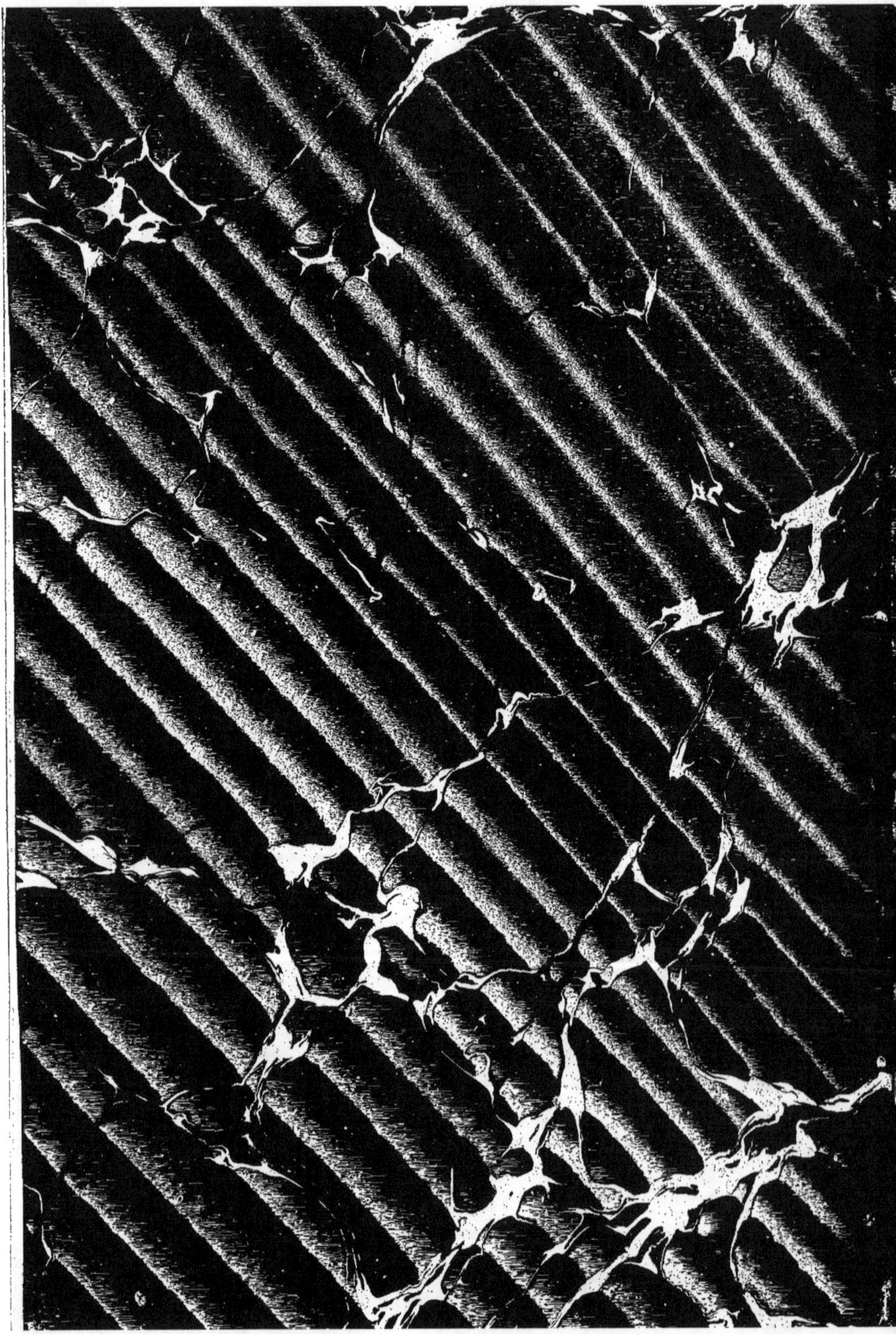

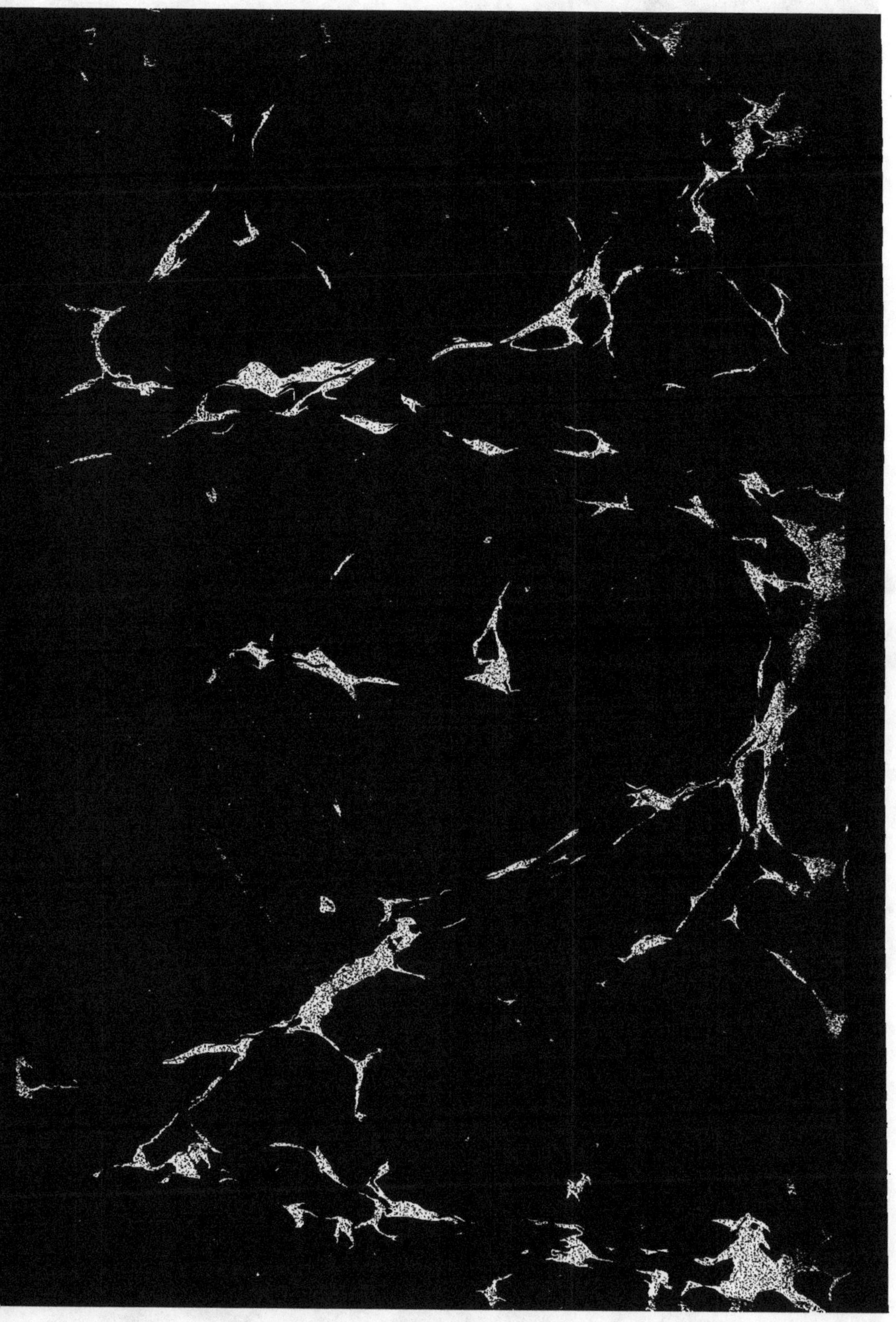

www.ingramcontent.com/pod-product-compliance
Lightning Source LLC
Chambersburg PA
CBHW061114220326
41599CB00024B/4040

* 9 7 8 2 0 1 9 5 3 7 2 3 4 *